PASSÉ ET PRÉSENT

13019. — Imprimerie A. Lahure, rue de Fleurus, 9, à Paris.

XAVIER MARMIER

de l'Académie française

PASSÉ ET PRÉSENT

RÉCITS DE VOYAGES

PARIS

LIBRAIRIE HACHETTE ET Cie

79, BOULEVARD SAINT-GERMAIN, 79

1886

PASSÉ ET PRÉSENT

RÉCITS DE VOYAGES

I

COBOURG

Ceux qui, après la révolution de juillet, s'avisèrent d'entrer en Allemagne, soit pour y faire quelque étude, soit par curiosité, furent plus d'une fois assez désagréablement surpris des méfiances de la police et des rigueurs de ses agents. Il est de fait qu'à cette époque, si les bons et innocents bourgeois de la vieille Germanie étaient toujours fort hospitaliers, les hommes du gouvernement ne l'étaient guère. Il fallait être muni d'un passeport bien complet, et doué d'une physionomie bien ingénue, pour ne pas éveiller dans leur esprit quelque atroce soupçon. Les princes et les diplomates regardaient la France comme un pays en feu, et

tout homme venant de là était envisagé de prime abord
comme un brandon incendiaire, c'est-à-dire comme un
propagandiste. On partait de ce point de vue, et l'on
commençait l'examen de sa personne. Il y avait certaines remarques auxquelles les inquisiteurs de la police
croyaient infailliblement reconnaître l'apôtre des con-
stitutions libérales. Le passeport daté de Paris était
d'un mauvais augure; la cravate bariolée de rouge et
de bleu n'indiquait qu'une moralité fort équivoque;
la moustache avait un petit air conquérant qui ne plaisait que tout juste; enfin le collier de barbe était considéré comme un signe de ralliement. Si à ces emblèmes
fâcheux le voyageur avait le malheur de joindre le titre de
journaliste ou d'avocat, c'en était fait de son voyage. On
lui démontrait par des arguments irrésistibles qu'il ne
pouvait aller plus loin, et, s'il avait la hardiesse extrême
de faire encore quelque objection, le corps de garde était
là pour lui prouver d'une façon irrécusable la parfaite
injustice de sa cause. J'ai connu un jeune légiste fort
inoffensif et fort studieux, attiré au delà du Rhin par la réputation de Mittermaier, de Hugo, de Savigny, et qui dans
l'espace d'une année subit cinq à six fois cette terrible
argumentation des agents de police. Son crime était
d'avoir une figure assez conforme au signalement de
Mazzini, le démocrate italien, et, quoiqu'il démontrât
par les preuves les plus positives qu'il était né en
France, élevé et domicilié en France, dès que les fonctionnaires chargés de veiller à la sûreté publique
voyaient ses yeux noirs et ses cheveux noirs, ils com-
mençaient par l'envoyer en prison. Le ministre de

France le réclamait. Il continuait sa route et, à peine arrivé dans un autre État, tombait dans une autre prison. Hélas! c'est que les princes d'Allemagne avaient fort à faire pour garder comme une arche sainte l'édifice de l'absolutisme. De toutes parts on entendait gronder la voix de l'émeute et l'orage des révolutions. C'était le temps où les petites principautés de la Saxe demandaient impérieusement une constitution, où les bourgeois de Brunswick chassaient leur souverain et incendiaient le château. C'était le temps où le peuple de Bruxelles s'en allait, au sortir du théâtre, renverser une dynastie, où les Polonais entraient en Prusse en chantant la liberté et Kosciusko. C'était le temps enfin où Bœrne écrivait ses lettres démagogiques qui venaient comme autant de flèches percer le cœur des vieux Allemands, où les universités semblaient vouloir former entre elles un nouveau *Tugendbund*, où l'on découvrait une conspiration d'étudiants à Francfort, dans cet arcanum des idées conservatrices, sous les yeux même de la diète, cette fidèle gardienne des bons principes et des vieilles institutions. D'où pouvaient venir tant d'audace et tant de calamités, sinon de ce *damné* pays de France, comme l'appelait énergiquement un écrivain absolutiste à qui ses haines politiques faisaient oublier jusqu'au premier principe de charité chrétienne. Ainsi donc il fallait se mettre en garde contre la France, et c'était là le but de toutes les veilles de la censure, de tous les efforts de la police.

Il y avait en 1832, sur les frontières d'Allemagne, deux cordons sanitaires : l'un pour le choléra, l'autre

pour la politique. Celui du choléra n'entraînait pas
de longues formalités; avec le plus petit certificat d'un
bourgmestre complaisant, on allait tout droit son chemin sans être soumis à aucune fumigation. Mais celui
de la politique avait la vigilance du coq et la finesse du
renard; de plus, il était arrogant comme un parvenu
et rude comme un archer. Impossible de plaisanter
avec lui, de tromper son regard ou de faire fléchir sa
volonté. Il avait une certaine manière de dire *non* qui
ne permettait pas la plus humble réplique, et quand
alors il s'avisait de rire, c'était la plus terrible de
toutes les menaces. J'ai vu un pauvre jeune théologien
de Schlestadt pâlir en écoutant ce rire sardonique et
dur. Pour guider les observations des agents placés
ainsi comme des sentinelles en face de la démagogie et
de la révolution, il avait été formé dans chaque grande
ville des listes de suspects. Chaque journaliste trop
hardi, chaque membre influent des associations populaires était là inscrit avec tous les renseignements
qu'on avait pu recueillir sur lui, sur ses antécédents,
sur ses moyens d'action. Je me rappelle encore cette
immense salle de la police de Vienne pleine de larges
cartons rangés par ordre alphabétique. Quand je me
présentai pour obtenir un permis de séjour, le chef de
bureau demanda la lettre M. Un employé subalterne
alla chercher un énorme registre, bien plus serré et
plus compact que l'Almanach des 25 000 adresses.
L'employé le feuilleta attentivement, en me jetant de
temps à autre un regard scrutateur, sans doute pour
voir si mes traits s'accordaient avec ceux dont il lisait

tour à tour le signalement. Par bonheur, j'étais un trop petit personnage pour que mon nom se trouvât inscrit dans ce livre solennel. J'en fus quitte pour répondre à quelques questions banales, et je sortis emportant une carte marquée d'un signe indéchiffrable, probablement le signe de mon innocence et de ma sécurité.

J'ai pourtant eu aussi ma querelle de gendarmes et mon réquisitoire. Mais, loin d'en savoir mauvais gré à la police bavaroise, je l'en remercie, car sa rigueur m'a valu quelques-uns des plus beaux jours que j'aie passés de l'autre côté du Rhin.

C'était par une de ces fraîches matinées d'été, où les vallées fleuries, les forêts de chênes, les ruisseaux d'argent de l'Allemagne sourient à ceux qui viennent les voir sans leur demander s'ils sont démocrates ou absolutistes, s'ils écrivent des articles de politique ou des traités d'agriculture. Je venais de traverser les charmantes prairies de la Saal, la petite ville de Rudolstadt, petite résidence d'un petit prince qui pourrait faire envie à des rois par sa délicieuse situation et son château si riant et si pittoresque. J'avais franchi la chaîne du Thuringerwald, cette romantique partie de l'Allemagne, décrite par tant de voyageurs. Tandis que la voiture gravissait péniblement les détours escarpés du chemin, je m'en allais à pied, rêveur et joyeux, rappelant dans ma mémoire, comme autant de compagnons de voyage chéris, les naïves légendes que les habitants de ces forêts racontent à leurs veillées, les douces idylles inspirées aux poètes d'Allemagne par l'aspect de ces lieux agrestes; puis oubliant toute cette œuvre des hommes pour ne plus voir que l'œuvre de la nature, les buissons de bruyère, les guirlandes de campanules bleues déroulées le long des sentiers, les larges branches de sapins qui se rejoignaient comme les arceaux d'une cathédrale pour protéger le repos de cette solitude champêtre, et la source limpide endormie au pied du rocher et reflétant dans son cristal sans tache le feuillage des arbres, les fleurs de la colline et le ciel bleu, comme une âme candide qui se repose à l'écart dans une pensée d'amour et dans une pensée de Dieu. Tantôt je m'arrêtais au bord d'une des avenues de la forêt pour voir ses mystérieuses profondeurs éclairées çà et là par des flots de lumière; tantôt, debout sur une des cimes de la montagne, je contemplais dans une muette admiration la vallée fleurie et les champs féconds qui se déroulaient à mes pieds, et lorsque à travers les groupes de sapins centenaires je distinguais le tourbillon de fumée flottant au-dessus du chalet, lorsque dans le profond silence des bois j'entendais la voix du berger ou le tintement argentin des cloches du troupeau, il me semblait être encore au temps heureux, au temps regretté où, bien plus jeune encore, je m'en allais ainsi errer à travers les montagnes de la Franche-Comté et les solitudes de la Suisse.

Arrivé à Cobourg, je me hâtai de visiter le château, l'église, le gymnase. Je ne voyais rien, au premier aspect, dans cette ville qui dût me retenir, et j'avais hâte d'arriver en Bavière. Une voiture retournait le lendemain à Bamberg, j'allai retenir ma place et je partis,

songeant avec joie à cette vieille et majestueuse cité
que j'allais bientôt voir, et avec plus de joie encore à
la suite de mon voyage, qui devait me conduire à Nu-
remberg. A six lieues de Cobourg, la voiture s'arrête.
Nous étions sur les frontières bavaroises. Un officier
s'avance, escorté de deux soldats, et demande nos
passeports. Le mien était comme un in-8° allemand,
couvert de cachets comme un diplôme de chancellerie.
Pour pouvoir y faire entrer tous les visas et les signatures destinés à protéger ma très inoffensive personne,
il avait fallu l'allonger comme la robe d'un enfant qui
grandit. Il était bariolé d'armes comme un écusson de
petit duc, et large comme une mappemonde. Je n'ai
jamais vu un passeport plus respectable. Mais en recueillant ces visas de ministres, de consuls, de bourg-
mestres, dont on me gratifiait à chaque ville, moyen-
nant une taxe de quelques *groschen*, j'en avais oublié
un ; et, voyez le malheur ! c'était précisément celui de
l'envoyé de Bavière. Je compris la grande faute que j'a-
vais commise et le péril qui me menaçait à la mine
rébarbative de l'officier, qui, pour mieux compter mes
cautions, avait mis ses lunettes. Je me dis en voyant le
froncement de ses sourcils : O malheur! Mais que
faire? Mon oubli ne pouvait plus se réparer. J'étais
dans la fatale position d'un de ces enfants dont les
contes bleus racontent la destinée. On a invité à leur
baptême toutes les fées du voisinage, et toutes viennent
le doter de leurs dons, et au moment où sa mère énu-
mère, avec le ravissement de l'amour maternel, les
trésors de bonheur amassés sur sa tête, voilà qu'il

arrive une autre fée, que par mégarde on avait oubliée et qui vient se venger de cet oubli. L'envoyé de Bavière était cette fée que j'avais oublié de convier au baptême de mon passeport, et j'allais expier mon impardonnable étourderie.

« Pourquoi, me dit l'officier, ne vois-je pas sur cette feuille le visa de notre ministre?

— C'est que je n'ai pas pensé à le demander.

— Eh bien, vous ne pouvez aller plus loin.

— En vérité! Les autres signatures ne peuvent-elles me servir de sauvegarde?

— Non.

— Mais je suis ici près de Bamberg; qu'il me soit permis de me rendre dans cette ville; j'y resterai tout le temps nécessaire pour faire mettre mon passeport en règle.

— Impossible. »

Cet impossible était prononcé d'un ton qui m'ôta l'envie de continuer ma harangue.

« Conducteur, ajouta-t-il, descendez les effets de ce voyageur et partez. Ces autres messieurs sont en règle. »

Ces autres messieurs étaient des Allemands, dont mon rigoureux inquisiteur avait à peine entr'ouvert les passeports. Quand je vis mon portemanteau sur le chemin, la voiture roulant vers Bamberg, et moi tout seul au pied de ce corps de garde qui m'empêchait de passer, j'éprouvai une sorte de rage. « Non, il n'en sera pas ainsi, m'écriai-je en courant à la porte de la chambre dans laquelle l'officier venait de rentrer glo-

rieusement comme un homme qui a sauvé son pays.
Il doit y avoir non loin d'ici un fonctionnaire supérieur
qui anéantira peut-être votre sentence; faites-moi conduire près de lui.

— Volontiers, me répondit l'officier en se levant du
canapé où il était déjà assis, et en secouant par terre
la cendre de sa pipe: volontiers, mon jeune monsieur,
je vais vous faire donner une voiture, que vous payerez,
deux gendarmes, que vous payerez; le *landsrichter*
demeure à deux petites lieues d'ici, et cette excursion
ne vous coûtera que dix francs; si vous pouvez aller
plus loin, je vous souhaite un bon voyage. »

La voiture fut prête en un instant. C'était une espèce
de charrette à foin, avec une planche au milieu, attachée tant bien que mal à l'aide de quelques clous et
de deux bouts de corde. Je montai sur ce siège. Mes
deux gendarmes, le casque en tête, le fusil en bandou-
lière, le sabre sur la hanche, s'assirent à mes côtés.
L'un d'eux voulut bien prendre les rênes du cheval et
nous servir de cocher, mais le second m'observait en
silence, comme s'il avait peur que je ne m'évadasse.
Notre arrivée dans la petite ville où demeurait le landsrichter produisit une singulière rumeur. C'était un
jour de marché. Les gens de la campagne, réunis sur
la place, se rangèrent tout ébahis sur notre passage.
La vente des bestiaux et des légumes fut interrompue;
les enfants coururent après nous. Dans les regards qui
se tournaient de notre côté, je ne distinguais que l'expression d'une curiosité niaise ou d'un honteux soupçon. Quelques hommes, en me voyant passer, secouaient

la tête avec un air de profonde sagesse, et les femmes
se demandaient quel pouvait être cet étranger si jeune
et déjà si coupable, qu'on amenait entre deux gendarmes. Il est bien possible que, dans ce moment-là,
un des poètes de la bourgade ait écrit une légende sur
mes crimes, et qu'on me cite encore aujourd'hui aux
petits enfants comme un exemple de la justice céleste.

La voiture s'arrêta devant la maison de mon juge,
et l'on me fit entrer dans une grande salle humide et
sombre comme une prison. Un de mes deux soldats
vint s'installer près de moi, bien décidé toujours à ne
pas me perdre de vue; l'autre resta sur la place pour
garder le cheval et répondre aux mille questions de
la foule inquiète. Celui-là avait le plus beau rôle.
Pour peu qu'il ait eu d'imagination et qu'il ait voulu
composer une lamentable complainte au milieu de ces
bonnes gens disposés à tout croire, il a dû jouir d'un
triomphe pareil à celui des improvisateurs italiens. Le
landsrichter n'était pas chez lui, et, pour comble de
malheur, il était à dîner chez un de ses amis. J'aurais
voulu qu'on ne le troublât pas dans cette grave et douce
occupation, sachant qu'en Allemagne, plus que partout
ailleurs, il faut bien prendre garde de déranger l'hon-
nète homme qui dîne. Mais ma cause paraissait si grave
que mes deux gendarmes n'osaient en retarder l'entière
solution. On alla donc chercher le juge, qui arriva d'un
air de fort mauvaise humeur, comme un gastronome
que l'on dérange très mal à propos d'une partie de plaisir pour lui soumettre la décision d'une affaire. C'était
un homme sec et maigre, que je vois encore d'ici, avec

son œil fauve et sa face plate. Son aspect seul m'épouvanta, et il n'avait pas encore prononcé une parole, que je voyais déjà ma cause perdue.

« Que voulez-vous? me dit-il après avoir parcouru d'un bout à l'autre mon passeport.

— Je voudrais continuer ma route.

— Cela ne se peut : votre passeport n'est pas visé par notre ministre.

— Eh bien, j'irai le faire viser à Bamberg. »

Un non bien articulé fut sa seule réponse à cette seconde demande; puis il reprit, en me regardant de la tête aux pieds : « Que venez-vous faire en Allemagne?

— Étudier.

— Monsieur, s'écria-t-il de l'air d'un philosophe qui va formuler un des plus grands axiomes de la science, on ne vient pas en Allemagne pour étudier. »

Après cette parole solennelle, il s'approcha de la glace pour rajuster sa cravate, ordonna aux gendarmes de me reconduire hors des frontières, et retourna à son dîner.

Une fois au corps de garde bavarois, je fus délivré de mon escorte, je trouvai un paysan qui consentit à me mener avec sa voiture à Cobourg, et j'arrivai dans cette ville vers la nuit. Il m'en avait coûté, pour mes deux charrettes et pour la place que j'avais payée jusqu'à Bamberg, environ soixante francs; j'avais en outre perdu une journée en courses fatigantes, et j'avais pendant plusieurs heures subi le contact de deux gendarmes : tout cela pour l'oubli d'une signature et d'un cachet.

Cependant mon hôte de Cobourg, qui m'avait vu partir si joyeusement pour la Bavière, ne comprenait pas pourquoi je revenais si vite. Les explications qu'il fallut bien lui donner le jetèrent dans une étrange perplexité. Dans sa bonne foi d'Allemand, il sentait bien que je n'étais pas un être redoutable; mais dans sa conscience d'aubergiste, c'est-à-dire d'homme soumis au contrôle incessant de la police, il ne savait trop s'il ne devait pas me regarder comme un personnage suspect, et s'il ne s'exposait pas, en me donnant asile, à quelque grave réprimande du bourgmestre.

« Vraiment, disait-il en se promenant de long en large dans la chambre, vraiment un passeport qui n'est pas en règle... conduit devant le landsrichter... ramené hors des frontières; par ma foi, c'est grave... c'est grave; je ne me rappelle pas avoir rien vu de semblable. »

Je vis le moment où, à force de réfléchir à l'embarras et au danger de ma situation, il allait tout simplement me prier de chercher un autre gîte, et je commençais déjà un nouveau commentaire sur la valeur réelle de mon passeport, quand, par une faveur toute particulière de la Providence, il m'arriva un auxiliaire. Ce n'était rien moins que la fille de mon hôte, une belle et grande jeune fille, intelligente et charitable, qui, dès les premiers mots qu'elle nous entendit prononcer, se rangea de mon côté et trouva aussitôt l'argument qui devait émouvoir son père :

« Tu sais bien, lui dit-elle, que ces Bavarois sont des arrogants et des sots. Quand ils passent par ici, ils ont toujours l'air de nous prendre en pitié, et nous appellent des hérétiques. Ce landsrichter, te souviens-tu de ses dédains un jour qu'il est venu loger chez nous? On eût dit que notre maison n'était pas digne de le recevoir. Et cet officier, n'ai-je pas vu comme il s'admirait au dernier bal de la ville, en nous disant de fades galanteries à ma cousine et moi? Quant à monsieur, ajouta-t-elle en se retournant gracieusement de mon côté, il est évident qu'il est venu ici pour étudier; lorsqu'il a ouvert sa malle, le domestique a vu qu'elle était pleine de livres allemands, et hier soir il lisait Schiller.

— Ma fille a raison, s'écria le digne aubergiste, ce landsrichter est un vilain homme. Je ne sais comment j'avais fait pour l'oublier, et vous, monsieur, vous ne pouvez être un voyageur dangereux puisque vous lisez Schiller. Envoyez votre passeport à Munich, restez ici jusqu'à ce que vous le receviez, et, soyez tranquille, la police de Cobourg ne vous dira rien, car je la connais. »

A ces mots il vint me prendre la main, et la jeune fille sortit sans me donner le temps de la remercier. Le lendemain elle partait pour aller passer un mois à la campagne. Je ne devais plus la revoir. J'appris seulement qu'elle était chérie de tous ceux qui la connaissaient, et qu'elle s'appelait Marguerite. Depuis ce temps j'ai toujours aimé le nom de Marguerite.

Quand je fus seul dans ma chambre, livré à moi-même, et récapitulant tous les événements de cette journée, je sentis s'éveiller en moi je ne sais quel vague désir de scandale et de vengeance, et ma pre-

mière pensée fut d'écrire une lettre dans les journaux.
Je me disais qu'une offense faite au passeport français
ne devait pas rester impunie; je me disais, d'un autre
côté, que la petite persécution que je venais d'éprouver
pourrait bien me donner une très jolie réputation de
martyr. Je me rappelais l'éclat produit, quelques années auparavant, par l'emprisonnement de M. Cousin;
je me croyais tout aussi malheureux que M. Cousin,
et peut-être l'étais-je beaucoup plus. Déjà je voyais les
journaux disserter sur mon arrestation et le public
s'émouvoir au récit de mon infortune. Le ministre des
Affaires étrangères adressait à notre ministre à Munich
des instructions spéciales à mon égard; la Bavière
faisait des excuses; le gardien des frontières et le landsrichter se frappaient le front et se repentaient de
m'avoir méconnu, et du haut de ma grandeur future
j'envoyais un témoignage de reconnaissance à la jeune
fille qui était venue à mon secours. Bref, je bâtissais sur
ma mésaventure de quelques heures des rêves de vanité
et de fortune, comme Perrette sur son pot au lait, et
je m'endormis dans la contemplation de mon avenir.

Le lendemain, je m'éveillai aux rayons du soleil qui
brillaient à travers les rideaux. Le ciel était pur, l'air
frais et embaumé. Des tiges de liseron, grimpant le
long de la muraille, semblaient monter jusqu'à moi
pour me montrer leurs calices bleus avec leurs perles
de rosée; à l'angle de ma fenêtre, une hirondelle bâtis-
sait son nid; au pied de la maison, je voyais passer les
paysans des environs, avec leur longue redingote et
leur honnête physionomie, et devant moi j'apercevais

les coteaux bordés d'arbres à fruits et chargés de vignes. J'oubliai au même instant mes vaines idées d'ambition fondées sur un ridicule espoir de scandale. J'envoyai tout simplement, comme mon hôte me l'avait conseillé, mon passeport à Munich, puis je sortis pour voir ce que je n'avais pas encore vu, les élégantes maisons de campagne et les riants jardins qui entourent Cobourg, et je ne sentis plus que l'impression d'une nature bienfaisante qui console et vivifie.

Cobourg (1853) est une ville de huit mille âmes, sans université, sans établissements scientifiques, par conséquent dépourvue de l'intérêt qui s'attache même à quelques-unes des plus petites cités de l'Allemagne, à Iéna par exemple, à Giessen, à Erlangen. De plus, elle est située hors des grandes routes du Nord et du Sud. On ne passe point par là en allant à Berlin ou à Vienne, à Cologne ou à Dresde. Ce n'est ni une ville d'industrie, ni une ville de bains, ce qui est encore la meilleure des industries. La population se compose de rentiers, de fonctionnaires attachés à la cour ou à l'administration, et d'un assez petit nombre de marchands et d'ouvriers. Aussi n'y trouve-t-on point ces constructions élégantes qui s'élèvent à la suite d'une spéculation heureuse et d'une fortune rapide. La rue du Château seulement a un air de nouveauté séduisant et coquet; les autres sont ce qu'elles étaient il y a quelque cent ans; mais il y a dans l'isolement de cette ville, dans son repos habituel, dans son silence, un charme indéfinissable, et les sites qui l'environnent sont si pittoresques et si beaux qu'on ne se lasse pas d'y revenir et de les contempler. La ville est bâtie en partie dans la plaine, en partie sur la pente inclinée d'une colline, au pied de deux montagnes parsemées d'arbres, de pâturages, de champs féconds. Au sommet d'une de ces montagnes on aperçoit un vieux château qui tombe en ruines; au sommet de l'autre, un jardin, un parc, un palais gothique, bâti récemment, léger et gracieux comme un édifice du moyen âge. Du haut d'un de ses balcons dentelés on découvre à la fois la chaîne du Thuringerwald, les plaines de la Saxe, les champs de la Bavière. J'allais souvent errer le long des verts sentiers qui côtoient cette montagne, au milieu des larges allées de chênes qui l'ombragent, autour des murailles de son château, dont les fenêtres à ogives, les tourelles et les colonnettes étaient pour moi comme le symbole rajeuni d'un autre temps au milieu d'une nature toujours jeune et toujours belle.

Entre les deux montagnes s'étend une large vallée arrosée par une rivière limpide, verte et féconde comme un enclos de la Touraine, calme et riante comme l'asile idéal d'un poète. C'est là que s'élève le château de Rosenau, la demeure favorite du grand-duc. C'est là qu'un jour, dans une de mes promenades vagabondes, j'aperçus deux enfants revêtus d'un pantalon de toile, d'une veste bleue, et travaillant à bâtir sur un tertre de quelques pieds de hauteur une forteresse de gazon. Je ne me doutais guère que ces enfants occuperaient bientôt toute la diplomatie européenne; qu'un d'eux deviendrait le mari de la reine de Portugal et l'autre le mari de la reine d'Angleterre.

Une partie de ma journée se passait ainsi à m'en
aller sur la montagne ou dans la plaine, abandonnant
ma course au hasard, et me détournant à chaque pas
comme un écolier pour voir un rameau d'arbre chargé
de fruits, un champ de blé ou un insecte.

De retour à l'auberge, après ces excursions aventureuses dans cette charmante contrée de l'Allemagne, je
retrouvais avec joie mes livres de prédilection qui
m'avaient suivi dans tout mon voyage, qui m'entrete-
naient encore de l'Allemagne et m'en faisaient aimer la
grâce mélancolique et le génie. Quelquefois mon hôte
venait tout doucement frapper à ma porte et me demandait la permission de s'asseoir auprès de moi. Il
avait fini par perdre toute défiance à mon égard, et par
me prendre décidément sous sa sauvegarde. Il venait
donc d'ordinaire, dès qu'il avait lu sa *Gazette d'Augsbourg*, pour me raconter, dans toute l'expansion de
son premier étonnement, les grandes nouvelles de
France et d'Allemagne. Puis, quand il avait épuisé son
arsenal politique, il me parlait de sa fille, comme s'il
eût compris que plus d'une fois au fond du cœur je
songeais à elle, et que plus d'une fois déjà j'avais regretté de ne plus la voir.

Une semaine s'écoula ainsi, et ma vie était si bien
remplie que je ne songeais ni à chercher une nouvelle
distraction, ni à faire la moindre connaissance. Le
dixième jour, je reçus avec une très aimable lettre de
M. le comte de Vaudreuil, notre ministre à Munich, mon
passeport, augmenté d'une nouvelle bande de papier
revêtue de trois nouveaux visas. Il me parut qu'il arrivait

bien vite. J'avais presque oublié que je devais partir.
J'allai dire adieu aux sites que j'avais le plus souvent
contemplés, comme à des amis avec qui l'on a eu de
longs et doux entretiens, et dont on s'éloigne en songeant que vraisemblablement on ne les reverra jamais.
Je fis ma malle à regret, et je m'approchai avec une
véritable tristesse de mon hôte, pour lui serrer encore
une fois la main :

« Attendez, me dit-il, j'ai quelque chose à vous remettre. »

Il ouvrit une armoire et en tira un livre soigneusement enveloppé :

« Tenez, ajouta-t-il, voilà ce que ma fille m'a
chargé de vous donner quand vous partiriez. »

C'était un exemplaire d'*Hermann et Dorothée*. Sur
la première page, Marguerite avait écrit : « Souvenez-
vous de l'Allemagne, où les femmes défendent l'étranger quand les hommes l'oppriment ». Je serrai ce
livre contre mon cœur, et sentis une larme rouler dans
mes yeux.

J'avais vingt ans.

11

LES PAYSANS SUÉDOIS

Sous le règne de Charles-Jean XIV, au temps où la Suède n'avait ni chemins de fer ni grandes hôtelleries, et, malgré ces lacunes, était très attrayante et très prospère, un matin, au mois de mai, nous montions en voiture, avec M. le comte de Gyldenstolpe, que le roi avait eu la bonté de désigner pour nous accompagner dans plusieurs provinces de son royaume.

Au moment de mon départ, M. de Woyna, ministre d'Autriche, M. le comte de Platen et plusieurs autres amis s'étaient réunis pour me dire adieu : ils venaient m'apporter une parole d'affection et un encouragement du cœur à l'heure où je devais quitter Stockholm, cette ville charmante dont on ne peut sans peine s'éloigner. Quand on part pour un long et aventureux voyage, il est doux de recueillir ces derniers témoignages d'attachement. C'est une sanction solennelle des engagements du passé et une promesse pour l'avenir. Mais si le passé est plein de charmes, l'avenir est couvert d'un voile impénétrable, et qui sait si l'on reverra jamais ceux dont on serre la main avec tant de cordialité, ceux dont on écoute avec tant de reconnaissance les souhaits affectueux. La vie du voyageur est l'image la plus sensible de la vie de l'homme. On quitte la tente que l'on avait élevée dans un lieu de prédilection ; quand y reviendra-t-on ? On dit adieu pour quelques jours à des âmes chéries, et cet adieu est peut-être éternel, on s'en va avec une impatiente ardeur vers un but éloigné, et ce but, objet de si vifs désirs, on ne pourra peut-être jamais l'atteindre. Dieu est là qui sait déjà la mesure de nos efforts et en marque la limite. La consolation de l'homme dans un tel doute, c'est d'oser noblement et de persévérer selon ses forces dans la pensée qu'il a conçue et qu'il veut mettre à exécution.

En sortant de Stockholm, nous passions devant le palais de l'Académie, et notre dernier adieu s'adressait à la demeure de M. Berzelius, à ce savant dont le langage élevé et l'accueil affable émeuvent à la fois l'esprit et le cœur, et laissent une trace ineffaçable dans la mémoire de ceux qui l'ont connu.

A peine étions-nous sortis de cette grande et belle rue de la Reine qui conduit à la porte du Nord, que nos regards étaient attristés par l'aspect d'une nature froide et endolorie. Ce n'était plus l'imposant hiver avec ses manteaux de neige étincelant aux rayons du soleil, ses lacs couverts d'une glace azurée, ses forêts de sapins pareils à des pyramides de cristal, et ce n'était pas encore le printemps, l'adorable printemps qui dans le Nord ravive, égaye en quelques jours les champs, les eaux, les bois, et dont les poètes scandinaves célèbrent chaque année la bienvenue en strophes enthousiastes. De tout côté nous n'apercevons qu'une terre nue et flétrie, point de feuilles et point de fleurs; de loin en loin quelques maisons en bois, où le rouge-gorge, apprivoisé par la faim, vient chercher d'un bec avide quelques restes d'épis, quelques grains perdus par les mains des fermiers.

Ces maisons champêtres sont pour la plupart bâties sur le même modèle. C'est un corps de logis carré, composé de poutres arrondies, superposées, calfeutrées dans les jointures avec de la terre glaise ou de la mousse, affermies aux quatre angles par de larges entailles qui emboîtent fortement une pièce dans l'autre, peintes en rouge très souvent sur toutes les faces, et recouvertes d'une toiture en bois où parfois on jette une couche de terre, qui, en été, se couvre de fleurs et de verdure. A droite et à gauche de cette habitation s'étendent deux ailes d'une construction tout aussi simple, l'une servant de grange, l'autre d'écurie; au-devant s'étend une large cour, et le tout est fermé par un mur de clôture ou une barrière en branches de sapins. C'est là ce qu'on appelle un *gord*, vieux nom islandais qui signifie littéralement « demeure » et qui, dans les anciennes sagas, se trouve souvent appliqué à des villes importantes.

Ces maisons, situées, dans certains districts, à plusieurs lieues l'une de l'autre, renferment des ateliers complets de charronnage, de menuiserie et de serrurerie : il faut qu'elles se suffisent à elles-mêmes pendant une grande partie de l'année, et il en est beaucoup où l'on trouverait en plein exercice tous les métiers de nos villages. La nécessité rend ingénieux, et le paysan du Nord apprend, dans son isolement, à être tout ce qu'il doit être pour satisfaire à ses besoins et à ceux de sa famille, cordonnier, tailleur, bourrelier, architecte. Nul paysan des provinces de France n'est, comme celui-ci, retiré dans son domaine. Il est là seul pendant de longs jours, de longs mois, cultivant ses terres, prenant soin de ses bestiaux. Parfois seulement, le dimanche il s'en va avec sa famille à l'église, et retrouve là d'anciens amis, des parents avec lesquels il passe la journée. Parfois aussi il se rend dans la ville la plus voisine de sa demeure, à un marché ou à une foire. L'hiver est la saison où il entreprend le plus souvent ses excursions, car alors il n'est point, comme en été, retenu par le travail des champs, et il parcourt rapidement, avec son léger traîneau, les lacs revêtus d'une couche de glace et les plaines couvertes de neige. Il faut voir une de ces habitations rustiques quand vient la fête de Noël, la plus grande fête de Suède. A cette époque solennelle, les parents, les amis ont coutume de se réunir, à quelque distance qu'ils se trouvent l'un de l'autre. Plusieurs jours d'avance, la maîtresse de la maison a brassé elle-même la bière de choix, qu'on appelle *iulœl*, bière de Noël ; elle a pétri des gâteaux d'orge et de froment et assaisonné avec habileté le cochon de lait que, par un usage traditionnel, on sert pour cette joyeuse fête chez la plupart des paysans. La maison est nettoyée avec soin et ornée avec une rustique simplicité, le plancher parsemé de petites branches de sapin qui répandent une fraîche odeur ; chaque meuble frotté, poli, luisant, et la grande table de ménage couverte d'une nappe rude mais sans taches. Entre les doubles fenêtres, dont peu de maisons en Suède sont dépourvues, on place sur des flocons de laine blanche des fleurs artificielles, comme pour associer les riantes couleurs du printemps au pâle aspect de l'hiver, et, tout autour des portes, le long des murailles, on suspend symétriquement de vertes guirlandes et des rameaux de sapin.

Puis, voici le jour de la réunion; dès le matin la barrière du gord est ouverte, la clochette des chevaux résonne au loin, les traîneaux que l'on attend glissent, volent sur la neige scintillante, ils approchent de l'habitation. Ils entrent dans la cour; avant qu'ils soient là, on a entendu le cri d'une voix amie; et sous un épais bonnet de fourrure, entre les longs replis d'un manteau de peau d'ours, on distingue des yeux, des traits connus. On accourt, on s'embrasse : c'est un frère, marié à quelque vingtaine de lieues de là, et qui amène avec lui toute sa jeune famille; c'est un enfant chéri qui arrive du gymnase ou de l'université avec un honorable certificat de ses maîtres et un congé de quelques jours; c'est un ami qu'on n'avait pas vu depuis longtemps et qui vient célébrer avec ses amis l'heureuse fête de Noël. Le maître de la maison conduit avec cordialité ses hôtes auprès du large poêle où pétille un grand feu de branches de bouleau; la maîtresse de la maison va, vient autour d'eux, désireuse de nouvelles, plus désireuse encore de prévenir leurs besoins, tantôt s'arrêtant auprès d'eux et les interrogeant sur tout ce qui leur est arrivé depuis qu'elle ne les a vus; puis, courant à une armoire et déposant devant ses chers convives le *knæckbrœd* frai-

chement pétri et le flacon d'eau-de-vie fortifiante. Puis
le dîner commence, dîner simple et rustique, mais
animé par de joyeux propos et des chants populaires, dont
la musique et les paroles se transmettent de génération
en génération. La fête dure plusieurs jours, les convives s'en vont l'un après l'autre, lentement et à regret; puis les braves habitants du gord retombent dans
leur isolement.

Cette vie d'isolement et cette nécessité de pratiquer
à la fois plusieurs métiers et de pourvoir par eux-
mêmes à tous leurs besoins, donnent aux paysans de
la Suède un caractère marqué de fierté et d'indépendance. Très polis envers l'étranger qui les traite avec
égard, ils se redressent de toute leur hauteur devant
celui qui oserait les rudoyer. Il y a quelques années,
un Anglais qui se rendait de Malmœ à Stockholm
injuria un paysan qui lui servait de postillon, et menaça
de le frapper. Celui-ci tira tranquillement de sa poche
une lanière de cuir, saisit d'un bras vigoureux les deux
mains de son turbulent voyageur, les lui lia fortement
sur la poitrine, puis remonta sans mot dire sur son
siège, et continua sa route. Arrivé à la station de poste,
il raconta ce qui s'était passé, et l'Anglais resta gar-
rotté comme une bête malfaisante. A chaque relais on
prenait scrupuleusement dans son sac de voyage le prix
du trajet qu'il venait de faire, puis on le conduisit ainsi
jusqu'à Gothembourg, où il s'arrêta, très las d'une telle
façon de pérégriner, et probablement très amendé. J'ai
moi-même éprouvé plusieurs fois combien il est imprudent d'irriter l'amour-propre des paysans suédois. Un

jour entre autres, je me trouvais à quelques milles de
Gèfle, très désireux d'arriver de bonne heure dans cette
ville, où j'espérais trouver des lettres de France. Le postillon n'allant pas au gré de mon impatience, je voulus
fouetter ses chevaux. Après quelques paroles un peu
vives échangées de part et d'autre, il descendit de son
siège et se mit en mesure de dételer ses chevaux, me-
naçant de me laisser seul avec ma voiture au beau milieu de la route. Il fallut bien me soumettre et me résigner à ne voir la jolie ville de Gèfle qu'à l'heure où
mon rebelle postillon voudrait bien m'y faire entrer.
C'est qu'on ne voyage pas en Suède comme en France
ou en Allemagne. Il n'y a là que deux diligences : l'une
qui va en sept jours de Helsingfors à Stockholm ; l'autre
qui fait trois fois par semaine le trajet de Stockholm
à Upsal. Hors de ces routes privilégiées, il faut avoir
sa voiture à soi, ou louer de relais en relais la *bond-
kârra*, petite charrette découverte, fort dure et fort
peu récréative.... A des distances de cinq à six lieues,
sur le bord du chemin s'élève une maison en poutres
servant à la fois de station de poste, d'auberge et dési-
gnée sous le nom de *gœstgifwaregord*. Le propriétaire
de cette maison est tenu d'avoir dans son écurie trois
ou quatre chevaux de réserve, que les paysans de la
commune lui fournissent, s'il en est besoin, à tour de
rôle. Si les chevaux du maître de poste sont déjà en
route lorsqu'on arrive au relais, il faut dépêcher un
garçon de ferme à la recherche des chevaux de réserve,
qui quelquefois errent à deux ou trois lieues de là ; je
laisse à penser la patience qu'on doit avoir avec un tel

système, pour peu qu'on soit pressé d'arriver au terme de sa route. Il y a, il est vrai, un moyen d'abréger ces délais : c'est de se faire précéder d'un courrier, ou *forbud*, qui commande les chevaux pour une certaine heure ; mais si ce forbud n'a pas une très grande avance. comme c'est lui qui éprouve les retards, il est bientôt rejoint par ceux qui l'expédient, puis les chevaux que l'on a commandés ne doivent rester à la station que deux heures après celle qui a été déterminée. Passé ce délai, le maître de poste est libre de les renvoyer paître dans les champs, et le voyageur qui a éprouvé dans son trajet quelque retard inattendu a l'agrément de payer son courrier, de payer une indemnité pour les chevaux qui ont stationné inutilement pendant deux heures, et enfin d'attendre encore qu'on lui ramène ces mêmes chevaux. Mais la taxe de la poste est si modique, qu'en vérité on ne peut exiger pour un tel prix un service plus actif. On paye par cheval et par mille suédois (c'est-à-dire environ deux lieues et demie de France) seize skellings de banque (32 sols), et le postillon ne coûte rien ou presque rien ; c'est un garçon de ferme, un enfant, quelquefois une jeune fille, qui part gravement avec un morceau de pain dans sa poche, pour faire ses huit à dix lieues, par la pluie, par la neige, de jour ou de nuit, n'importe ; et si à la station on lui donne quelques sols, il se courbe jusqu'à terre et remercie du fond de l'âme. J'ai vu parfois deux, trois paysans se mettre sur une même charrette, attelée d'un seul cheval, et faire ainsi, pour quelques centimes chacun, un trajet de plusieurs lieues. Évidemment le service des relais de poste n'est pas en Suède, comme en France, un service lucratif et envié; c'est une corvée à laquelle nul paysan ne peut se soustraire, et il est facile de concevoir qu'on apporte moins d'empressement à faire une corvée qu'à remplir une charge avantageuse. Il ne faut pas oublier de noter que les paysans de Suède prennent une part directe à la législation de l'État, et que tel campagnard rustique qui arrive à vous avec son gros pantalon de toile écrue, sa veste bleue, et vous amène deux chevaux qui doivent vous conduire au relais voisin, est peut-être un honorable membre de la diète, un représentant de l'ordre des paysans, élu à l'unanimité par plusieurs districts, un orateur dont les discours, dictés par l'intelligence des choses et le simple bon sens, l'emportent quelquefois sur les plus élégantes harangues des députés de la noblesse et du clergé.

Avec sa fierté héréditaire, ce peuple de Suède a conservé les autres vertus de ses ancêtres : il est brave et loyal, fidèle à sa parole, hospitalier et d'une probité austère. J'ai vécu plus de deux années en Suède, j'ai traversé seul, avec un postillon, des forêts de deux cents lieues, j'ai passé la nuit dans les maisons les plus isolées, et je n'ai pas été victime de la moindre supercherie. Quelle différence avec la Russie, où, lorsque j'arrivais dans un hôtel, le maître de la maison venait aussitôt me prier de fermer à double tour armoire et commode, de ne pas sortir de ma chambre sans ajouter le cadenas à la serrure, déclarant qu'avec toutes ces précautions je pouvais à peine garder quelque assurance de n'être pas volé !

Un autre trait distinctif du peuple suédois, c'est le sentiment poétique, le sentiment inné qui se révèle à tout instant dans ses fêtes et ses réunions, souvent même dans ses habitudes journalières. Il n'y a pas une famille de Suède qui ne conserve, comme un précieux héritage, des chants populaires, des traditions mystérieuses, qui toutes décèlent une naïve imagination et une sorte d'adoration des beautés, des harmonies, des phénomènes de la nature. C'est la tradition des elfes qui, le soir au clair de la lune, dansent dans les prairies; des nixes qui chantent à la surface des eaux; des *stromkarl* qui font vibrer les cordes mélodieuses de leurs harpes d'argent dans les cascades et les fontaines; des *troll* qui jettent un sort funeste sur les hommes et les animaux; des gentils *Tomtegubbare* qui aiment à se tenir près des foyers et protègent les maisons où ils sont venus chercher un refuge pendant les jours d'hiver.

Tous les paysans de la Suède savent, du reste, au moins lire, et presque tous écrire. Le prêtre n'admettrait pas au sacrement de confirmation ceux qui ne pourraient justifier de ces connaissances élémentaires, et c'est là une raison impérieuse à laquelle chacun se soumet. Dans les habitations isolées, où l'on ne peut avoir un maître d'école, les parents sont eux-mêmes les instituteurs de leurs enfants. Le pasteur vient, de temps à autre, s'assurer par lui-même qu'ils remplissent ce devoir, les aider de ses conseils, de ses encouragements, et examiner les progrès de leurs élèves. Je ne crois pas qu'il y ait si pauvre maison de laboureur en

Suède où l'on ne trouve quelques livres, partout une Bible, un recueil de psaumes, ces adorables livres de religion et de prière, et souvent des ouvrages d'histoire, principalement l'histoire du pays, si héroïque, si belle, que l'on relit chaque hiver pendant les longues soirées. Il est facile de comprendre l'influence que de telles lectures doivent exercer sur l'esprit d'un peuple naturellement intelligent. La Bible lui donne un essor élevé. Les chroniques nationales entretiennent en lui un noble sentiment de patriotisme. Combien de gens en France qui ne connaissent pas même de nom les hommes les plus illustres, les faits les plus glorieux de nos annales, tandis qu'en Suède pas un paysan peut-être n'ignore la vie superbe de Gustave Vasa, les exploits de Gustave-Adolphe et le courage aventureux de Charles XII. Que dis-je? Il n'est pas rare de trouver dans les campagnes de simples laboureurs qui, en entendant prononcer le nom du vainqueur de Narva, se découvrent la tête par un mouvement instinctif, tant ils portent enraciné dans le cœur le respect de la gloire militaire, qui a été la première gloire de leur pays.

III

Au mois de juin 1837, visitant Stockholm pour la première fois, j'assistais dans le Diurgord à une revue de troupes suédoises. Toute cette vaste et magnifique promenade du Diurgord, bordée d'un côté par la mer, de l'autre par une rivière, traversée par de riantes collines, coupée par des lacs, parsemée de villas, de jardins, de bouquets de fleurs et de pins sauvages, était inondée d'une foule innombrable : riches patriciens circulant le long des allées en équipages splendides ; femmes du monde étalant dans leurs landaus, dans leurs calèches découvertes, les frais chapeaux, les élégantes robes arrivées tout récemment de Paris ; jeunes gens à cheval caracolant aux portières ; graves et honnêtes professeurs poursuivant au bord des sentiers quelque savante théorie ; bons bourgeois portant sur leur figure cet air de béatitude placide et de candide curiosité qui caractérise dans une fête populaire les bourgeois de tous les pays. Au dedans, au dehors du parc, sur les galeries des maisons, dans l'enclos des jardins, tout était en mouvement. Des groupes d'artisans assis à la porte des cabarets entonnaient à haute voix, le verre à la main, les chansons de Bellmann, ce joyeux poète du temps de Gustave III, qui passa sa vie à boire et à chanter. Des artistes ambulants jouaient sur des tréteaux leurs farces grivoises, tandis que des barques légères, conduites par des batelières de la Dalécarlie, amenaient sans cesse du quai de la ville au bord du Diurgord de nouveaux flots de promeneurs. Si j'avais pu moi-même choisir un jour pour me donner dès mon arrivée à Stockholm une soudaine et saisissante idée de la physionomie, du caractère des habitants de cette ville, je n'aurais pu mieux réussir. C'était l'une des plus anciennes, l'une des plus belles solennités du Nord. A pareille époque, il y a mille ans, les descendants d'Odin célébraient par des chants et des libations le solstice d'été, et ce jour-là les sujets de Charles-Jean célébraient à la fois la fête d'un saint et la fête de leur roi. L'observation naïve des révolutions des astres, le culte de la nature, avaient consacré le 25 juin dans l'esprit des sectateurs d'Odin, et, à voir, à tant de siècles de distance, leurs descendants regarder avec tant de bonheur l'azur du ciel, la verdure naissante des collines et le feuillage des arbres, on eût dit qu'ils éprouvaient encore les joies païennes de leurs ancêtres. Le printemps arrive tard en Suède, les nuits d'hiver enveloppent pendant de longs mois l'horizon tout entier; mais au 25 juin une lumière continuelle récrée les regards fatigués par une incessante obscurité. C'est ce jour-là que les curieux s'en vont voir le soleil de minuit sur la montagne d'Avasaxa, et si à cet aspect d'un admirable phénomène, à ce tableau d'une nature tout à coup épanouie et éblouissante de fraîcheur et de beauté, un souverain ajoute l'éclat de sa pompe royale, je laisse à penser quel mouvement ces deux spectacles doivent donner à la population d'une grande ville.

Voitures et piétons, tout le monde se dirigeait vers le château de Rosendal, où le roi, à cheval, accompagné de son fils et de ses principaux officiers, faisait en ce moment défiler devant lui ses régiments d'*Indella* et ses splendides escadrons des gardes. Quand la revue fut terminée aux cris mille fois répétés de *Vive le roi! vive le prince Oscar!* Charles-Jean s'en vint au petit trot au milieu de la double haie d'équipages rangés le long de la grande allée. Vêtu d'un simple frac bleu, l'ordre de l'Épée sur la poitrine, le cordon de la Légion d'honneur en sautoir, il ne se distinguait de son cortège chamarré d'or et de broderies que par la simplicité de son uniforme; mais de loin, en le voyant venir, toutes les femmes se levaient dans leurs calèches, tous les hommes se découvraient la tête, les gens du peuple, lançant leurs chapeaux en l'air, le saluaient par de tumultueux hourras. Il s'arrêta près de la voiture où j'étais assis à côté de notre ministre, M. Charles de Mornay, et, après avoir complimenté ce charmant diplomate sur son heureux retour en Suède, il me dit en me tendant la main : « Je savais déjà que j'avais ici un compatriote de plus. Soyez le bienvenu parmi nous, et si vous voulez me voir, venez au château demain. »

Voyageur sans titre, écrivain sans renom, je n'aurais jamais osé attendre cet aimable accueil du roi de Suède. Je le devais à une lettre de recommandation que M. le comte Molé avait eu la bonté de me donner pour notre légation, et à la bienveillance cordiale que Charles-Jean a toujours conservée pour ses compatriotes.

Le lendemain, à huit heures du soir, je m'en allais avec un vif sentiment d'intérêt, mais non sans un certain trouble, voir cet homme dont le nom a été pendant vingt ans inscrit dans nos fastes militaires, et pendant un quart de siècle associé aux plus célèbres noms de la Suède. J'arrivai dans la cour du palais sans savoir de quel côté me diriger. Un valet qui se promenait là, me voyant errer de côté et d'autre, me demanda où je désirais me rendre. « Chez le roi. — Chez le roi? suivez ce corridor, puis montez l'escalier au fond, une porte à deux battants au second, et vous y êtes. » Puis il continua sa promenade.

A l'entrée de l'appartement royal, je ne trouvai que deux factionnaires, accoudés indolemment sur le canon de leur fusil, et dans l'antichambre un chambellan qui, après m'avoir demandé mon nom, m'introduisit sans autre formalité dans un salon tendu de soie bleue et décoré de quelques tableaux représentant des paysages du Nord. Voilà comment on arrivait chez le roi de Suède.

Un instant après, le roi entra, le corps droit, la tête haute, l'œil vif, le front ombragé encore par d'épais cheveux noirs. A juger de son âge par l'aspect de cette taille si ferme, de cette physionomie si virile et si énergique, on l'eût pris pour un homme de cinquante ans : il en avait soixante-treize.

Charles-Jean me fit asseoir à côté de lui sur un canapé, et, après s'être informé avec la plus gracieuse sollicitude du but de mon voyage, après avoir énuméré les moyens qu'il pouvait employer pour m'aider à le rendre aussi fructueux et facile que possible, il engagea de lui-même un entretien que je n'aurais point osé provoquer. Quand je dis entretien, je me sers d'une expression impropre; je devrais plutôt dire un long et pompeux monologue, qu'il interrompait de temps à autre, pour me demander en me regardant fixement : « M'entendez-vous? » Je n'avais garde d'entraver par mes remarques le cours de son éloquence; j'étais tout entier sous le charme de cette belle physionomie où brillait un regard d'aigle, de cette parole élevée, puissante, qui se lançait avec une étonnante vigueur dans les plus hautes questions, et à laquelle un accent méridional assez prononcé donnait encore une plus vive vibration. Au bout de deux heures, le roi se leva, et je rentrai chez moi le cœur tellement rempli de tout ce que je venais d'entendre, que j'écrivis mot pour mot la plupart des choses qu'il m'avait dites.

Dès le début, et comme s'il avait pressenti que j'arrivais à lui avec la pensée qui nous saisit tous, nous autres Français, chaque fois que nous entendons prononcer le nom de Bernadotte, c'est-à-dire avec le souvenir de 1813, il se mit à me parler de la position qu'il avait prise en Suède et de son amour pour la France :

« J'aime la France, me disait-il, c'est elle qui m'a élevé, c'est elle qui m'a illustré. C'est un si beau pays, un pays qui a tout : richesse, esprit, savoir. Je puis me rendre justice, c'est que je l'ai servie dans des moments de crise, en 1789, et que, lorsque je l'ai quittée, elle était grande, forte, respectée.

« J'ai toujours désiré que ma politique fût celle de la France. Je suis venu dans ce pays et j'ai dû remplir ma mission. J'ai fait tout ce que ma conscience me prescrivait de faire; mais j'aurais mille royaumes à donner à la France que je ne m'acquitterais pas envers elle de la reconnaissance que je lui dois. Souvent on fait des tentatives, et le succès les justifie. Le succès m'a justifié, mais je puis dire que je n'ai jamais travaillé en vue du succès.

« J'ai été attaqué, voilà le fait. Ne parlons pas de cette époque; mes entrailles en sont encore émues. J'ai été attaqué. J'ai demandé qu'on suspendît l'invasion de la Poméranie : on ne m'a pas répondu. Si Napoléon avait voulu être sage, s'il n'avait pas tenu au système continental ni à la guerre de Russie, il était César, il serait devenu Auguste. »

Puis, de cette époque, dont la mémoire l'attristait visiblement, revenant tout à coup à l'époque actuelle : « La France, ajoutait-il, ne doit pas désirer la guerre. Les hommes qui ont fait la guerre ont employé ou le fanatisme religieux ou le fanatisme de la liberté. Le fanatisme religieux est passé; le fanatisme de la liberté emportera ceux qui s'y soumettront. Si la France fait la guerre et remporte la victoire, elle donnera par là un étonnant élan à ses opinions; mais cet élan, où s'arrêtera-t-il?...

« Personne ne songe à attaquer la France, je puis l'affirmer; mais si on l'attaque, elle peut remuer le monde....

« La France tranquille, l'Europe ne sera jamais agitée.... »

Un instant après, il revenait encore aux divers incidents de son élection, à la fatale alternative où son titre de prince royal de Suède l'avait jeté en 1813. Il semblait qu'une pensée impérieuse, une pensée rebelle, à laquelle il tentait en vain d'échapper, le ramenât sans cesse malgré lui à cette phase décisive de sa vie. « L'amour-propre, me dit-il, est souvent le mobile de nos actions. A l'époque où je fus élu, on disait : « Il est « proposé, mais il n'osera pas accepter ». Ce mot vint de haut. Alors j'aurais voulu abdiquer mes emplois, rentrer dans la vie privée ; mais ce mot : *il n'osera pas !* m'entraîna, et j'osai. »

Après avoir rappelé à diverses reprises la déplorable époque de 1813, il se tut tout à coup et resta quelques instants immobile, la tête penchée. Sa figure, jusque-là si vive, si animée, se revêtit soudain d'une indéfinissable expression de tristesse ; puis, se levant brusquement et m'entraînant vers la fenêtre : « Ah ! je crois, s'écriat-il, et il faut croire ! » En ce moment l'obscurité commençait à se répandre dans la chambre où nous étions ; mais, au pied du palais, nous voyions les vagues de la mer, les flots du lac Mélar dorés par les rayons du soleil couchant. Les banderoles des navires, les pavillons de l'amirauté et des casernes flottaient au souffle de la brise, et, tandis que la façade du théâtre, les larges maisons du Blasieholm, projetaient sur le pavé de grandes ombres, les vertes collines du parc, les bouleaux aux branches pendantes, les pins à la tête arrondie, se détachaient en lignes distinctes sur un ciel d'azur. Çà et là une barque s'éloignait encore du quai et glissait légèrement sur l'eau limpide. A côté d'un bâtiment qui venait de jeter l'ancre dans le port, un autre navire larguait ses voiles, virait de bord, et un coup de canon annonçait l'arrivée d'un bateau à vapeur; dans l'intérieur de la ville, tout était déjà calme, silencieux. Le roi contemplait d'un regard profondément ému ce doux et imposant spectacle, et nulle parole de religion ne m'a plus frappé dans le monde que ces mots : « Il faut croire! » prononcés en face d'une telle scène, par un vieux soldat de 1789, dans son palais de roi.

Chaque fois que j'ai revu Charles-Jean, un an, deux ans plus tard, il m'a exprimé le même sentiment religieux, il m'a parlé de la France avec le même amour. Certes, ce fut un jour affreux, un jour qu'il faudrait pouvoir effacer de notre histoire moderne, que celui où l'on vit cet enfant de la France, anobli, illustré, comme il le disait lui-même, par la France, s'allier aux ennemis de notre pays, tracer lui-même le plan de bataille qui devait ensevelir nos soldats dans les plaines de Leipzig, ouvrir, selon l'expression de Napoléon, aux hordes du Nord *le chemin du sol sacré*. « Pour prendre femme, disait encore Napoléon dans son style énergique, on ne doit point renoncer à sa mère. » Et Charles-Jean a renoncé à sa mère, à la terre vénérable pour laquelle il avait si longtemps combattu, dont il avait vaillamment partagé les périls, et qui lui avait mis au front un rayon de gloire. Mais qu'on ne croie pas, comme l'ont prétendu quelques écrivains trop faciles et trop mal informés, qu'en s'éloignant de la France pour poser le pied sur la première marche du trône de Suède, Bernadotte eût déjà des projets de rupture arrêtés. Non, j'en ai l'intime conviction, et, en tenant compte même de son état de rivalité à l'égard de Napoléon, tranchons le mot, de l'hostilité qui éclata assez ouvertement au 18 brumaire, qui ne fut que palliée ensuite, et qui dut se réveiller par le peu d'empressement et de bonne grâce que l'empereur mit à sanctionner l'élection de la diète d'Orebro; non, Bernadotte, en prenant congé de Napoléon et en disant adieu à la France, ne songeait point à rompre avec Napoléon et avec la France. Et si, par malheur, il eût eu cette coupable intention, tout ce qu'il remarqua dès son arrivée en Suède aurait suffi pour l'en détourner. La Suède était depuis plusieurs siècles l'alliée de la France; la Suède sentait bien que, dans la déplorable situation où l'avait jetée Gustave IV, elle devait chercher de notre côté son appui; que la Russie était un plus puissant, un plus redoutable adversaire, et que, pour se défendre contre les projets d'invasion d'un tel colosse, elle n'avait pas de secours plus sincère, plus désintéressé à attendre que celui de la France. Le roi Charles XIII, appelé par une subite révolution à porter la couronne à demi brisée de son neveu, partageait à cet égard toutes les idées de la nation. Jeune, il avait valeureusement conduit les vaisseaux de son frère Gustave III contre les flottes de Catherine II. Il s'était signalé dans mainte entreprise hardie. Toute sa gloire lui venait de ses combats contre la Russie. Tous ses plus beaux, ses plus brillants souvenirs se rattachaient à cette époque de lutte ardente. Plus tard, appelé à la régence de Suède, pendant la minorité de son neveu, il s'était opposé au mariage du jeune roi avec une princesse de Russie. Dans sa vieillesse il conservait les mêmes principes de sympathie et d'abandon du côté de la France, de défiance et d'éloignement envers la Russie; et certainement il ne les dissimula pas à l'illustre maréchal français qui arrivait en Suède pour lui succéder. Malheureusement le ton impérieux de Napoléon, les notes acerbes et violentes de son ambassadeur à Stockholm, ébranlèrent peu à peu les dispositions amicales du roi de Suède et de ses conseillers. Deux années pénibles se passèrent, véritables années d'épreuves pour la Suède. Dans le cours de ces deux années, la France prescrivait sans cesse de nouvelles conditions; la Suède se plaignait doucement, puis se résignait, non sans comprendre toutefois l'importance des sacrifices qu'on imposait à son commerce, à son industrie, et sans se sentir humiliée de les faire. Avant de quitter la France, Charles-Jean avait eu avec l'empereur un long entretien sur la Suède. Napoléon voulait que ce royaume se soumît à toutes les conditions du système continental, système plus pénible, plus dangereux pour ce pays que tout autre. Bernadotte demanda quelques mois pour étudier l'état de la Suède, les dispositions, les ressources du peuple qu'il était appelé à gouverner. Cet ajournement lui fut accordé, et les Suédois, attribuant à son influence personnelle une con-

cession à laquelle ils attachaient un grand prix, en
éprouvèrent pour lui un nouveau sentiment de respect
et de considération. Mais, dès le mois de novembre 1810,
Napoléon adressa rudement à la cour de Suède son ulti-
matum : « Choisissez, dit-il : des coups de canon aux
Anglais qui s'approchent de vos côtes et la confiscation
de leurs marchandises, ou la guerre avec la France ».
Et l'on donnait cinq jours pour répondre. Cette demande impérieuse, qui ne permettait plus aucune observation, répandit la terreur dans la capitale. Le conseil du roi fut appelé aussitôt à délibérer sur la douloureuse alternative où la Suède se trouvait tout à coup
placée. Fermer aux Anglais les ports de la Suède,
c'était ravir à ce pays ses plus sûres, ses dernières
ressources. Entrer en guerre avec la France ! la nation
entière ne pouvait encore s'y résoudre. Charles-Jean
assistait au conseil qui allait discuter une si grave question. Dans la pénible anxiété qu'il éprouvait, dans
l'obligation qui lui était imposée si inopinément par le
sort de sacrifier les intérêts réels, nécessaires de la
Suède, ou de prononcer un vote contre la France, il se
retrancha dans la neutralité. « Agissez, dit-il aux conseillers du roi, comme si je n'étais pas là. Je suis prêt
à mettre à exécution les mesures que vous jugerez devoir prendre dans une telle crise. » Le résultat de la dé-
libération fut tel que l'empereur pouvait le désirer.
Charles-Jean lui écrivit alors la lettre suivante :

« Sire,

« Par ma lettre du 11 novembre j'ai eu l'honneur

d'instruire Votre Majesté que le roi était prêt à faire tout ce que les lois constitutionnelles lui permettaient pour arrêter l'introduction des marchandises anglaises. Le ministère s'occupait d'un règlement très sévère à ce sujet, lorsqu'une dépêche de M. Lagerbielke est venue porter la douleur dans l'âme du roi, et déranger sa santé d'une manière bien sensible. Cette dépêche nous prouvait à quel point Votre Majesté était prévenue contre nous, puisqu'en nous donnant cinq jours pour répondre, elle nous traitait avec la même rigueur qu'une nation ennemie; et la note officielle remise par M. le baron Alquier n'a laissé à la Suède que l'affligeante alternative, ou de voir rompre les liens qui l'unissent à la France, ou de se livrer à la merci d'un ennemi formidable, en lui déclarant la guerre, sans posséder aucun moyen pour le combattre.

« En me décidant à accepter la succession au trône de Suède, j'avais toujours espéré, Sire, concilier les intérêts du pays que j'ai servi fidèlement et défendu pendant trente années, avec ceux de la patrie qui venait de m'adopter. A peine arrivé, j'ai vu cet espoir compromis, et le roi a pu remarquer combien mon cœur était douloureusement combattu entre son attachement à Votre Majesté et le sentiment de ses nouveaux devoirs.

« Dans une situation si pénible je n'ai pu que m'abandonner à la décision du roi, et m'abstenir de prendre part aux délibérations du conseil d'État.

« Le conseil d'État ne s'est pas dissimulé :

« 1° Qu'un état de guerre ouverte, provoqué par nous, causera infailliblement la capture de tous les bâtiments qui sont allés porter des fers en Amérique;

« 2° Qu'à la suite d'une guerre malheureuse, nos magasins sont vides, nos arsenaux sans activité et dépourvus de tout, et que les fonds manquent pour parer à tous les besoins;

« 3° Qu'il faut des sommes considérables pour mettre à couvert la flotte de Carlscrona et réparer les fortifications de cette place, sans qu'il y ait aucuns fonds pour cet objet;

« 4° Que la réunion de l'armée exige une dépense extraordinaire d'au moins 7 ou 8 millions, et que la constitution ne permet au roi d'établir aucune taxe sans le consentement des états généraux;

« 5° Enfin, que le sel est un objet de première et absolue nécessité en Suède, et que c'est l'Angleterre seule qui l'a fourni jusqu'ici.

« Mais toutes ces considérations, Sire, ont disparu devant le désir de satisfaire Votre Majesté. Le roi et son conseil ont fermé l'oreille au cri de la misère publique, et l'état de guerre avec l'Angleterre a été résolu, uniquement par déférence pour Votre Majesté, et pour convaincre nos calomniateurs que la Suède, rendue à un gouvernement sage et modéré, n'aspire qu'après la paix maritime. Heureuse, Sire, cette Suède si mal connue jusqu'à présent, si elle peut obtenir, en retour de son dévouement, quelques témoignages de bienveillance de la part de Votre Majesté[1]. »

Cette première difficulté ainsi résolue, il s'en pré-

1. *Recueil des lettres de Charles-Jean*, t. I, p. 24.

senta presque immédiatement une autre, qui dépassait le pouvoir du roi de Suède et du prince royal. Charles-Jean avait représenté à l'empereur les embarras financiers de la Suède, et Napoléon, pour obvier à cet état de choses, lui proposa d'enrôler des officiers, des matelots pour la flotte de Brest, et de prendre un régiment suédois à la solde de la France. Charles-Jean répondit que la constitution du pays interdisait toute transaction de cette nature : nouveau grief du côté de l'empereur, nouveau sujet d'alarmes en Suède.

Tandis que les relations de ce royaume avec la France prenaient un caractère de plus en plus inquiétant, l'Angleterre, avec son adresse habituelle, ne tenait aucun compte de la déclaration de guerre qui lui avait été adressée, et conservait à l'égard de la Suède une attitude plus bienveillante qu'hostile. Elle semblait reconnaître que la Suède, en s'associant au système continental, n'avait fait que céder à la force, et, contente d'écouler quelques-uns de ses produits vers la Baltique, trop habile pour irriter inutilement un peuple dont elle avait besoin, elle attendit patiemment l'occasion de reprendre avec lui des rapports plus faciles et plus sûrs.

Cette conduite de l'Angleterre accrut encore les défiances de l'empereur. En même temps la Suède, comme pour être en état de soutenir sa déclaration de guerre, faisait des armements considérables. Ses préparatifs excitèrent dans l'esprit du ministre de France un soupçon qu'il exprima dans les termes les plus acerbes. Napoléon, comprenant lui-même que son envoyé apportait trop d'ardeur et d'âpreté dans l'exercice de ses fonctions, le rappela de Stockholm et le nomma ministre en Danemark; mais, tout en accordant au cabinet de Stockholm cette satisfaction diplomatique, d'un autre côté on traitait rigoureusement la Suède. Des corsaires français et danois parcouraient la Baltique, poursuivant, attaquant, capturant les navires de Suède qui attendaient leur chargement dans différents ports d'Allemagne. Les matelots qui montaient ces bâtiments furent incorporés de force dans la marine de France et envoyés à Brest, à Toulon, à Anvers. Le gouvernement suédois adressa de vives réclamations à Paris et ne fut point écouté. Les riches négociants du pays se plaignirent hautement des rudes entraves imposées à leur commerce; le pays entier éprouvait une gène extrême; la nation, animée jusque-là d'un si vif sentiment d'admiration et de sympathie pour la France, commençait à regarder si elle ne pourrait point chercher son point d'appui d'un autre côté. Cependant le roi et le prince royal espéraient encore remédier par des moyens de temporisation à ce fatal état de choses; ils se maintenaient l'un et l'autre dans des idées de conciliation, autant par un sentiment de vieille amitié que par une réflexion de prudente politique. La France était si chère à ce vieux roi qui avait adopté toutes les prédilections de Gustave III, si chère à ce prince royal qui venait de la quitter, et Napoléon semblait si fort! Un événement inattendu, décisif, les jeta tout à coup hors des bornes où ils espéraient pouvoir s'assurer une position paisible. Le 10 février 1812, on apprit à Stockholm que, dans la nuit du 26 au 27 janvier, une troupe de vingt mille hommes, commandée par le général Friand, avait envahi le territoire de la Poméranie suédoise et l'île de Rugen. A cette nouvelle, qui produisit une violente rumeur en Suède, le roi envoya aussitôt le général Engelbrecht à Stralsund pour demander des explications sur un fait si inopiné. Le comte Friand déclara qu'il ne pouvait répondre à la lettre qui lui fut remise. En même temps le prince d'Eckmühl, qui commandait la division, faisait conduire dans les prisons de Hambourg les fonctionnaires suédois de la province dont des troupes venaient de s'emparer, et les remplaçait par des fonctionnaires français. Charles-Jean voulut encore une fois s'adresser directement à l'empereur, et il lui écrivit cette lettre :

« Sire, les rapports qui viennent d'arriver portent qu'une division de l'armée aux ordres du prince d'Eckmühl a envahi le territoire de la Poméranie suédoise dans la nuit du 26 au 27 janvier. Cette division a poursuivi sa marche, est entrée dans la capitale du duché, et s'est emparée de l'île de Rugen.

« Le roi attend que Votre Majesté fasse connaître les causes qui ont pu la porter à agir d'une manière aussi diamétralement opposée aux traités existants. Mes anciens rapports avec Votre Majesté m'autorisent à la supplier de ne pas tarder à faire connaître ses motifs, pour que je puisse donner au roi mon opinion sur l'adoption de la politique que la Suède doit embrasser désormais.

« L'outrage fait gratuitement à la Suède est vivement senti par le peuple et doublement par moi, Sire, qui suis chargé de l'honneur de le défendre. Si j'ai contribué à rendre la France triomphante, si j'ai constamment souhaité de la voir heureuse et respectée, il n'a jamais pu entrer dans ma pensée de sacrifier les intérêts, l'honneur et l'indépendance du pays qui m'a adopté. Votre Majesté, si bon juge dans le cas qui vient d'avoir lieu, a déjà pénétré ma résolution. Peu jaloux de la gloire et de la puissance qui vous environnent, Sire, je le suis beaucoup de ne pas être regardé comme vassal.

« Votre Majesté commande à la majeure partie de l'Europe, mais sa domination ne s'étend pas jusqu'au pays où j'ai été appelé. Mon ambition se borne à le défendre, et je le regarde comme le lot que la Providence m'a départi. L'effet que l'invasion dont je me plains a produit sur ce peuple peut avoir des conséquences incalculables, et, quoique je ne sois point Coriolan, et quoique je ne commande pas à des Volsques, j'ai assez bonne opinion des Suédois, Sire, pour vous assurer qu'ils sont capables de tout oser et de tout entreprendre pour venger les affronts qu'ils n'ont point provoqués et pour conserver des droits auxquels ils tiennent peut-être autant qu'ils tiennent à leur existence[1]. »

Il est évident que, d'après cette lettre, Charles-Jean avait déjà songé précédemment à la nécessité où il pourrait se trouver quelque jour de rompre avec la France. On ne lance point un tel cartel sans savoir d'avance avec quelles armes on le soutiendra. Cependant cette réclamation si ferme, si fière, laissait encore

---

1. *Recueil des lettres de Charles-Jean*, t. I, p. 55.

à l'empereur un facile moyen de conciliation. Il ne voulut pas l'accepter. Le chargé d'affaires de Suède à Paris adressa au duc de Bassano, alors ministre des Affaires étrangères, une note relative à l'événement qui agitait alors toute la nation suédoise, et ne reçut qu'une réponse évasive. Charles-Jean prit alors la plus triste des résolutions. On dit qu'à cette époque les anxiétés qu'il avait éprouvées, l'affreuse incertitude dans laquelle il se voyait sans cesse rejeté, lui occasionnèrent une grave maladie. Son âme avait à soutenir un rude et périlleux combat. Les affections les plus profondes, les souvenirs de la patrie, luttaient en elle contre les obligations que lui imposait son titre de prince suédois : d'un côté, la France, sa terre natale; de l'autre, la Suède, sa seconde patrie. Dans ce pénible conflit de tant de sentiments de reconnaissance, de regrets du passé, d'espoir de l'avenir, le passé succomba, et lorsque Charles-Jean sortit de cette douloureuse épreuve, il abdiquait son titre de soldat du Béarn, il n'était plus que le prince royal de Suède.

Il y a deux ans que, par une fraîche matinée de printemps, j'arrivai à Abo, ancienne capitale de la Finlande, et nul des bons et honnêtes Finlandais qui m'accueillaient là avec l'affectueux empressement qu'ils aiment à témoigner aux étrangers n'aurait pu comprendre l'amère pensée qui m'obsédait en entrant dans cette ville. C'est là, c'est dans une de ces rues solitaires, silencieuses, au bord du golfe de Finlande, au milieu des sombres forêts de sapins, des collines rocailleuses de cette terre sauvage, que se sont décidées, on peut

le dire, les destinées de l'empire Français. C'est là que
Charles-Jean eut un entretien de plusieurs jours avec
Alexandre, et conclut avec lui un traité d'alliance.
L'Angleterre, cette implacable ennemie de Napoléon,
connaissant le caractère irrésolu de l'empereur de Russie,
le caractère ferme et décidé, les vues politiques de Bernadotte, avait elle-même préparé, demandé cette conférence, et elle en obtint tout le résultat qu'elle pouvait
en attendre. Charles-Jean étonna le tsar par les idées de
résistance qu'il lui exposa, par les plans de stratégie
offensive qu'il lui fit concevoir. Déjà il l'avait amené à
signer rapidement un traité de paix avec l'Angleterre et la Turquie, et cette mesure doublait les forces
de la Russie. Dès ce moment la campagne d'Allemagne fut résolue, et Bernadotte en calculait tous les
succès.

Nous ne voulons point exagérer l'importance de
Charles-Jean; cependant, l'histoire de 1812 et 1813 à
la main, il nous paraît bien démontré que sans lui ces
années de désastres auraient pu avoir une tout autre
issue. La Suède ne prit, il est vrai, aucune part active
à la guerre de 1812; mais si elle avait été encore notre
alliée à cette époque de calamité; si, pendant que nos
troupes pénétraient au cœur de la Russie, les Suédois
avaient envahi la Finlande; si, lorsque nous entrions
aux lueurs de l'incendie dans la seconde capitale du
tsar, les Suédois avaient, de leur côté, menacé Pétersbourg: que serait-il arrivé de cet empire attaqué ainsi
à droite et à gauche, placé entre deux armées puissantes? En second lieu, si dans ce moment de crise

Charles-Jean n'envoyait point de troupes au secours d'Alexandre, il l'éclairait sans cesse par ses conseils, il lui adressait lettre sur lettre, pour lui tracer des plans de défense, pour relever son courage et affermir sa résolution. Lui seul, à la suite de notre pompeuse entrée en campagne, de notre marche rapide, de nos premières victoires, jugeait le péril de notre situation et le peignait énergiquement au tsar, qui parfois avait quelque peine à le comprendre. Charles-Jean lui-même m'a raconté que, le jour où l'on apprit à Stockholm le résultat de la bataille de la Moskowa, il vit arriver dans son palais Mme de Staël, tout effarée de cette victoire, et songeant déjà, dans l'incroyable préoccupation de son importance, à quitter Stockholm, comme si l'armée française allait la poursuivre jusque sur le sol de la Suède. « Rassurez-vous, madame, lui dit Charles-Jean ; Napoléon vient de conquérir un nouveau champ de bataille, et il peut tirer de ce succès un parti décisif. Si maintenant il offre la paix à l'empereur de Russie, en proclamant la constitution, l'indépendance du royaume de Pologne, il est sauvé ; mais il n'aura point cette habileté, et il est perdu. »

Malheureusement il disait vrai.

Quelques jours après, on reçut à Stockholm la nouvelle de l'entrée des Français à Moscou. Nul fait aussi grave et en apparence aussi décisif n'avait encore signalé la campagne de 1812. Tous les esprits étaient dans l'attente. Les partisans de l'alliance russe se demandaient avec inquiétude quel parti la Suède allait prendre. Les partisans de l'alliance française (il y en

avait encore un assez grand nombre dans le pays) espéraient voir un revirement subit de politique. Les ministres étrangers se présentèrent le soir au palais du roi
dans une grande perplexité. Charles-Jean comprit que
c'était un de ces moments solennels qui exigent une
prompte décision. Il s'approcha de l'envoyé de Russie
et lui dit : « Je déplore le sort de Moscou, mais je félicite l'empereur Alexandre; Napoléon est perdu. Un
courrier, parti il y a deux heures, porte au ministre
de Suède, le comte de Löwenhielm, les ordres du roi
pour resserrer encore les liens qui nous unissent à l'empereur. Oui, monsieur, ajouta-t-il en se tournant vers
le ministre d'Autriche, Napoléon est dans la seconde
capitale de l'empire Russe, et il est perdu. Vous
pourrez annoncer à votre cour que tel est mon avis sur
cet événement. »

La retraite de Moscou, la déroute effroyable de l'armée française, réalisèrent les conjectures du prince
royal de Suède, et donnèrent à l'Angleterre, à la Russie,
à la Prusse, un élan tout nouveau. Dans l'espace de
quelques mois, les conditions de la guerre étaient bien
changées. Les longues plaines d'Allemagne, naguère
asservies au pouvoir de Napoléon, devenaient de nouveaux champs de bataille, et les armées confédérées
reprenaient l'offensive. Au mois de mai 1813, Charles-
Jean débarqua à Stralsund, investi du titre de généralissime de la division du Nord et entraînant à sa
suite l'armée la plus nombreuse que la Suède eût
jamais envoyée au delà des mers. Ce fut lui qui traça
tout le plan de la campagne. Le général Moreau, arrivé

inopinément des États-Unis pour s'associer à cette croisade contre Napoléon, critiquait plusieurs des points essentiels de cette stratégie : Charles-Jean, après l'avoir patiemment écouté, persista dans sa résolution. A la conférence de Trachenberg (10 juillet), il sut triompher de l'hésitation de l'empereur Alexandre et du roi de Prusse, et les rallia au projet qu'il avait conçu. En les quittant, il leur disait : « Au revoir, à bientôt; notre rendez-vous est à Leipzig ». Nous ne savons que trop quel fut ce rendez-vous.

Il a été dans les destinées de ce petit pays de Suède d'exercer trois fois, par son audace, une vive action sur la France, et de rompre à deux reprises différentes l'équilibre de l'Europe. Au neuvième siècle, les pirates suédois, unis à ceux de Danemark et de Norvège, les hordes farouches de Vikings descendant des côtes de la Baltique, arrivaient avec leurs barques légères jusque sur les rives de la Seine, pillant, brûlant, saccageant tout ce qu'ils rencontraient sur leur passage. Les moines, à leur approche, ajoutaient un nouveau verset aux litanies du cloître[1]. Au dix-septième siècle, les Suédois, sous la conduite de leur valeureux Gustave-Adolphe, traversaient en conquérants le Brandebourg, la Silésie, les électorats de Trèves, de Mayence, les bords du Rhin, et brisaient la puissance de l'Autriche. Au dix-neuvième siècle, à quelques lieues de ce champ de bataille de Lutzen où le roi de Suède remportait en mourant ses plus beaux trophées, un succes-

---

1. A furore Normannorum libera nos, Domine.

seur de ce grand roi renversait, dispersait la plus fière,
la plus glorieuse des armées.

A la première époque que nous venons de rappeler,
on apaisait l'ardeur sauvage des corsaires du Nord par
des tributs volontaires, par des présents. A la seconde,
Richelieu, malgré son titre de ministre d'un roi catholique, sa dignité de prince de l'Église romaine, ne crai-
gnait pas de s'allier au chef de l'armée protestante,
pour faire fléchir la tête de l'Autriche et assurer les
intérêts politiques de la France. A la troisième, tout
devait nous garantir l'alliance, le secours, le dévouement de la Suède. Napoléon ne l'a point voulu ; ce fut
pour Bernadotte un profond malheur d'avoir à défendre
sa couronne en prenant les armes contre la France.
Toute sa vie, si honorable d'ailleurs, est voilée là d'un
nuage sombre ; ce nuage, nous ne voulons ni ne pouvons l'effacer. Il nous a paru juste seulement de démontrer que Charles-Jean n'avait point conspiré de
gaieté de cœur contre sa patrie, qu'il avait été peu à peu
conduit, par des circonstances impérieuses, à la plus
triste des résolutions, et qu'enfin, se voyant dans l'im-
possibilité de satisfaire à la fois à ses devoirs envers la
France et envers la Suède, il s'était cru forcé de sacrifier les premiers pour accomplir les seconds. Ajoutons
à ce fait que Charles-Jean protesta sans cesse contre
toute idée d'invasion en France. Dès la conférence de
Trachenberg, lorsque les deux souverains coalisés avec
lesquels il contractait un pacte solennel poursuivaient
dans leur entretien toutes les chances possibles de la
campagne qu'on allait commencer, il établit, en cas de

succès, un programme bien différent de celui qui a été mis à exécution en 1814. Il déclarait qu'il fallait se contenter de renfermer Napoléon dans les limites de la France telles qu'elles étaient à l'époque du Consulat, assurer, avec des conditions d'indépendance, à Louis le trône de Hollande, à Eugène celui d'Italie, à Murat celui de Naples. Si, après les victoires successives des armées coalisées, il prit un langage plus hautain ; si, dans ses bulletins, ses proclamations de 1813, de 1814, il injurie maintes fois la personne de Napoléon, nous pouvons le dire, ces mêmes bulletins, dont nous possédons la collection entière et que nous avons lus l'un après l'autre avec soin, exprimaient toujours un profond sentiment du respect pour l'honneur et la dignité de la France. Plus tard, lorsque Alexandre, s'arrêtant sur les bords du Rhin, étonné lui-même de se voir si près de la France, le consultait sur ce qu'il devait faire, Charles-Jean lui répétait avec une mâle énergie ce qu'il avait déjà énoncé dans une lointaine prévision à Trachenberg : « Sire, lui disait-il, j'ai dès longtemps acquis une parfaite connaissance des sentiments de la nation française, de son élan et du patriotisme qu'elle est capable de développer dans les crises violentes. A l'époque de mon entrée au ministère, elle méprisait le Directoire et désirait son expulsion ; le territoire français était menacé : eh bien, Sire, je n'eus besoin que de parler pour réveiller tous les courages assoupis. La France était épuisée d'argent ; elle désirait la paix, la demandait à grands cris, et j'obtins plus que je n'avais demandé. Toute l'Europe alors aussi était conjurée contre elle, et cependant elle maintint sa ligne défensive entre les Alpes et les Apennins. Bientôt elle fut victorieuse sur tous les autres points. »

Une autre fois, il lui disait : « Franchir les frontières de la France, c'est imiter Napoléon lui-même, et justifier sa conduite envers nous; c'est encourir nous-mêmes les justes reproches que nous lui avons adressés; c'est méconnaître et fausser les principes d'éternelle justice que nous invoquions contre lui, les seuls qui nous autorisaient à repousser la force par la force. »

Ajoutons encore que, de tous les princes réunis à Leipzig après le désastre du 18 octobre, il fut le seul qui osa (oser est le mot) témoigner un vif intérêt, une touchante sympathie au pauvre roi de Saxe, à notre fidèle allié, repoussé dédaigneusement par Alexandre, par le roi de Prusse, condamné à voir passer seul, dans sa douleur, cette armée victorieuse qui devait lui en-lever la moitié de ses États. Rappelons-nous aussi que, pendant tout le cours de cette guerre à jamais déplorable, Charles-Jean se montra constamment plein de sollicitude pour nos soldats qu'il voyait succomber devant lui. — On m'a raconté en Pologne que le grand-duc Constantin, qui aux habitudes les plus barbares alliait un vif sentiment de l'honneur militaire, laissait percer devant les généraux même de la Russie une irré-sistible pensée de joie et d'orgueil quand on venait lui rapporter qu'un des régiments polonais qu'il avait formés s'était bien battu. Charles-Jean éprouvait le même sentiment d'orgueil en voyant la bravoure de ces troupes dont il avait si longtemps partagé les fatigues et stimulé l'ardeur. De plus, il tressaillait à leurs souffrances, il s'apitoyait sur leur sort. Prince royal de Suède, généralissime de l'armée du Nord, il poursuivait avec courage la rude tâche qu'il avait cru devoir embrasser ; enfant de la France, il sentait en même temps ses entrailles s'émouvoir à l'aspect de toutes ces douleurs dont il était lui-même un des premiers instruments. M. le comte G. de Löwenhielm, qui s'est fait en France un nom justement aimé et respecté par les fonctions diplomatiques qu'il y a si longtemps remplies, m'a raconté qu'un jour, dans un de ses campements, Charles-Jean, voyant passer à quelque distance de sa tente un convoi de blessés français, entra dans une violente colère contre ses officiers, et leur demanda comment ils pouvaient permettre qu'on exposât à sa vue ces malheureux, dont il ne pouvait alléger le destin ni guérir les blessures.

Que ces divers incidents ne justifient point à nos yeux l'enfant du Béarn, le prince de Ponte-Corvo, d'avoir porté les armes contre la France ; non, je le sens moi-même, et je le dis à regret, car la douce bienveillance dont m'a honoré ce prince m'a inspiré pour lui une profonde gratitude, et je voudrais pouvoir oublier le seul événement qui jette une ombre sur cette carrière d'ailleurs si bien remplie. Mais tout ce que je viens de dire, tout ce que j'ai essayé de démontrer, prouve du moins que, jusque dans sa rupture avec la France, jusque dans ses combats contre nous, il conserva toujours un profond sentiment d'affection pour sa terre natale et pour ses anciens compatriotes.

Cette première partie de son existence de prince était pénible pour nous à retracer. Il nous sera plus doux maintenant de suivre Charles-Jean dans les actes de son administration qui se rattachent au régime intérieur de la Suède.

A l'époque où Bernadotte y arriva, la Suède était dans le plus grand état de crise, de souffrance, d'affaiblissement, qu'elle eût éprouvé depuis les longues guerres qui suivirent la rupture du traité de Calmar. Dans l'espace de douze ans, trois fois une secousse violente l'avait ébranlée, trois fois le trône des Wasa avait été remis en question. En 1792 Gustave III tombait, au milieu d'un bal masqué, sous le poignard d'un assassin. En 1809, par une froide journée de décembre, une frégate emportait sur la terre étrangère, sur la terre d'exil, Gustave IV et son fils, les derniers héritiers de cette noble lignée de souverains où brillent les noms à jamais célèbres de Gustave Wasa, Gustave-Adolphe, Charles X, Charles XI et Charles XII. Le duc de Sudermanie, qui, pendant la minorité de Gustave IV, avait été proclamé régent du royaume, fut, après la soudaine révolution de 1809, appelé d'une voix unanime à porter la couronne. Dans sa jeunesse, ce prince avait fait preuve d'un esprit éclairé et d'une mâle valeur, mais l'âge avait affaibli ses qualités énergiques, et il n'avait point d'enfants. La Diète choisit, pour le seconder dans son administration et pour lui succéder au trône, le prince Christian d'Augustembourg, et, six mois après, ce prince tombait frappé d'un coup d'apoplexie devant un régiment qu'il passait en revue. Le peuple, qui n'avait fait qu'entrevoir encore son futur roi, et qui l'aimait comme les peuples aiment les princes dont ils n'ont point encore essayé le pouvoir, entra en fureur à la nouvelle de cette mort subite, et crut à un empoisonnement. Quand le convoi mortuaire entra dans les rues de Stockholm, une populace effrénée se précipita au-devant des chevaux, arrêta la voiture du comte de Fersen, auquel on attribuait la mort du jeune prince, le saisit dans sa fuite et le massacra. C'était ce même Fersen qui pendant longtemps s'était fait remarquer à la cour de Versailles par la noblesse de sa physionomie et l'élégance de ses manières, celui qu'on n'appelait que le beau Fersen, et qui servait de cocher à Marie-Antoinette dans la fuite à Varennes. Le dernier serviteur d'une famille royale étrangère, échappé comme par miracle aux fureurs du jacobinisme, devait, vingt années plus tard, expirer sous les coups de ses concitoyens, en remplissant les pacifiques fonctions de courtisan. Quand on rencontre au milieu des tempêtes populaires de tels épisodes et de tels drames, il est impossible de ne pas s'y arrêter avec une indicible pensée de fatalité.

Le meurtre du malheureux Fersen ne fit que redoubler la rage de ceux qui venaient de verser son sang sur le pavé. Ils assaillirent la demeure de la comtesse Piper et du comte Ugglas, qu'ils regardaient comme ses complices, et la garnison de la ville ne parvint qu'après de longs efforts à réprimer un désordre produit par un affreux soupçon.

Ce fut sous l'impression de cette effervescence du peuple, de ces actes de violence honteuse, que la Suède dut procéder au choix d'un nouveau prince royal. Chacun sentait que, dans la situation où le royaume avait été jeté, il lui fallait une main ferme, un courage éprouvé, pour le relever dans son affaiblissement et le soutenir au milieu des périls qui le menaçaient de toutes parts. De son côté, la diplomatie ourdissait autour de la prochaine élection la trame habituelle de ses froides et égoïstes combinaisons. La Suède eut le bonheur de ne point se laisser enlacer dans ce tissu de négociations trompeuses. Elle voulait un homme fort, intelligent, dévoué, et Bernadotte fut cet homme.

Le 19 octobre 1810, le maréchal de France, devenu prince royal d'un État scandinave, recevait, sur les frontières du Danemark, au bord du Sund, la députation envoyée au-devant de lui : l'archevêque d'Upsal et l'archevêque de Lund, chargés de recevoir sa profession de foi, les comtes Charles et Gustave de Löwenhielm, désignés pour l'accompagner dans son voyage. Le lendemain, il posait le pied sur le sol de la Suède, au milieu d'une population immense qui se pressait avec une avide curiosité sur sa route et le saluait avec enthousiasme. Si les acclamations qu'il entendit alors, si le respect qu'on lui témoignait, étaient pour lui d'un bon augure et lui donnaient un doux espoir, tout ce tribut d'éloges et tous ces témoignages de confiance lui imposaient en même temps de graves devoirs. En s'avançant de Helsingborg vers Stockholm, il pouvait voir, à travers les arcs de triomphe élevés sur son passage, bien des terres incultes et bien des hameaux appauvris, dépeuplés par les dernières guerres. En interrogeant les deux comtes de Löwenhielm, il pouvait recueillir de douloureux détails sur le règne de Gustave-Adolphe et sur ses funestes résultats.

C'était ce roi extravagant qui, du fond de son faible royaume de Suède, déclarait à la fois la guerre à la Russie, à la France et au Danemark. L'armée française lui enlevait Stralsund, la Poméranie, l'île de Rugen; l'armée russe lui arrachait l'un après l'autre, dans une sanglante campagne, tous les districts de la Finlande; le Danemark le tenait en échec du côté du Sund. Il n'avait d'autre soutien que l'Angleterre : il s'aliéna encore ce dernier allié, et resta seul, dans son aberration d'esprit, livré au ressentiment des deux plus grandes puissances de l'Europe. Les souffrances de ses troupes décimées dans l'affreuse expédition de Finlande, le généreux dévouement de ses officiers et de ses soldats ne pouvaient toucher son cœur, et les désastres d'une guerre insensée, la famine qui éclata en 1809, l'aspect d'une population que les rigueurs de l'hiver, les privations de tout genre réduisaient à la dernière extrémité, rien ne pouvait le faire sortir de son aveuglement. Au milieu des douleurs qui éclataient de tous côtés, dans le deuil de sa capitale où, au commencement de 1809, on enterrait chaque jour les morts par centaines, un beau matin, Gustave-Adolphe signe avec la plus parfaite tranquillité d'âme un décret qui ordonne une levée de cent mille hommes et un impôt de trente millions, c'est-à-dire près des deux tiers de tout ce qu'il y avait de monnaie nationale en circulation dans le royaume.

La révolution qui mit fin à tant de folies s'accomplit

en quelques heures sans effusion de sang et sans com-
motion. Il n'y a pour les dynasties les plus brillantes
qu'une certaine durée de force et de pouvoir. Un temps
arrive où les descendants des fondateurs de monarchie
dégénèrent et s'affaissent comme des plantes privées
du suc vital. Vains fantômes décorés du titre de roi,
ils se pavanent encore sous leur manteau de pourpre et
leur couronne héréditaire; mais une légère secousse
suffit pour leur montrer le néant de leur orgueil et
l'impuissant effort de leur volonté. La monarchie de
Napoléon, la plus grande, la plus éclatante de toutes,
a été de toutes la plus éphémère, comme si, dans l'espace de quelques années, elle avait épuisé la sève de
plusieurs siècles. Les autres.... on peut voir ce qu'elles
sont devenues! Celle des Wasa devait suivre la loi commune, et Gustave-Adolphe, surpris dans son palais par
quelques officiers las de son absurde tyrannie, subit
comme un enfant la volonté de ceux qu'il prétendait,
quelques jours auparavant, gouverner avec un sceptre
de fer.

Mais, la cause du mal ayant disparu du sol de la
Suède, le mal n'en restait pas moins profond et difficile
à réparer; les cadres de l'armée incomplets, les arsenaux vides, les côtes et les forteresses sans défense, des
provinces entières où les paysans déclaraient n'avoir ni
blé pour la semence, ni chevaux pour la charrue; le
trésor de l'État épuisé, le royaume réduit, par la perte
de la Finlande, aux deux tiers de son ancienne étendue,
et une dette de 150 millions dans un pays dont le budget annuel ne s'élève pas à plus de 24 millions : voilà

l'héritage que Gustave-Adolphe, en partant pour l'Allemagne, léguait à ceux qui devaient occuper son trône.

Charles-Jean n'eut le titre de roi qu'en 1818; mais son règne commença, on peut le dire, du jour où il entra à Stockholm comme prince royal. Charles XIII n'avait plus la force de porter le fardeau des affaires, et il l'abandonna avec joie et confiance à cet élu du peuple, dont il sut promptement reconnaître la fermeté et l'intelligence. Investi du commandement des troupes de terre et de mer, appelé à présider les délibérations du conseil d'État et à diriger les diverses branches de l'administration, Charles-Jean étudia patiemment toutes les questions qui intéressaient le bien-être, la prospérité de la Suède, et travailla avec ardeur à réparer les plaies faites à ce noble pays par l'aveugle témérité et la déplorable obstination du dernier gouvernement. Il sut s'entourer des hommes les plus experts en chaque matière, écouter d'une oreille attentive les conseils qui lui étaient donnés. Il avait tout à apprendre dans une contrée si différente de celle où il avait passé la moitié de sa vie, et il eut cette qualité si désirable pour un roi, de bien voir et de bien apprendre.

En peu de temps, la Suède, abattue et découragée, se releva sous son nouveau sceptre comme un fier coursier dont un éperon exercé aiguillonne les flancs, et dont une main habile tient les rènes. L'ordre fut rétabli dans l'armée, la confiance rentra dans l'administration, et la Suède reprit une nouvelle attitude. Le blocus continental, auquel ce pays s'associa à regret, par déférence seulement pour la volonté de Napoléon, par le désir de conserver la paix avec la France, la guerre qui éclata ensuite, paralysèrent pendant plusieurs années le commerce du pays et compliquèrent gravement les embarras financiers. Les revenus de l'État étaient au-dessous des dépenses; les produits de la douane, qui en 1810, avant la déclaration de guerre à l'Angleterre, s'élevaient à 5 millions, ne furent en 1811 que de 1 800 000 francs. Le papier-monnaie tombait de jour en jour dans un plus grand discrédit; on ne l'escomptait qu'avec une perte effrayante. Les obligations du royaume valaient encore, à la fin de 1810, 40 à 50 pour 100; en 1812 et 1813, on n'en offrait que 16 ou 20. Ce malaise financier était la plaie la plus affligeante du royaume; ce fut celle que dans la Diète de 1815 les députés de l'opposition s'attachèrent surtout à faire ressortir en la peignant sous les couleurs les plus sombres et les plus sinistres, et en reprochant au gouvernement de n'avoir pas su y apporter remède. Mais Charles-Jean connaissait à fond les ressources du pays, et il comptait sur les années de paix dont il allait sagement employer les bénéfices; il avait d'ailleurs une fortune considérable, et il voulait consacrer cette fortune au service du pays qu'il était appelé à gouverner. En 1814, l'Angleterre lui alloua, à lui personnellement, à titre d'indemnité pour les dotations qu'il avait perdues en France, un million de livres sterling. Charles-Jean établit avec cette somme un fonds d'amortissement pour l'extinction de la dette étrangère. Les états généraux, en le remerciant d'une telle générosité, lui constituèrent une rente annuelle de

400 000 francs, réversible sur ses descendants. Grâce à l'abandon de ces 25 millions et à d'autres sacrifices pécuniaires que le roi s'imposa sans hésiter chaque fois qu'il en fut besoin, grâce aux sages mesures qu'il mit en œuvre, la Suède, tout en conservant ses contributions à un taux modéré[1], s'est, en moins de trente ans, délivrée du lourd fardeau qui pesait sur elle : ses dettes ont été amorties, son papier a recouvré sa valeur légale, sa banque peut être citée au nombre des banques les plus florissantes de l'Europe. Cependant d'utiles travaux ont été exécutés à grands frais sur tous les points du royaume : ici de vastes défrichements de terre ou des dessèchements de marais; là des canaux ouverts dans le roc et dans le flanc des montagnes. Celui de Gotha, qui réunit la mer Baltique à la mer du Nord, a coûté plus de 20 millions; celui de Hielmar, 2 millions. Six forteresses ont été reconstruites ou réparées et agrandies; plusieurs grandes routes ouvertes ou rétablies; dans les districts éloignés de la capitale, des rivières et des fleuves déblayés; sur une longue étendue, de nouveaux ports ouverts au commerce. L'industrie a pris un large développement. Des manufactures de draps, de toiles, des raffineries de sucre, des papeteries, ont été établies dans plusieurs provinces; des métiers de tissage enrichissent les habitants d'un des districts les plus arides du royaume, et les humbles cabanes en bois de l'Angermanie et des

---

1. Ces contributions, y compris les charges communales, ne vont pas au delà de 9 francs par tête : c'est huit fois moins qu'en Angleterre, et près de quatre fois moins qu'en France.

autres provinces septentrionales de la Suède livrent chaque année au commerce des toiles d'une finesse et d'une blancheur qui rivalisent avec celles de Hollande. On compte à présent en Suède (1859) cinquante-six bateaux a vapeur; il n'y en avait qu'un seul en 1828. Si minimes que soient ces chiffres, lorsqu'on les compare à ceux qui sont inscrits chaque année dans les budgets de quelques autres contrées européennes, ils n'en accusent pas moins un rapide et mémorable progrès dans un pays où la population est disséminée sur un immense espace, où toutes les communications sont lentes et les débouchés difficiles. Il reste beaucoup à faire pour amener la Suède au degré de prospérité commerciale auquel elle a le droit de prétendre par une exploitation plus large et plus fructueuse de ses bois et de ses mines; mais jamais elle n'oubliera ce que Charles-Jean a fait pour la guider et la maintenir dans cette voie, plus qu'aucun de ses devanciers.

En même temps qu'il travaillait avec une intelligence si droite, une si louable persévérance, à assurer les progrès du commerce et de l'industrie manufacturière et agricole, il encourageait de tout son pouvoir l'enseignement public, les arts et les sciences. Par ses soins, les universités de Lund et d'Upsal ont été enrichies, le sort de leurs professeurs a été amélioré. Il a fait frapper des médailles pour récompenser les paysans qui se distingueraient dans leurs travaux agronomiques; il a soutenu par son patronage toutes les académies et les sociétés utiles. Des gymnases ont été fondés par lui dans différentes villes, et de 1009 écoles paroissiales, de 580 écoles ambulantes qui existent à présent dans le royaume, les trois quarts ont été établis depuis l'arrivée de Charles-Jean en Suède. A voir le mouvement poétique qui a illustré son règne, les savants qui se sont élevés autour de lui, on eût dit que l'enfant du Béarn avait apporté avec lui sur les froides plages de la Scandinavie l'harmonie du gai savoir et l'ardeur scientifique de la France.

Tous les hommes qui se sont signalés par des études sérieuses, par des œuvres utiles, Charles-Jean a su les reconnaître à temps et les récompenser. Les poètes aimés du peuple, Tegner, Franzen, le botaniste Agardh, ont été nommés évèques; Wallin, à qui l'on doit un beau recueil de vers et d'excellents sermons, est mort archevêque d'Upsal. Geiier l'historien a été honoré de la bienveillance particulière du roi; Strinnholm a reçu de lui une pension pour continuer plus librement ses recherches historiques; Fryxell, qui a publié le plus charmant récit des annales de Suède, a été envoyé dans toutes les villes d'Europe où il pouvait trouver quelques documents relatifs à l'œuvre populaire qu'il a entreprise et qu'il continue avec tant de succès. D'autres écrivains moins connus, des jeunes gens qui en étaient à leur premier essai, des étudiants qui n'annonçaient que d'heureuses dispositions, ont obtenu de la libéralité du roi les moyens nécessaires pour s'en aller en pays étranger acquérir une nouvelle instruction, et Berzelius a été créé baron et décoré du grand cordon de l'ordre de Wasa.

Ce que Charles-Jean a fait pour la Suède, il l'a tenté

avec le même dévouement pour la Norvège. Forcé de conquérir par les armes ce pays dont la soumission lui avait été assurée par un traité de paix, il adoucit par tous les ménagements possibles les mesures de rigueur auxquelles il dut avoir recours, et il entra à Christiania, non point avec la fière attitude d'un soldat victorieux, mais avec le sourire bienveillant d'un ami. Une rivalité hostile entretenue par l'union intime de la Norvège et du Danemark, par des guerres fréquentes, par les conflits accidentels résultant d'un voisinage immédiat, séparait depuis des siècles les Norvégiens des Suédois. L'influence de Charles-Jean a peu à peu amorti, effacé de part et d'autre ces dispositions dangereuses, et maintenant, on peut le dire, la Norvège est attachée de cœur au pacte d'alliance qu'elle repoussait violemment en 1814. Rien ne pouvait mieux d'ailleurs faire ressortir l'intelligence pratique et l'habileté de Charles-Jean que le gouvernement simultané de ces deux royaumes de Norvège et de Suède, si différents l'un de l'autre : là, le principe démocratique poussé jusqu'à ses dernières conséquences, une constitution aussi libérale que celle des États-Unis, un peuple qui ne souffre ni titres de noblesse, ni privilèges de naissance ; ici, une constitution essentiellement monarchique, une noblesse nombreuse et puissante, une nation soumise pendant des siècles au régime oligarchique, et qui, au milieu du mouvement démagogique de notre époque, a conservé pour l'aristocratie et pour ses attributions une sorte de respect héréditaire. Ce n'était pas une faible tâche que d'avoir à tenir la

balance entre deux éléments si opposés, sans porter
atteinte ni à l'un ni à l'autre. C'est pourtant ce que
Charles-Jean a su faire par ses efforts et sa constante
sollicitude. Il avait pris comme roi cette noble devise :
Folkskärlek är min Belœnning, l'amour du peuple
est ma récompense. Les regrets unanimes que sa mort
a excités en Norvège et en Suède prouvent qu'il avait
su mériter cette récompense.

Charles-Jean était un de ces hommes fortement
trempés de la génération providentielle qui nous a pré-
cédés. Il est mort à l'âge de quatre-vingts ans, et jusqu'à sa dernière maladie il avait conservé sans altération ses facultés physiques et son activité d'esprit. Il
vivait pourtant d'un genre de vie singulier et peu
hygiénique. Couché jusqu'à quatre heures de l'après-
midi, mais s'occupant d'affaires dans son lit, vers le
soir il revêtait sa redingote bleue et donnait ses au-
diences. Dans le cours de la journée, il buvait deux ou
trois tasses de bouillon. A minuit, on lui servait son
unique repas, repas splendide, auquel il prenait une
large part. Le souper fini, il regagnait immédiatement
son lit et s'endormait aussitôt d'un profond sommeil. A
partir de la fin de l'automne jusqu'au mois de mai, il
ne quittait pas ses appartements. Si pourtant quelque
malheur, quelque incendie éclatait dans la ville, de nuit
ou de jour, par le froid le plus rigoureux, par la neige,
à l'instant même il montait à cheval et courait au lieu
du désastre. L'été venu, il reprenait soudain d'autres
habitudes. On le voyait alors presque chaque jour traverser les rues de la ville, soit pour visiter quelques

travaux publics, soit pour se rendre dans le parc, à son élégante maison de Rosendal. C'était là surtout qu'il aimait à réunir à sa table un cercle d'hommes choisis, à recevoir les étrangers et à s'entretenir pendant la soirée avec eux des questions qui devaient le plus les intéresser.

Ses réceptions particulières avaient un grand charme. Charles-Jean y apportait une touchante affabilité et une sorte d'abandon, très réfléchi peut-être, mais en apparence du moins plein de cordialité. Il se plaisait à causer, et il causait avec une vivacité toute méridionale. Le recueil de ses bulletins, de ses lettres, de ses proclamations, prouve qu'il possédait à un haut degré l'art de rendre habilement sa pensée. Il y a là une éloquence de soldat et d'homme d'État moins concise, moins entraînante que celle de Napoléon, mais souvent très vigoureuse et souvent grandiose. Cette même éloquence se reproduisait dans ses entretiens, et éclatait parfois en images pompeuses. De temps à autre il s'arrêtait dans son discours, et, fixant sur son auditeur un regard pénétrant, il lui disait avec un accent gascon : « M'entendez-vous? » Puis, satisfait du silence qu'il avait imposé, il commençait une nouvelle harangue qui avait tout le caractère d'une ardente improvisation, et poursuivait ainsi le développement de sa pensée. C'était avec les Français surtout qu'il usait de toutes ses coquetteries de manières et de langage. C'était devant eux qu'il aimait à dérouler la longue chaîne de ses souvenirs, à raconter les magnifiques guerres de la République et les glorieuses années du Consulat. Plus prudent que tous ces souverains de l'Empire qui entraînaient dans le royaume dont ils allaient prendre possession des officiers, des courtisans auxquels ils faisaient, au détriment de leurs nouveaux sujets, une trop grande part d'honneurs et d'emplois, Charles-Jean n'avait voulu conserver à sa cour aucun Français, mais il recevait avec empressement tous ceux de nos compatriotes qui demandaient à lui être présentés, et de tous ceux qui, dans l'espace de trente années, ont été admis près de lui, il n'en est pas un assurément qui n'ait eu à se louer de sa bienveillance, et beaucoup d'entre eux ont reçu de précieuses marques de sa générosité.

Ses grandes réceptions offraient un coup d'œil pittoresque et intéressant. Charles-Jean en avait considérablement modifié la vieille étiquette. On ne pouvait encore se présenter à ses bals, à ses soirées, qu'en uniforme ; mais une épée d'emprunt au côté, un léger galon appliqué sur la couture du pantalon, suffisaient pour satisfaire le regard des chambellans gardiens du cérémonial. Des femmes d'une douce et mélancolique beauté, d'une élégance toute parisienne, ornaient ces réunions. Parmi les hommes, on retrouvait cette politesse exquise, cette urbanité de formes et ces habitudes de prévenances aimables qui distinguent les Suédois entre tous les peuples de race germanique. Vers minuit, le roi et sa famille, avec les principaux fonctionnaires, s'asseyaient à une même table. Les convives prenaient place à des tables voisines, et un souper de façon culinaire demi-française et demi-suédoise terminait la soirée.

Dans toutes ces occasions, le roi se signalait par une

grande bonté. Cette bonté lui avait acquis dans le cours de son règne des affections touchantes. De tous les fonctionnaires qui par la nature de leurs services entraient en communication journalière avec lui, il n'en était pas un qui ne lui fût profondément attaché, et parmi eux on aime à citer le comte Magnus de Brahé, héritier de l'un des plus beaux noms de la Suède, major général de l'armée. Le roi honorait ce gentilhomme de sa confiance la plus intime, et le comte de Brahé répondait à la sympathie de son roi par un dévouement sans bornes. Du moment où Charles-Jean tomba malade jusqu'à celui où il rendit le dernier soupir, on a vu M. de Brahé nuit et jour fixé au chevet du lit de son maître, comme un fils auprès de son père, dissimulant sa tristesse, étouffant son angoisse, et oubliant toute fatigue, tout besoin personnel, pour ne songer qu'aux besoins du roi mourant. Les habitants de Stockholm ont été émus d'un si tendre dévouement, et ceux qui naguère enviaient la faveur dont jouissait le comte de Brahé, et ceux même qui avaient blâmé l'exercice de son pouvoir, lui ont donné plus tard une éclatante réparation. Le jour où il parut à la tête de son régiment pour prêter serment au nouveau roi, les gens du peuple, en le voyant affaibli par tant de veilles, s'écartaient silencieusement devant lui, et ses anciens adversaires le saluaient avec respect. Il nous est d'autant plus doux de citer ce fait, que parmi les hauts fonctionnaires de la cour de Suède nul ne s'est montré plus constamment que le comte de Brahé ami de la France et bienveillant envers les Français.

A cette bonté de cœur que Charles-Jean apportait dans toutes ses relations, il joignait les traits de caractère les plus disparates et les plus difficiles à concilier. De vieilles idées républicaines s'associaient en lui à des penchants d'autocratie; il n'aimait pas la noblesse, et il ne s'entourait que de nobles. Plein de courage et de résolution dans certaines circonstances, il se montrait dans les occasions vulgaires d'une extrême pusillanimité. Ce même homme qui avait bravé la colère de Napoléon s'effrayait du mauvais vouloir d'un publiciste. Il ne savait pas le suédois; mais chaque jour on lui donnait des extraits traduits de différents journaux, et un article hostile à son gouvernement suffisait pour troubler toute sa sérénité. Un soir, je le trouvai assis sur son canapé, le regard étincelant de colère. « Regardez, me dit-il en me montrant un journal de Stockholm, qu'on appelle le *Dagligt allehanda,* voilà ce que je dois souffrir! » Puis, relevant la tête avec une vive expression de douleur : « Quand j'étais en France, j'étais l'un des premiers parmi les seconds de la terre, et quand j'attendais dans les antichambres de l'empereur, j'attendais là avec des rois, des princes, et maintenant!... »

C'est à cette crainte de l'opposition, à cette timidité inconcevable dans un homme d'ailleurs si énergique, qu'il faut sans doute attribuer en grande partie la résistance que Charles-Jean a toujours apportée à tout projet de réforme décisif.

Il a laissé l'administration du royaume sur ses bases, la Diète composée, comme autrefois, des quatre ordres de la noblesse, du clergé, des bourgeois et des paysans, et le vice radical et les inconvénients continuels de ce mode de représentation ont été souvent signalés par la presse et par plusieurs des membres les plus éclairés de la Diète. Au commencement de son règne, Charles-Jean dit que, comme étranger, il n'osait toucher aux anciennes institutions de la Suède; plus tard, il répondait à ceux qui le pressaient d'entreprendre cette œuvre de réforme, qu'il n'avait plus assez de temps devant lui, et qu'il léguait cette tâche à ses successeurs.

IV

Le Mélar, l'un des plus charmants lacs de Suède, et la Baltique, la mer des vieux pirates, des farouches Vikings, se rejoignent en un heureux accord au centre de Stockholm. Par de nombreux embranchements, leurs flots limpides enlacent les îles, arrosent les collines de cette royale cité, qu'un voyageur hollandais a cru honorer en la comparant à Venise[1]. Elle est bien plus belle, plus majestueuse et plus louable que la Venise de l'Adriatique. Elle n'a jamais sacrifié son honneur à sa cupidité. Elle n'a jamais non plus été soumise à une tyrannie comme celle du conseil des Dix. On ne verra point dans son enceinte les horribles cachots avec les plombs mortels, et pas un pont que l'on puisse appeler le *pont des Soupirs*, à moins qu'on ne note les soupirs des amoureux qui se promènent le soir sur le Norrbro. à la lueur de l'étoile polaire.

Au pied du palais construit par Tessin pour Gustave III stationnent les bateaux à vapeur de différentes régions. Par un de ces bateaux on ira visiter les

---

1. Meermann, 1808.

châteaux, les villes, les villages qui se mirent dans les eaux de l'idyllique Mélar. Par un autre on voyagera rapidement vers les plages du sud. Par un autre on entre dans le golfe de Bothnie, et l'on arrive en quelques heures aux îles d'Aland, pauvres petites îles qui ne peuvent être comparées à celles de l'océan Pacifique, dont Bougainville a fait une féerique description, ni à celles de la Grèce, chantées par Byron.

Dans ce solitaire archipel du Nord, les statisticiens comptent environ quatre-vingts rocailleux monticules, la plupart complètement dénudés, quelques-uns revêtus d'une couche de terre végétale, où le sapin et le bouleau s'avoisinent, où, à la fonte des neiges, les bestiaux retrouvent, comme ceux d'Islande, une herbe nutritive, où le paysan, par un patient labeur, dans les bonnes années, a la joie de récolter un peu d'orge et quelques plantes potagères[1].

Le produit de ces champs, de ces pâturages, de ces bois, la chasse, la pêche alimentent une population de quinze mille braves gens. Un certain nombre d'entre eux font aussi le métier de pilotes et de messagers. Entre la Suède et la Finlande ils transportent les dépêches, les voyageurs, les marchandises. L'hiver, c'est une tâche difficile et souvent périlleuse. Souvent la mer est parsemée de bancs de glaces. Il faut alors naviguer avec des bateaux à patins, que tantôt on traîne sur les glaçons épars, que tantôt on conduit sur les vagues, ici avec les rames et la voile, là avec des

---

1. *Geografia Rossiiskoi imperii*, t. II, p. 186.

o crochets. Parfois, un coup de vent subit, irrésistible, charrie les glaçons flottants et emporte loin de son but la frêle embarcation qui essayait de les traverser. Parfois le ciel et l'eau, tout est soudain voilé par une brume noire, où nul rayon de lumière ne pénètre.

En ces heures de crise ils se signalent par leur adresse, par leur courage, quelquefois par leur héroïsme, les marins de cet humble archipel, où il n'y a point de journal pour glorifier les belles actions, point de comité philanthropique pour récompenser la vertu.

On m'a conté comme une chose toute simple le dévouement d'un jeune homme d'Aland. Dans un naufrage que nulle prudence humaine ne pouvait éviter, il se cramponne, avec deux officiers, à une planche flottante, trop petite et trop faible pour les soutenir tous trois :

« Chère femme, chers enfants! s'écrient les officiers dans leur angoisse.

— Ah! dit le batelier, moi, je n'ai ni femme ni enfants. Adieu. Puisse ma mort vous sauver! »

Et il se jette au fond de l'eau.

L'archipel d'Aland est l'avant-poste de la Russie du côté de la Baltique, la sentinelle de la Finlande, une importante possession de l'empire des tsars, une curieuse contrée.

Les philologues, les antiquaires ont cherché à découvrir l'origine de cette population, qui resta si longtemps plongée dans la barbarie, et il s'est élevé entre eux des controverses qui ne sont pas finies. Les uns ont représenté les Finlandais comme alliés de très près aux Samoïèdes ; d'autres, ayant trouvé quelque rapport entre leur langue et la langue hébraïque, ont prétendu qu'ils descendaient d'une des tribus d'Israël qui furent emmenées captives en Assyrie.

Ce qui me semble bien démontré, c'est qu'ils sont venus des contrées asiatiques, ainsi que les Hongrois, dont la langue a une analogie frappante avec la leur. Les Russes les appellent non pas Finlandais, mais *Tschudi* (altération de Scythi). Klaproth les fait descendre de l'Oural, mais sans indiquer à quelle race ils appartiennent.

Ce qui paraît également démontré, c'est qu'ils ont précédé dans le Nord la migration des compagnons d'Odin. C'est l'opinion émise par Leibniz, soutenue par Schlœzer, Lagerbring, Suhm, Rühs, et, en dernier lieu, exprimée par Geiier.

D'après les vagues traditions rassemblées avec peine sur ce sujet, d'après les études comparatives de langues et de mœurs, il est très probable qu'autrefois la partie méridionale de la Suède était occupée par les Lapons. Ce sont là probablement les *dvergar*, les nains dont parlent les Sagas. Les Finlandais arrivèrent ensuite et chassèrent vers le Nord ces tribus nomades. Les Finlandais avaient déjà quelques notions d'industrie et d'agriculture. Ils savaient défricher le sol, et ils étaient remarquables par leur force physique. Ce sont eux peut-être que les anciennes traditions appellent *Jottar*, géants. Plus tard, les Azes pénétrèrent aussi dans la Scandinavie. Une lutte s'engagea entre eux et les habitants du pays. N'est-ce pas là cette lutte des géants et des Azes dont parlent si souvent les Sagas, et qui du domaine de l'histoire a passé dans celui de la mythologie?

Geiier, dans son savant *Tableau des annales du Nord*, admet ces trois migrations. Quand et comment elles ont eu lieu, c'est ce qu'il est à peu près impossible d'établir.

L'histoire de Suède remonte, par le chant des Scaldes, par le livre de Sturle Sturleson, plus de cent ans avant la naissance de Jésus-Christ; l'histoire de Finlande est à peine indiquée avant le milieu du douzième siècle. A cette époque, toute cette contrée était païenne. Nul élément de civilisation n'avait pénétré au sein de cette race ignorante. Nulle maison ne ralliait les hommes amis de la retraite et de l'étude. Le peuple cultivait çà et là quelques champs peu productifs, et, du reste, vivant de chasse et de pêche, ou de piraterie. Saint Éric, roi de Suède, résolut de le convertir. Il partit vers l'année 1156, s'avança à l'est de la Finlande, subjugua plusieurs districts et y laissa une colonie. Un prélat l'accompagnait dans cette expédition, l'évêque Henri d'Upsal. Il parcourut le pays comme un simple missionnaire, prêchant et baptisant; puis il mourut victime de son zèle. Un farouche païen le tua pour ne plus entendre ses sermons. Plus tard il fut canonisé et devint le patron de la Finlande. On lui consacra une magnifique église à Abo; on enferma ses reliques dans une châsse d'argent et elles firent plusieurs miracles.

Après l'évêque Henri, d'autres missionnaires suédois entrèrent encore en Finlande, mais ils ne faisaient que peu de progrès dans l'esprit du peuple. D'une part, les pratiques du paganisme étaient trop enracinées dans la vie de ces races grossières pour qu'il fût possible de les anéantir du premier coup; de l'autre, les prêtres suédois, ne connaissant pas la langue du pays, étaient obligés d'avoir recours à des interprètes. Leurs sermons devenaient par là fort longs, peu attrayants, et quelquefois ils étaient dénaturés par l'interprète indolent ou malhabile. Après de longues années d'efforts et de persévérance ils obtinrent enfin un résultat. Les Finlandais ne pouvaient renoncer à adorer les dieux de leurs ancêtres; mais, comme ils entendaient vanter si souvent la vertu des saints et des apôtres, ils leur firent une place dans leur mythologie. Ils célébrèrent dans leurs chants, ils invoquèrent dans leurs prières les idoles de leurs aïeux et les images des missionnaires, les esprits des eaux, des bois, et les anges, les héros finlandais et les vierges chrétiennes. On demandait un jour à un Finlandais quelles étaient les deux plus grandes divinités. Il répondit :

« C'est le dieu Wœinœmœinen et la vierge Marie. »

Pour achever cette difficile conversion il fallait joindre l'épée à la parole.

Vers le milieu du treizième siècle, Birger Jarl agrandit les conquêtes d'Éric le Saint et donna la Finlande à son fils, en 1293. Torkell Knudtsson acheva de soumettre la contrée et y bâtit une forteresse. L'évêque Pierre de Westeras l'accompagnait dans cette expédition. Il employa pour propager le Christianisme des moyens plus énergiques que ses prédécesseurs. Il avait autour de lui des soldats qui ajoutaient de terribles arguments à ses exhortations. Les Finlandais, qui refusaient encore de croire à la puissance du vrai Dieu, ne pouvaient nier la puissance d'une pique aiguë portée par une main robuste. Ainsi, tantôt par force, tantôt par une réelle conviction, tout le peuple se fit baptiser, et la conquête religieuse sanctionna la conquête politique. Le pape donna à la Suède le pays qu'elle venait de convertir au christianisme. Les prêtres bâtirent des églises, les rois des forteresses. Ici on vit s'élever un cloître, et là le palais d'un gouverneur. Les rois de Suède comprenaient l'importance du domaine qu'ils venaient de réunir à leur royaume. Après l'avoir subjugué par la force, ils cherchèrent à se l'attacher par de sages institutions.

Cependant les Russes ne pouvaient voir d'un œil indifférent cette invasion d'une armée étrangère dans un pays voisin du leur. Plusieurs fois ils se jetèrent au sein de la colonie suédoise, pillant, brûlant, massacrant tout ce qu'ils rencontraient, et les malheureuses familles exposées à ces féroces irruptions étaient contraintes de chercher, comme les animaux, un refuge dans les forêts. La dernière expédition de Torkell Knudtsson avait surtout pour but de protéger les Finlandais contre ces redoutables cohortes qui devenaient sans cesse plus nombreuses et, par là, plus hardies. Les papes prêtaient leur appui aux armées suédoises. Ils promettaient des indulgences à ceux qui soutiendraient cette croisade religieuse. Ils publiaient des bulles contre les Russes; mais les Russes se souciaient peu de tous les brefs romains et de toutes les excommunications. Ils continuaient à envahir la Finlande et à la ravager. Parfois ils surprenaient à l'improviste les paysans dispersés dans les champs sans défense, et alors tout était dévasté. Mais parfois les Finlandais, avertis du danger, se rassemblaient en bon ordre et attendaient l'ennemi. Ils combattaient avec des frondes ou avec des pieux aigus. Ils portaient des armures faites de peaux d'élan et des casques ornés de griffes d'animaux. Les uns, comme les Gauchos de notre temps, se servaient habilement du lasso. D'autres étaient escortés par de gros chiens qui s'élançaient à travers les escadrons russes et les mettaient en désordre.

Pendant six siècles la Russie guerroya dans cette province sans pouvoir la conquérir. La folie de Gustave IV a fait perdre à la Suède cette noble province. Avec un royaume de 3 millions d'habitants et un budget de 30 millions de francs, il déclarait à la fois la guerre à l'Angleterre, à la Prusse et à Napoléon. La Russie avait là une trop belle occasion de réaliser un de ses vœux les plus chers pour la laisser échapper. Par l'union de la Finlande avec la Suède, elle était séparée de la mer Baltique, bloquée, pour ainsi dire, au fond d'un golfe étroit et profond. La forteresse de Sweaborg pouvait arrêter chacun de ses navires. Les garnisons de Tavasthus, Wasa, Uleoborg, établissaient un cordon militaire entre l'empire des tsars et le nord-est de l'Europe. Stockholm dominait Pétersbourg.

En 1808 les troupes russes pénétrèrent en Finlande de plusieurs côtés, et, malgré la bravoure des officiers suédois, qui, tout en condamnant les rêves insensés de leur roi, défendaient le poste qui leur était confié, la Finlande fut envahie. Ce fut un jour cruel, un jour de douloureuse mémoire, que celui où l'on apprit en Suède que la forteresse de Sweaborg, ce boulevard du golfe de Finlande, avait capitulé. Ses approvisionnements, ses munitions venaient d'être renouvelés ; sa garnison s'élevait à 6000 hommes ; son commandant, l'amiral Cronstedt, avait, en plusieurs occasions, donné des preuves irrécusables de sa bravoure ; enfin l'armée des assiégeants ne s'élevait pas à plus de 2000 hommes. Comment, dans cette situation, la redoutable citadelle a-t-elle pu se rendre dès le commencement de la lutte ? C'est une question mystérieuse dont on ne sait pas encore le dernier mot. L'amiral Cronstedt est mort sans l'avoir dit, et les fonctionnaires russes qui négocièrent cette capitulation ne le diront vraisemblablement pas. Personne n'a accusé Cronstedt de s'être laissé éblouir par des promesses d'argent, mais probablement il fut trompé dans ses desseins et égaré dans ses résolutions par les lâches conseils d'un de ses officiers en qui il avait une grande confiance, et dont on ne prononce le nom en Suède qu'avec le sentiment d'horreur qui doit à jamais peser sur la tête des traîtres.

La fatale défection de Cronstedt, la perte de Sweaborg, ne découragèrent point les troupes suédoises et finlandaises. Elles continuèrent à défendre pied à pied le terrain, à repousser intrépidement les efforts de leurs ennemis. C'était pour elles une guerre nationale, une guerre sainte. Le patriotisme exaltait leur courage, la

haine de la Russie augmentait leur force. Il y eut dans
cette guerre des scènes d'un dévouement admirable. De
simples paysans, qui jusqu'alors n'avaient connu que les
occupations de la vie champêtre, devenaient, en prenant
le fusil, des héros. Des femmes se barricadaient dans
leurs demeures, armaient leurs valets, leurs servantes
et se défendaient, comme les Espagnoles de Saragosse,
avec le fer et le feu. Dans l'espace d'une année, quelques régiments soutinrent jusqu'à quarante combats.
La brigade de Savolax, qui se composait de 3750 hommes au moment où les hostilités commencèrent, n'en
avait plus, l'année suivante, que 200, et ces 200
vaillants soldats ne voulaient pas déposer les armes[1].
Tant de courage était inutile. La Suède ne pouvait
renforcer les troupes que la guerre, les fatigues, les rigueurs du climat décimaient chaque jour. La Finlande,
ravagée, incendiée, ne se soutenait que par les derniers
efforts d'une héroïque résolution. Cependant, des rives
de la Néva, des champs de la Crimée et de l'Ukraine
arrivaient sans cesse de nouveaux bataillons russes qui
se répandaient de tous côtés. Au mois de mars 1809
une révolution dynastique éclata en Suède. Le descendant de Gustave Wasa est invité à quitter le trône et à
s'éloigner du royaume. Tandis que le pays est en proie
à l'agitation produite par cet événement, l'armée russe
arrive à Grisselhamn, à 30 lieues de Stockholm. C'en
était fait peut-être de l'indépendance de la Suède, si la
Russie l'avait voulu. Mais il y a parfois dans les malheurs

1. *Anteckningar œfver faellingen emot Ryssland, af C. J.* Holm,
p. 145.

d'un peuple poussé à la dernière extrémité une attitude
solennelle et terrible qui effraye le cœur de ses ennemis. La nation qui a le sentiment de ses droits et de sa
liberté ressemble à ce héros des chants islandais, qui,
après une lutte accablante, se relève tout à coup le front
pâle, le corps ensanglanté, combat de nouveau avec
la rage du désespoir et met en fuite ceux qui le croyaient
vaincu.

Les Russes se retirèrent, laissant la Suède se débattre
dans sa crise monarchique. Ils revinrent quelques mois
après et dictèrent leurs conditions. Cette fois la vail-
lante Suède ne pouvait plus résister. Par le traité de
Frederikshamn, signé le 17 septembre 1809, elle abandonna à son inflexible rivale la Finlande et les îles
d'Aland.

Cette conquète faite par les armes, les Russes la
conservent par la douceur. Le premier acte signé par
Alexandre, en prenant le titre de grand-duc de Finlande,
assurait à ses nouveaux sujets la liberté individuelle, la
liberté de conscience et de religion, l'inviolabilité du
droit de propriété, et accordait à chaque citoyen le droit
de pétition. Les successeurs d'Alexandre ont eu pour la
Finlande les mêmes ménagements. Elle a gardé le code
civil et criminel qui lui fut donné en 1734 par Frédéric Ier,
et la plupart de ses fonctionnaires sont d'origine finlandaise.

Du 59e degré de latitude ce duché s'étend jusqu'au
delà du cercle polaire. Ce n'est certes pas le pays des
palmiers ni des orangers, et son nom primitif, *Suomi*,
qui signifie *marécage*, n'annonce pas une riche végéta-

tion. Mais il y a là de vastes forêts de sapins, ces bons arbres qui, par leur perpétuelle verdure et leur arome, apaisent, dit-on, les souffrances morales; il y a là des forêts de bouleaux, aussi utiles aux peuples du Nord que le bambou aux nations de l'Inde. Il y a là des cascades superbes, des lacs, miroirs du ciel, étoiles de la terre, et des villes, où les maisons les plus élégantes s'élèvent au milieu des sites les plus agrestes : Uleaborg, avec ses îles et ses collines; Torneo, près d'Avasaxa, où, le 24 juin, on va voir le soleil de minuit; Abo, sur les rives de l'Aura; Helsingfors, sur une vaste presqu'île. La mer, de plusieurs côtés, lui fait une ceinture d'or et d'argent, émaillée de bois et de rives de granit. Ici la côte sablonneuse s'abaisse jusqu'au niveau des flots, qui y jettent leurs dentelles d'écume. Là elle est hérissée d'un rempart de roches pyramidales; plus loin, couronnée d'une forêt de sapins. Dans l'intérieur de la ville, sur l'esplanade, sur le quai, le mouvement du monde, le bruissement du commerce, la musique des salons, et, à quelques centaines de pas, la solitude sauvage; plus loin, les verts jardins de Trœskhaenda, les coteaux de Mailand, les horizons de Laemsœholm, dont on n'oubliera jamais la douce et mélancolique beauté.

Ce qu'il y a de charmant encore à observer dans cette contrée, c'est le caractère honnête, cordial, hospitalier, que l'on retrouve dans toutes les classes de la société : dans les salons du riche gentilhomme, dans le *pœrte* enfumé du paysan. Que de fois, en descendant sur les rives du Muonio ou du Torneo, n'avons-nous pas admiré

cette simple et touchante hospitalité. Souvent alors les
habitants de la ferme isolée dont nous franchissions
le seuil travaillaient aux champs. Mais la porte était
ouverte, et il y avait du lait sur la table et du bois dans
le foyer, afin que les voyageurs qui passaient par là, en
l'absence des maîtres de la maison, trouvassent ce dont
ils pouvaient avoir besoin, du feu pour sécher leurs
vêtements, des provisions pour apaiser leur faim.

D'âge en âge les Finlandais ont conservé ces géné-
reuses coutumes. D'âge en âge ils gardent, dans leur
christianisme, le souvenir des *runor*, des chants populaires, des traditions cosmogoniques de leurs aïeux.

Le caractère essentiel de cette cosmogonie, c'est la
personnification des forces de la nature, le principe de
fécondité caché sous une figure symbolique, comme
dans la mythologie indienne l'idée du chaos représentée
par un mythe.

Un oiseau dépose un œuf sur les genoux de Wœinœmœinen, qui le met sur sa poitrine pour le couver, puis
le laisse tomber dans l'eau. L'œuf se brise. De la partie
inférieure de la coquille est formée la terre ; de la partie
supérieure, le ciel ; du blanc liquide, la lune ; du jaune,
le soleil, et les petits morceaux brisés de la coquille
sont changés en étoiles.

Le monde est sorti d'un œuf. Les métaux sont sortis
de la poitrine de trois jeunes filles. L'une tire de son
sein un lait rouge : c'est l'or ; la seconde, un lait blanc :
c'est l'argent ; la troisième, un lait noir : c'est le fer.

Le dieu puissant, le dieu aimé, c'est Wœinœmœinen.
Comme Prométhée, il a apporté sur la terre le feu du

ciel ; comme Orphée, il a révélé aux hommes le pouvoir de la musique. Un jour, en cheminant au bord de la mer, il aperçoit un bouleau qui courbait la tête en gémissant.

« Pourquoi pleures-tu? lui demande le dieu compatissant.

— Je pleure de me voir seul, sans soutien, abandonné. Des mains cruelles ont lacéré mon écorce ; un vent d'orage m'a enlevé mes feuilles. Les jeunes filles ne viennent plus s'asseoir sous mes rameaux. Je n'entends plus aucun chant ; je n'entends plus la voix des hommes.

— Console-toi, dit le dieu ; je veux changer ta douleur en joie. Je veux te faire résonner harmonieusement. »

Avec les branches du solitaire bouleau, avec les cheveux blonds d'une jeune fille, il façonna la *kantelete*, la harpe finlandaise.

Puis il la présenta aux vieillards. L'un après l'autre, tous essayent vainement de la faire vibrer ; et les jeunes gens, aux bras robustes, font inutilement aussi la même tentative.

Alors, dit le *Kalewala*, le sage Wœinœmœinen, ayant purifié ses mains, s'assied sur un roc au bord de l'onde argentée, pose la harpe sur ses genoux, la tient sous ses doigts et s'écrie : « Que celui qui ne connaît pas encore la douceur du chant, le charme de la mélodie, vienne ici et écoute ». Et il joue sans effort, et il chante, et tous les oiseaux des airs s'approchent pour l'entendre. Atho, le roi des vagues, le vieillard à la barbe verte, s'avance sur son siège de nacre. La belle reine des eaux peignait avec un peigne d'or ses longs cheveux et les essuyait avec une brosse d'argent. Lorsque le chant arrive à son oreille, le peigne d'or tombe de ses doigts, la brosse d'argent s'échappe de ses mains. Elle s'élance au-dessus des flots et, la poitrine appuyée contre un roc, écoute, ravie, les merveilleux accords.

Il n'y a pas un homme au cœur endurci, pas une femme qui n'éprouve en ce moment une émotion toute nouvelle. Les jeunes et les vieux pleurent, et ceux qui sont mariés et ceux qui ne le sont pas, tous pleurent en écoutant les mélodies de la harpe finlandaise. Wœinœmœinen pleure aussi. Les larmes s'amassent sous sa paupière, roulent sur ses larges joues, sur sa forte poitrine, sur ses genoux et ses pieds; elles pénètrent à travers ses cinq camisoles de laine, ses six ceintures d'or, ses sept robes bleues, ses huit vêtements de vadmel; elles roulent sur la plage, elles tombent dans les flots limpides, où elles se changent en perles.

Wœinœmœinen est le principe d'ordre, de justice, d'harmonie. Le mauvais principe est représenté par les géants, par Kalewa, père de douze fils prodigieusement forts et de plusieurs jeunes filles, qui ont formé les montagnes en jetant de côté et d'autre les rocs qu'elles portaient dans leurs tabliers. Une de ces filles, qui s'était égarée dans la campagne, rencontra un paysan qui labourait la terre. Elle prit sur le bout du doigt l'homme, les chevaux, la charrue, les montra à sa mère et lui demanda ce que c'était que ce petit avorton qui s'amusait ainsi avec son attelage.

« Hélas! lui répondit la mère, ce sont ces êtres-là

qui nous ont fait quitter le pays. Nous avons vainement lutté, il a fallu leur céder le terrain. »

Outre ces puissances rivales, ces êtres symboliques, il y a encore dans l'ancienne mythologie finlandaise une quantité d'esprits bons ou mauvais, bienveillants ou dangereux, répandus dans l'espace; les uns blancs, les autres noirs; les uns brillant comme des flocons de neige ou des étincelles, les autres voltigeant autour des cimetières.

Il y a dans les forêts un être redoutable qui égare le voyageur et fascine le bûcheron. Il apparaît tantôt sous la forme d'un corbeau, tantôt sous celle d'un chien ou de quelque animal inconnu. Il y en a d'autres qui habitent dans les troncs d'arbres et que l'on invoque en allant à la chasse. Il y en a qui, comme les trilbys d'Écosse, les koboldes d'Allemagne, les tomtegubbare de Suède, protègent le foyer de la famille et les troupeaux des paysans. On les appelle *Moohinen*. Quand on s'installe dans une nouvelle demeure, il faut tâcher de se les rendre favorables en leur offrant du pain et du sel. Si on les irrite, ils deviennent très dangereux. Si l'on prend soin d'eux, ils rendront toutes sortes de services. Dans l'incendie qui éclata à Stockholm en 1759, on vit ces petits elfes éteindre eux-mêmes le feu d'une maison. Il y a le long des lacs des musiciens magiques, des nakhi, qui apparaissent sur le rivage avec une harpe d'argent, et, comme les Strœmkarl de la Suède, mêlent de douces chansons au murmure des eaux.

Les Finlandais croient aussi aux spectres qui gardent les caisses d'or enfouies dans la terre. On leur offre trois têtes de brebis ou un coq pour les engager à découvrir l'endroit où ils renferment leurs trésors. On les voit parfois la nuit essuyant leurs écus ou leurs ducats et les faisant reluire aux yeux des voyageurs.

Les Finlandais croient à la monstrueuse Mara, qui se roule sur la poitrine de l'homme pendant qu'il dort et l'empêche de respirer. Ils offrent des sacrifices à Jabuniskka, mère de la Mort, pour qu'elle prolonge leur existence ou qu'elle les fasse mourir au même endroit que ceux qu'ils ont aimés, et ils ont quelques croyances d'un naïf et charmant spiritualisme. Quand un enfant vient au monde, ils invoquent Junsakha, la jeune vierge qui prend soin des doux petits bébés, veille sur eux pendant le sommeil de leur mère, guide leurs premiers pas et les empêche de tomber.

Quand ils sont blessés, ils invoquent Mehilœinen, l'esprit de la foi, l'oiseau céleste qui peut aller au delà des mers chercher le miel et l'huile dont ils ont besoin, ou prendre au milieu des étoiles le baume divin qui les soulagerait.

Quand ils tombent malades, ils disent que leur âme est partie pour le pays des morts. Les âmes qui sont là cherchent à la retenir. Si elle cède à leurs sollicitations, si elle ne revient pas habiter le corps qu'elle a délaissé, le pauvre corps languit et meurt.

Souvent aussi ils attribuent leurs maladies à un sort que l'on a jeté sur eux, et alors ils appellent à leur secours le trollkarl, le conseiller, le médecin, l'oracle de la famille finlandaise. C'est lui qui retrouve les choses perdues ou volées; c'est lui qui a des remèdes certains pour une quantité d'accidents. Il porte ordinairement sur sa poitrine, en guise d'amulette, un os de mort, qui a, dit-on, un singulier pouvoir. La nuit, on le voit errer dans les cimetières, fouiller dans les tombeaux, invoquer les esprits. Au moyen âge on l'eût brûlé pour tous ces méfaits ; à présent on le traite en ami : ainsi va la civilisation. Le trollkarl n'apporte auprès du malade ni pilules ni onguent. Le digne homme se soucie peu de la science des écoles, il a sa science à lui. Il murmure à voix basse des chants cabalistiques, en jetant autour de lui des regards effarés, comme s'il apercevait de mauvais génies. Ces chants, dont personne ne connaît l'origine, effrayent le démon qui tourmente le malade et le forcent à s'enfuir.

Il y a d'autres trollkarls, pour lesquels on n'éprouve qu'un sentiment de crainte. Ceux-là, dit-on, se sont assujettis au diable. Chaque année, avec les sorcières du pays, ils vont lui rendre hommage sur la *Blaakulla,* comme ceux d'Allemagne sur le Blocksberg.

Il y a longtemps que la sorcellerie des Finlandais est renommée comme celle des Lapons. Autrefois ils vendaient le vent et la tempête. Un respectable voyageur allemand, qui explorait le Nord vers la fin du dix-septième siècle, raconte qu'il acheta d'un Finlandais un mouchoir où il y avait trois nœuds qui renfermaient le vent. Quand il fut en pleine mer, le premier nœud lui donna un délicieux petit vent de nord-est, qui était précisément celui dont il avait besoin. Un peu plus loin, comme il changeait de direction, il ouvrit le second nœud et en eut un autre vent non moins favorable. Mais le troisième nœud produisit une horrible tempête, « et c'était, sans doute, dit le naïf conteur, une punition de Dieu pour les crimes que nous avions commis en faisant un pacte avec des sorciers[1] ».

Le même écrivain raconte que, lorsqu'il visita la Laponie, il trouva là des gens qui avaient une singulière façon de voyager. Quand ils partaient dans leurs petits traîneaux, ils se penchaient vers leur renne et lui disaient tout bas à l'oreille l'endroit où ils voulaient aller. Le renne aussitôt se mettait en route et l'on pouvait lui laisser la bride sur le col : il allait droit à son but.

L'esprit crédule et superstitieux des paysans de la Finlande apparaît dans plusieurs de leurs coutumes et de leurs traditions. Quand ils tuent un ours, ils l'apportent en grande pompe dans leurs demeures, l'étendent sur une table, lui mettent sur le corps des rameaux d'arbres, des rubans et des fleurs ; puis le poète du village prend la parole et lui adresse une harangue en vers :

« Cher ours, lui dit-il, ours puissant et superbe, nous te remercions de ne pas avoir brisé nos lances, désarmé nos bras, déchiré nos membres. Tu es venu à nous paisiblement et tu vois avec quelle solennité nous te recevons. Raconte aux autres ours les honneurs que nous t'avons rendus, afin qu'ils viennent à nous comme toi et qu'ils se laissent prendre. »

Après cette allocution, la famille se partage l'ours, et

1. *Reise nach Norden*, Leipzig, 1706.

celui qui l'a tué porte une médaille à sa boutonnière, ou met un clou de cuivre à la crosse de son fusil.

Les Finlandais ont aussi, comme les habitants de la Suède et de la Norvège, des histoires de géants qui bâtissent en quelques jours des cathédrales; comme les Allemands, des histoires de nains qui, dans leurs grottes souterraines, forgent les métaux précieux; et, comme les Bretons, les Lorrains, les Francs-Comtois, des histoires religieuses qui représentent la puissance du remords, la loi de l'expiation. En voici une qui m'a été racontée par un prêtre du pays :

Il y avait autrefois dans une paroisse de Finlande un jeune homme livré à la débauche et à l'impiété. Ni les prières de ses parents, ni les exhortations du pasteur n'avaient pu le détourner de ses funestes penchants. Son oreille était fermée à tout conseil salutaire et son cœur à tout sentiment de vertu. Calomnier les ministres de Dieu, mentir aux hommes, séduire les femmes, tout cela n'était pour lui qu'une distraction. Un jour il se fiança avec trois jeunes filles, les fit venir le soir chez lui, et, après avoir abusé de leur innocence, les enferma dans un hangar et les brûla toutes trois.

Personne ne les avait vues entrer chez lui; personne ne savait ce qu'elles étaient devenues, et personne ne lui attribua leur disparition. Mais, quelques jours après ce crime, on le trouva étendu sur le seuil de sa porte, le visage livide et le corps couvert de taches bleues. On pensa qu'il avait été, la nuit, en lutte avec ses maîtres les démons. Sa mère était une brave et digne femme. Par pitié pour elle, le prêtre consentit à lui faire ouvrir

une fosse au milieu des fidèles de sa paroisse. On l'en-
sevelit avec les prières et les cérémonies d'usage, et plus
d'une femme trompée par lui vint jeter, par un sentiment évangélique, de l'eau bénite sur sa tombe.

Le lendemain, lorsque le sacristain allait sonner l'Angélus, la première chose qu'il aperçoit c'est le corps
de cet homme couvert de son linceul, et debout dans
une niche sur le portail de l'église. Il accourt avec effroi
raconter cette apparition au prêtre, qui s'imagine que
quelques mauvais garnements auront fait cette profa-
nation, et donne l'ordre de remettre le mort dans son
cercueil. Mais le jour suivant il est revenu là où il était
la veille, et le jour suivant encore; et la porte du cimetière a été constamment fermée. Alors le prêtre comprit
que cela se faisait par la volonté de Dieu et laissa le
mort dans sa niche. Peu à peu son linceul tomba en
lambeaux, ses membres se desséchèrent, ses yeux fon-
dirent dans leur orbite, et il ne resta qu'un squelette
hideux devant lequel personne n'osait passer sans faire
le signe de la croix.

De longues années s'écoulent. Un soir, dans une
joyeuse réunion, par hasard on en vint à parler du
malheureux jeune homme étranglé sans doute par le
diable, et privé du repos de la tombe. Il y avait là un
savant de village, sceptique et moqueur, qui se mit à
rire de cette sinistre histoire et paria de faire descendre
en un instant le cadavre de son emplacement.

A ces mots, tous les auditeurs se taisent, tous sont
saisis d'un sentiment d'effroi, car on était alors dans
la nuit de Noël, la nuit miraculeuse, la nuit pleine de

mystères, où les morts se réveillent dans les cimetières et sortent de leurs fosses. Mais l'intrépide railleur, persistant dans son idée, appela une servante, une innocente jeune fille, et lui dit :

« Vois-tu ces trois beaux riksdalers d'argent : je te les donne si tu veux aller chercher le corps qui est accolé à l'église et l'apporter ici. »

La jeune fille frémit en entendant cette proposition. L'idée de toucher à ce corps qu'elle n'ose pas même regarder en passant l'épouvante. Mais elle est pauvre. Trois riksdalers pour elle, c'est une si grosse somme. L'éclat, le tintement de cet argent la fascinent. Elle part, et bientôt revient apportant le squelette. Elle le jette sur le plancher, et le craquement de ses os produit des sons lugubres. On s'approche, on le regarde, on le palpe, puis on ordonne à Catherine de le reporter à la place où elle l'a pris. Elle obéit; mais, au moment où elle le dresse contre la muraille de l'église, tout à coup il s'anime, la saisit dans ses bras durs comme des barres de fer et lui dit :

« Tu es venue me prendre pour me livrer à la risée et au mépris, il faut que tu expies l'outrage que tu m'as fait : il faut que tu meures. »

La malheureuse Catherine se lamente et appelle à son secours la Vierge et les saints. En l'écoutant ainsi prier, le mort s'attendrit.

« Écoute, lui dit-il, tu peux encore te sauver. Entre dans cette église, tu verras trois jeunes filles à genoux devant l'autel : ce sont mes trois fiancées que j'ai fait mourir. Depuis ce jour, je n'ai plus ni sommeil ni repos, je ne puis descendre dans la tombe, ni franchir le seuil du saint temple. Il faut que je reste ici jusqu'à ce qu'elles m'aient pardonné. Voilà cinquante ans que j'attends en vain l'heure de ma délivrance; va donc les trouver, et demande-leur grâce pour moi. »

Catherine ouvre en tremblant la porte de l'église; la nef est éclairée comme aux grands jours de fête, et sous la voûte résonnent les modulations d'un chant doux et plaintif. Elle aperçoit au pied de l'autel trois jeunes filles couvertes d'un long voile blanc, à genoux, les mains jointes, et chantant des psaumes. Elle s'approche et demande grâce pour le mort qui est à la porte.

« Non, non, s'écrient à la fois les trois victimes, point de grâce pour lui!

— Retourne près d'elles encore une fois », dit le squelette à Catherine, qui est venue avec effroi lui apporter la fatale réponse.

Catherine revient et s'écrie :

« Faites-lui grâce, si ce n'est par pitié pour lui, au moins par pitié pour moi.

— Non, non, point de grâce! » répondent les jeunes filles.

« Retourne encore une fois, dit le squelette, et si ta prière n'est pas exaucée, c'en est fait de toi pour la vie; c'en est fait de moi pour l'éternité. »

Catherine revient, se jette à genoux, pleure et s'écrie :

« Faites-lui grâce, je vous en conjure au nom de notre Sauveur! »

Les jeunes filles s'attendrissent, et tout bas murmurent le mot de *pardon*. Les chants cessent, les cierges s'éteignent, et le squelette se couche dans sa tombe.

Un savant finlandais, M. le docteur Lœnnroth, a entrepris de rassembler et de coordonner les trésors poétiques de son pays. Pendant plusieurs années il a parcouru tous les districts de la vieille Suomi; il a été dans tous les villages, les hameaux, les cabanes isolées, interrogeant le batelier et le bûcheron, le laboureur et la fileuse, et transcrivant ponctuellement vers par vers toutes les poésies qui lui étaient récitées, les anciennes et les nouvelles.

Par ses patientes et intelligentes recherches il est parvenu à publier deux précieux recueils, le *Kalewala* et le *Kantelelar*. Le premier est l'épopée nationale, l'épopée mythologique des Finlandais[1]. Le second est leur anthologie, une collection de poésies lyriques composées en grande partie par les gens du peuple et chantées par le peuple. Le dieu de l'harmonie a vraiment légué aux Finlandais sa harpe mélodieuse, sa *kantelete*, et ils la font vibrer avec amour. Si le long des côtes, dans l'enceinte des villes, le sentiment de l'ancienne poésie s'altère ou s'efface par le contact des étrangers, par l'œuvre du commerce et de l'industrie, dans l'intérieur du pays, dans les provinces de Carélie et de Savolax, ce sentiment subsiste encore avec toute sa vigueur et sa naïveté primitives. Là, dit M. Lœnnroth, il n'y a peut-être pas une paroisse qui ne compte plusieurs poètes.

Ces poètes sont de simples paysans, plus pauvres que

---

1. M. Léouzon-Leduc a traduit ce poème en français et y a joint une intéressante introduction. Paris, 1845.

le pauvre Burns. Quelquefois ils improvisent leurs vers dans une fête, dans une cérémonie, et les chantent aussitôt. Quelquefois ils les élaborent lentement. Ils les modulent dans leur pensée, le matin en allant au travail, le soir en se reposant à leur foyer. Souvent ils se réunissent pour composer une même pièce. Si dans quelque canton ils sont plusieurs d'une force à peu près égale, ils s'adressent, comme les bergers de Virgile, ou les minnesingers de la Wartbourg, des défis poétiques. Ils s'assemblent à certains jours sous les lambris enfumés du pœrte; leurs amis se rangent de côté et d'autre comme les témoins d'un tournoi, et la lutte commence. Chacun des concurrents doit tour à tour et sans hésiter prendre la parole. La facilité avec laquelle il répond à son adversaire est surtout ce que l'on admire. Les suffrages des auditeurs ne sont pas pour celui qui chante le mieux, mais le plus longtemps. Quelquefois le combat dure toute la soirée et se continue encore pendant la nuit. Ils célèbrent ainsi leurs joies et leurs regrets, leurs rêves d'amour et de tristesse. Ils disent leurs travaux et leurs chasses, et s'il est arrivé près d'eux quelque événement, ils le racontent dans tous ses détails. Ils sont les chroniqueurs du district, ils font, comme Loret, la gazette en vers sans aucune prétention littéraire, sans la moindre apparence de *blue stockings*. Les femmes aussi expriment en strophes musicales leurs diverses émotions.

La plupart de ces poésies sont tristes. Elles sont nées sous un ciel sombre, au bord d'une mer tourmentée. Plaintives et timides, si parfois elles résonnent avec force, c'est la douleur même qui les fait vibrer ainsi ; c'est le cri aigu de la souffrance qui leur donne un accent énergique.

Le premier chant du *Kanteletar* est comme le prologue de ces hymnes mélancoliques.

« La harpe, dit l'auteur de ce chant, a été commencée avec le souci et finie avec le chagrin. Ses touches ont été façonnées dans les jours de douleurs, ses flancs dans les jours d'orage, ses cordes filées avec angoisse, ses vis échelonnées dans l'affliction. Voilà pourquoi ma harpe n'exhale point de sons joyeux ; voilà pourquoi elle ne répand pas la gaieté autour d'elle. »

A cet exorde succèdent de nombreuses élégies : l'élégie de la jeune fille en deuil.

« Pourquoi mes yeux sont-ils fatigués ? Pourquoi mon âme est-elle sombre ? Mes yeux sont fatigués, mon âme est sombre, parce que j'ai tant pleuré sur ceux qui sont morts, parce que j'ai porté le deuil de ceux qui sont partis.

« D'abord mourut mon vieux père. Je le pleurai pendant un an. Puis ma mère mourut. Je la pleurai pendant deux ans. Puis mon jeune fiancé. Je le pleurerai tous les jours de ma vie. »

Plus loin, les regrets de la femme qui a quitté son pays natal.

« Qu'a-t-on pensé de moi, qu'a-t-on dit quand on m'a vue prendre un époux hors de mon pays, tourner le dos à ma demeure ? Sans doute on s'est demandé si je vivais trop bien au foyer de mes parents, si mon repos était trop long et mon sommeil trop doux.

« A présent, me voilà sur une autre terre, dans des lieux inconnus.

« Mieux vaudrait trouver un peu d'eau dans mon pays, que de boire sur le sol étranger la meilleure bière dans une cruche d'argent.

« Si je pouvais avoir, comme tant d'autres, un cheval à atteler à un traîneau, si je pouvais avoir un harnais et des rênes, je prendrais les rênes d'une main légère, je voyagerais en toute hâte, et je ne m'arrêterais pas avant de voir les champs de Savolax et la fumée du toit de mon père. »

Plus loin, la touchante effusion d'une mère qui berce avec joie son enfant, et tout à coup se sent le cœur serré par une douloureuse appréhension.

« J'aime à chanter pour mon enfant. Je cherche gaiement de douces paroles pour mon petit trésor. Faut-il lui dire un chant de nourrice, ou un chant de bergère que ma mère m'a appris quand elle m'asseyait devant sa quenouille? Je n'étais pas plus haute que son rouet, je n'atteignais pas au genou de mon père.

« Mais pourquoi répéterais-je les chansons de ma grand'mère, ou celles de ma mère? J'en ai moi-même fait plusieurs. Sur chaque sentier j'ai trouvé un mot ; sur chaque bruyère j'ai pensé à un sujet ; j'ai pris mes vers sur chaque branche de la forêt ; je les ai recueillis sur chaque buisson.

« La gelinotte est belle à voir sur la neige, l'écume est blanche sur le rivage. Plus beau est mon petit garçon ; plus blanc est mon petit Amour.

« Le sommeil est à la porte et demande : N'y a-t-il

pas ici un doux enfant au maillot, un joli garçon dans son lit?

« Viens, heureux sommeil, près de son berceau; enlace l'enfant. Mets-toi sous sa couverture.

« Balançons, balançons le petit fruit des champs, berçons la légère feuille des bois. C'est un enfant que je berce, c'est un berceau que je balance. »

Mais, hélas! celle qui lui a donné le jour, comme elle sait peu si l'enfant qu'elle berce ainsi sera sa joie dans l'avenir, son soutien dans la vieillesse!

Non, jamais, malheureuse mère, tu ne dois attendre ton soutien de l'enfant que tu élèves.

« Bientôt il te quittera. Il ira loin avec ton espérance. Peut-être sera-t-il soldat, exposé au tranchant des armes, au feu du canon! Peut-être deviendra-t-il l'esclave des riches! »

Dans ce duché de Finlande, où l'on ne compte guère que dix-huit cent mille habitants, il n'y a pas moins de trois langues, très différentes l'une de l'autre. Mais leur divergence ne produit point une confusion comme dans la tour de Babel. Toutes trois restent en bon accord sur le même sol.

Le peuple garde son idiome finlandais, agréable à entendre, riche en voyelles et en diphtongues, si souple et si flexible que d'une seule racine on compose une centaine de dérivés.

L'idiome des conquérants, le russe, est enseigné dans les écoles. Mais la langue dominante, la langue administrative, littéraire, c'est le suédois, implanté là depuis des siècles, résistant à la propagation comme en notre cher Canada le français à la pression de l'anglais.

« Cette belle langue suédoise, sonore comme l'airain, a dit Tegner, noble et virile, langue de l'honneur et des héros, *ärans och hielternare sprok*. » La plupart des livres et des journaux qui paraissent en Finlande sont suédois. En suédois ont été traduits le *Kalewala* et le *Kanteletar*. En suédois Ganander a écrit la mythologie finlandaise, et Castren ses curieux voyages. En suédois sont publiées les dissertations littéraires de Länström, de Cyynaeus, de Tengstrœm, les nouvelles de Topelius, les œuvres de Franzen et de Runeberg, deux vrais poètes.

Heureuse Finlande, où nul vent révolutionnaire ne dévaste les foyers, où nulle fatale innovation ne détruit les bonnes coutumes des aïeux, où il n'y a pas d'autres combats que les innocents combats des poètes modulant l'un en face de l'autre leurs vers idylliques.

V

Il n'y a pas plus de trente ans qu'un écrivain hongrois, publiant un livre sur le caractère et les institutions de sa terre natale, lui donnait le nom de *terra incognita*. Elle a été longtemps en effet, sinon inconnue, au moins peu connue, cette poétique contrée de Hongrie, cette royauté des Arpad consacrée par un saint à qui le pape décerna le titre de souverain apostolique, cette monarchie constitutionnelle qui dès le commencement du douzième siècle a eu sa *magna charta*, cette arène illustrée par tant d'héroïques combats. Elle a été peu connue de la France même, cette région à laquelle se lie étroitement plus d'une page de l'histoire de France, cette région où Charlemagne subjugua les hordes sauvages des Avares et répandit les premiers germes du christianisme, où Godefroi de Bouillon conduisit ses fervents chevaliers à la conquête de Jérusalem, où le descendant de Charles d'Anjou, le petit-neveu de notre saint Louis, s'assit sur le trône de saint Étienne, où en 1805 Napoléon Ier, l'empereur des Français, signait un traité de paix avec l'empereur d'Autriche.

Les annales de l'humanité sont comme ces volcans

qui attirent tous les regards quand la flamme s'élance
de leur foyer, et dont on cesse de s'occuper lorsqu'ils
sont éteints, ou comme les couches de terrain entassées
l'une sur l'autre, soit par des cataclysmes, soit par la
lente action des siècles. Le passant n'en voit que la
surface; quelques intrépides géologues en sondent seuls
les profondeurs.

Dépossédée comme l'Irlande de son antique indépendance, unie à l'empire autrichien comme la verte
Érin à la couronne britannique, la Hongrie en perdant
son sceptre a par là même perdu son importance, du
moins aux yeux de ceux qui ne considèrent un pays
qu'en raison de la place qu'il occupe dans la mappemonde
de la politique et de la diplomatie. Ainsi que la Bohème,
pendant des siècles la mâle et vivace Hongrie a eu son
diadème. Elle a traité de puissance à puissance avec les
souverains étrangers. Elle a fait la paix et la guerre.
Ainsi que la Bohême, elle est englobée aujourd'hui
dans le large assemblage des possessions de l'Autriche.

En 1527 elle remettait sa couronne à Ferdinand Ier.
Pendant plus de deux siècles elle attira encore l'attention de l'Europe par ses luttes contre les Turcs, puis
l'Europe l'a délaissée. Maintenant elle n'occupe qu'une
place secondaire dans le programme habituel de nos
études. Plus d'un géographe de Londres ou de Paris
n'a sur ce beau pays que de très incomplètes notions.
Du fond de nos latitudes il nous apparaît en vagues
linéaments, dans une sorte de pénombre au delà de
Vienne, du côté de l'Orient.

Les statistiques de Schwartner et de Fényes nous

ont cependant révélé les variétés de productions, les richesses matérielles de la Hongrie; plusieurs voyageurs allemands, français, anglais, en tête desquels il faut placer M. Paget et miss Pardoe, nous ont décrit ses beautés pittoresques et quelques-uns des traits les plus saillants de sa physionomie nationale. Mailàth et Mednyansky nous ont raconté ses anciennes légendes, et nous avons entendu vibrer la lyre de ses poètes depuis le galant Kisfaludy jusqu'au mélancolique Koloman Toth, jusqu'à l'ardent Petœfi. Le chemin de fer qui relie aujourd'hui Szegedin, Pesth et Presbourg à Vienne, les bateaux à vapeur qui sillonnent le Danube et la Theiss, les nouvelles voies de communication qui s'ouvrent de tous côtés dans les diverses provinces de la Hongrie, serviront plus promptement encore que ces publications à raviver au loin le nom et la gloire de la terre des Magyars. Dans le mouvement de locomotion imprimé au monde entier, des légions de curieux se laisseront aisément entraîner vers cette attrayante contrée. Ils voudront la voir, ils s'y arrêteront et l'aimeront.

Les Hongrois, qui ont aspiré à la reconstitution de leur pays en royaume indépendant, avaient pour eux une raison de statistique assez imposante. Dans les vastes contours de cette ancienne monarchie on taillerait plusieurs duchés et plusieurs royautés d'Allemagne. Le territoire hongrois est plus étendu que celui de deux grandes puissances européennes : de la Grande-Bretagne et de la Prusse, plus étendu que celui du Hanovre, de la Saxe, du Wurtemberg, du Portugal, de la

Sardaigne, de la Bavière, de la Toscane réunis en un même cadastre. On y compte 10 millions d'habitants, mais il est de nature à en contenir et à en alimenter vingt millions.

Au nord et à l'est, la chaîne des Carpathes arrondie en demi-cercle lui fait une ceinture de granit ; au sud, il est séparé des États soumis à la domination musulmane, par le Danube et par la Save ; à l'ouest, il touche à la Styrie et à l'Illyrie ; au sud-ouest, il est borné du côté de l'Adriatique par un rameau des Alpes qui des hauteurs du Saint-Gothard se prolonge à travers le Tyrol, la Carinthie, la Carniole et la Croatie.

A travers l'espace renfermé entre cette ramification des Alpes et les sommités gigantesques des Carpathes se déroule sur un vaste espace le sol de la Hongrie, çà et là surmonté encore de quelques collines, çà et là si plan qu'on dirait un bassin aquatique, surgissant au soleil après une longue inondation.

Le Danube, ce roi des fleuves de l'Europe, la traverse du nord au sud. La Theiss, navigable comme le Danube, y serpente en de longs détours. Plusieurs autres rivières l'arrosent sur divers points, c'est la Drave au cours impétueux qui prend sa source dans l'Illyrie, la Save qui après de nombreux circuits va s'épancher sous les murs de Semlin, la March, la Kulpa, la Temes, la Maros et la Waag, dont le nom latin (*vagus*) indique les capricieux mouvements. Sur une partie au moins de leurs parcours, ces rivières portent des bateaux. Quelques travaux hydrographiques suffiraient pour en arrêter les débordements et pour en faire, à l'aide de la vapeur,

d'importantes voies de communication. Une quantité de
ruisseaux jaillissant des grottes rocailleuses des montagnes, se déroulant comme des tresses d'argent sur la
pente des collines, vont de côté et d'autre vivifier les
champs du laboureur, égayer les jardins du magnat,
jusqu'à ce qu'ils se rejoignent comme des veines éparses,
à l'artère vitale de leur sol, au puissant Danube.

Pour celui qui d'une main étroite ne renferme point
la science géographique dans l'aride alignement d'une
sèche nomenclature, pour celui qui veut scruter le mouvement et l'action du pays qu'il observe, qui veut le
voir palpiter à tous ses degrés dans les sombres enceintes
de ses montagnes, dans le fécond mouvement de ses
cours d'eau, dans la culture de ses sillons, dans les
productions spontanées de la nature et les œuvres de
l'industrie, quelle variété d'études à travers ce panorama
de la Hongrie !

En regardant la situation de la Hongrie entre le 44ᵉ
et le 50ᵉ degré de latitude, on pourrait croire que ce
royaume des Magyars jouit dans toute son étendue des
privilèges des climats tempérés. Mais chacun sait que la
température d'un pays se modifie considérablement selon
certains accidents de terrain. Au delà du 45ᵉ degré de
latitude, à une élévation de cinq cent trente-trois pieds,
le thermomètre Réaumur baisse d'un degré. A une
élévation de mille pieds, la végétation est en retard de
dix ou douze jours sur celle de la zone inférieure. Par
l'effet de ces différentes lois physiques, la terre de la
Hongrie étonne l'étranger par ses contrastes. A la cime
du Tatra, le Chimboraço de cette contrée, étincelle

une neige éternelle. Au pied de cette montagne des Carpathes, l'arbre fruitier ne mûrit pas. Dans le comitat d'Arva, sur la même ligne que la Champagne, le laboureur ne recueille que difficilement une maigre récolte d'avoine et de pommes de terre. Souvent ses semailles sont glacées par un froid subit, et souvent, comme le pauvre cultivateur au foyer duquel nous nous sommes assis, bien loin de l'Europe centrale, à Muonioniska, au delà du cercle polaire, le paysan d'Arva à qui une neige fatale enlève tout espoir de moisson fauche les épis de ses sillons avant qu'ils aient jauni.

Mais à quelques lieues de là, déjà le sol est plus propice et le climat plus doux. Quelques lieues encore, et les regards se reposent sur une terre fertile. En un trajet rapide on peut toucher ainsi aux deux zones les plus dissemblables : là-bas, la zone boréale, froide et pauvre, comme les provinces septentrionales de la Norvège, hérissée comme ces provinces de forêts de sapins, assombrie par de longs hivers; ici, les riches campagnes où le blé ondoie comme en pleine Beauce, où les tiges de maïs étalent comme en Lombardie, sous les rameaux chargés de fruits, leurs grains d'or et leurs panaches d'argent; ici, les joyeux coteaux, où se gonflent ces grappes savoureuses dont on distillera le noble vin de Tokay, jaune et pur comme un rayon de soleil.

Pour le peintre et le poète, quelle quantité de tableaux imposants et de scènes curieuses, au sein de ces montagnes escarpées et sauvages comme celles des Hautes-Alpes, dans ces bois où l'homme ne pénètre que de loin en loin, où les arbres vieillissent et

meurent comme au milieu des forêts vierges, dans les
cavités de ces mines, où toute une population humaine
descend, comme dans les Cordillères, comme dans les
entrailles de l'Oural et de la Suède, à plusieurs centaines de mètres au fond des grottes ténébreuses, pour
y chercher le filon d'or, la veine de cuivre, de plomb,
de fer, qui sont une des richesses de la Hongrie. Si de
ces régions qui étreignent et quelquefois terrifient la
pensée, nous voulons retourner à d'autres points de
vue : voici les frais vallons de la Waag, les détours on-
dulants de la Theiss, les rives majestueuses du Danube ;
voici les champs paisibles où s'allongent les villages
hongrois avec leurs maisons blanches, construites comme
les isbas des villages russes sur un modèle uniforme,
dominées par trois ou quatre édifices vers lesquels se
dirige la pensée des paysans attirés tour à tour par
l'élégante habitation de leur seigneur, par la demeure
du notaire qui règle leurs affaires matérielles, par
l'école où ils ont appris à lire, par l'église où ils ont
dévotement prié, puis aussi par le modeste cabaret où
de joyeux danseurs se réunissent aux jours de fête.
Près de là voici les *Pouszta*, ces longues plaines silencieuses comme les steppes du Don, où des bergers passent des mois entiers, seuls avec leurs bestiaux, comme
les pâtres des antiques tentes patriarcales, où dès son
enfance le fils du paysan hongrois apprend à saisir le
cheval indompté, et s'élance sur sa croupe à travers les
pâturages, comme le *gaucho des pampas*. Quiconque
n'a point passé là quelques jours ne peut se faire une
idée de l'impression qu'on éprouve au milieu de ces

prairies, où nul oiseau ne gazouille, où nul arbre ne se balance au souffle du vent, où l'on ne voit à l'horizon vaporeux, à l'horizon lointain que le verdoyant espace, morne et muet comme le désert, infini comme l'Océan. L'émotion que j'ai eue dans une de ces excursions à travers les Pouszta de la Hongrie, je ne l'ai retrouvée qu'à trois mille lieues de distance, dans les immenses solitudes de la Plata[1].

Hors de ces terrains qui donnent à la Hongrie de nombreux bestiaux et des chevaux à l'œil de feu, aux naseaux fumants, aux jarrets de fer, comme le cheval biblique de Job, nous rentrons dans la zone fécondée par le travail du laboureur, embellie par la fortune des magnats. Çà et là le long des rivières, dans l'enceinte fleurie des vallées, sur la crête des collines, s'élèvent des châteaux seigneuriaux, les uns conservés avec soin d'âge en âge, ou construits récemment par un riche propriétaire, et resplendissant d'un luxe princier, les autres dégradés par le temps ou dévastés par les guerres civiles, fiers encore et superbes dans leur décadence, comme ces chênes au tronc colossal qu'un coup de foudre a découronnés. A les voir de distance en distance dans leur sombre isolement, on dirait des bornes milliaires plantées sur la route orageuse de la nation hongroise, ou des jalons historiques. A la structure de leurs tours, à la brèche de leurs remparts se rattachent des dates mémorables, et par leurs ruines ils racontent les luttes des jours désastreux. Quelques-uns sont illus-

1. Mme Adam a fait la plus intéressante description de la Pouszta dans son grave et charmant livre : *la Patrie hongroise*, Paris, 1884.

trés par de vaillants combats, d'autres par de touchantes légendes de religion ou d'amour. Pas un des gothiques manoirs des rives du Rhin n'a le pittoresque aspect de ces châteaux hongrois de Betzko, Thebets, Forchenstein, Stresano, Arva, Trennchin, posés comme des nids d'aigle à la pointe des rocs nuageux. Pas un n'éveille dans l'esprit plus de nobles souvenirs que celui de Hunyad, ce héros de la Hongrie, ou celui de Vissegrad, cette forteresse des Arpad, ce sanctuaire littéraire de Mathias Corvinus, le roi-savant, le poète.

Pour l'ethnographe et le philologue il y a de curieuses questions à étudier dans cette diversité de races qui sont venues successivement s'établir en Hongrie et y ont conservé leur type distinct, leur idiome national, leur culte particulier; race slave de différentes tribus, race valaque et grecque, race allemande industrieuse et laborieuse, race juive, livrée à toutes sortes de trafics, puis des Français et des Italiens, puis ces hordes nomades de Bohémiens dont rien n'altère ni les mœurs ni la physionomie, dont les habitudes vagabondes, le caractère, se perpétuent à la porte des grandes villes comme une amère raillerie, et au sein des œuvres et des progrès de la civilisation comme une impassible négation. Au-dessus de ces différentes peuplades est la race dominante, la race des Magyars, autre problème que nul savant n'a pu encore résoudre. On sait qu'elle est venue de l'Asie, ce berceau de l'humanité, cette véritable *vagina gentium*. Mais on ignore son vrai point de départ. Comme un torrent elle envahit au neuvième siècle le sol de la Hongrie, la subjugua et se l'appro-

pria ; mais la source de ce torrent, comme la source
réelle du Nil jusqu'à présent, nul explorateur n'a pu
la découvrir. La langue des Magyars, loin d'aider à
l'éclaircissement de cette question d'origine, en com-
plique encore les difficultés ; elle ne ressemble à aucune
autre langue. Ainsi qu'un voyageur, dit M. Mailàth,
qui va par delà l'océan dresser sa tente dans un autre
hémisphère, loin de son foyer natal, loin de ses parents, seul de son nom et de sa nation, cette langue
est seule en Europe, sans affinité aucune, ni avec les
idiomes slaves, ni avec les idiomes scandinaves, germa-
niques, grecs ou latins, seule dans cet immense océan
philologique, et se rapprochant tout au plus par quelques vagues analogies des idiomes finnois.

Pour l'historien quel vaste champ à parcourir que
celui des annales de Hongrie, où tour à tour apparaissent les Grecs, les Celtes, les Marcomans, les Daces,
où s'élève l'édifice régulier de la domination romaine,
où tout à coup flamboie l'éclair sinistre du glaive d'At-
tila, où successivement on voit défiler dans le tourbillon de leur marche impétueuse les Huns, les Goths,
les Slaves, les Gépides, les Avares, où plus tard
éclatent tant d'actes de courage, tant de guerres
civiles, hélas! mais aussi tant de nobles combats
contre les ennemis de la chrétienté.

Quand on parle à présent de la Hongrie, on ne se
rappelle pas assez les immenses services que cette va-
leureuse nation a rendus dans des temps périlleux à
l'Europe occidentale. Au quatorzième et au treizième siècle, elle arrêtait l'invasion des Mongols et des

Tartares, puis elle se jetait vaillamment dans sa lutte la plus terrible, dans sa lutte contre les Turcs. Pendant plus de trois siècles elle a été la digue contre laquelle venait se briser le débordement des légions musulmanes, le rempart qui protégeait l'Allemagne, peut-être la France et l'Italie. Fidèle à sa mission, elle la continua avec ardeur, souvent sans appui. Terrassée et mutilée, elle la continuait encore. Le premier roi de la dynastie des Arpad était un saint, le dernier de cette dynastie périt dans la fatale plaine de Mohàcs avec vingt-huit magnats, un archevêque, sept évêques qui l'aidaient à défendre l'étendard chrétien.

La Hongrie a été en partie occupée par les musulmans, ainsi que l'Espagne par les Maures. Ainsi que l'Espagne, elle a refoulé hors de ses domaines les farouches ennemis de sa foi. Mais les Maures répandirent en Espagne le goût des lettres, des arts, et y bâtirent de nombreux édifices. Les Turcs au contraire n'ont fait que ravager la Hongrie et n'y ont rien construit. Installés pendant un siècle et demi dans la forteresse de Bude, à leur départ ils n'y laissaient que des ruines, un tombeau et des bains. Ainsi que l'Espagne dans ses diverses phases de victoires et de calamités, la Hongrie a eu ses héros. Son Hunyad, qui tant de fois épouvanta le pacha, qui à l'âge de quatre-vingts ans reprenait encore les armes pour courir au siège de Belgrade, n'est-il pas digne d'être chanté comme le Cid? Mais à l'époque où il se signalait sans cesse par sa bravoure inflexible et ses nobles vertus, le temps des chevaleresques poésies était passé. Les *romanceros* ont popularisé dans le monde entier le nom de Rodrigue de Bivar, et les Hongrois gardent seuls le souvenir de leur *Campeador*.

Il n'est pas difficile de connaître l'histoire de Hongrie, grâce aux livres excellents qui la relatent. Il n'est pas difficile de visiter les principales villes de ce pays : elles sont reliées l'une à l'autre par un chemin de fer ou par de grandes routes, et l'on y trouve des hôtels de premier ordre. Il n'est pas difficile non plus d'observer la haute société hongroise : elle unit à toutes les qualités de la civilisation moderne des pratiques traditionnelles d'hospitalité qu'on ne retrouve à présent en Europe qu'au cœur de la race slave, à Pétersbourg et à Moscou. Ce qui est plus difficile, c'est de pénétrer dans l'intérieur de la Hongrie, d'étudier l'état de ses campagnes et le caractère de son peuple; car, pour se rendre d'un village à l'autre, il faut se résigner à se laisser longtemps cahoter dans une rude voiture sur des chemins raboteux, crevassés, dont nulle main laborieuse n'a jusqu'à présent aplani les aspérités, comblé les ornières. Dans la plupart de ces villages il faut porter avec soi son lit et ses vivres, car, à moins qu'il n'y ait là une main seigneuriale ouverte cordialement à tout étranger, on ne trouvera dans le cabaret du lieu qu'une cuisine misérable et une couche de foin.

Mais il y a un livre superbe, le livre de M. le baron G. de Pronay, qui, par un texte excellent, par des peintures d'une exactitude parfaite, nous révèle précisément l'une des faces les moins connues et les plus curieuses de la Hongrie, la physionomie, les mœurs du peuple, de ce peuple fidèle au passé, qui depuis un temps immémorial garde autour de ses dieux pénates les traditions, les habitudes, le langage et jusqu'au vêtement de ses pères. C'est là qu'est la véritable Hongrie des anciens temps, c'est là qu'il faut la chercher. L'ouvrage de M. de Pronay nous la montre telle qu'elle existe encore dans son rustique appareil, dans son honnête simplicité, dans ses jours de labeur et ses naïves réjouissances; là les fêtes de la moisson et des vendanges, ici l'aire agreste où l'on bat le blé, et le pâtre solitaire des Pouszta, et des scènes de pêche et de chasse avec leurs divers incidents, puis les marchands et les ouvriers de la campagne, puis les Bohémiens qui par leurs figures bronzées, leurs cheveux noirs et plats, nous ont plus d'une fois rappelé les visages indiens de l'Amérique du Nord et de l'Amérique du Sud, puis les marchés de Pest, où, près des habitations les plus élégantes, des magasins les plus splendides, on est si surpris de voir un assemblage d'hommes et de femmes d'un aspect si primitif.

Si cet ouvrage détermine quelques oisifs touristes ou quelques studieux observateurs à s'en aller voir eux-mêmes sur les lieux ces images singulières que le dessinateur leur a représentées, que M. de Pronay leur a décrites, nul d'entre eux, j'en suis sûr, ne regrettera d'avoir consacré quelques mois de sa vie à ce voyage. Plus d'un, après avoir vécu quelque temps dans la demeure du riche ou dans la demeure du pauvre en Hongrie, ne la quittera qu'à regret, en répétant avec une pensée affectueuse cette strophe de l'hymne du poète Kolcsey :

« Que Dieu bénisse le peuple hongrois, qu'il le soutienne dans ses travaux, qu'il le protège de son glaive dans les combats! Puisse ce peuple avoir enfin d'heureux jours! Il a tant souffert! Il a tant expié les fautes du passé! »

« Que Dieu soit avec toi, ô ma patrie, dit un autre poète hongrois, terre de braves, que Dieu soit avec toi!

« Douce vallée, vaste ceinture de montagnes, berceau de mon enfance, sanctuaire de mes rêves de jeunesse, je m'en vais bien loin, bien loin. Puissé-je, si jamais je reviens, te retrouver calme et florissante!

« Tes montagnes ne s'élèvent point si haut que les Alpes de Suisse couronnées de leur diadème de neige, et tes prairies ne sont point riantes et fleuries comme celles qui s'épanouissent sous le ciel de la Provence. Mais que m'importe la grandeur gigantesque ou la richesse d'une autre contrée! C'est ma patrie que j'aime! c'est pour elle que palpite mon cœur!

« A chaque peuple un don de Dieu. A chaque foyer un souvenir. A la Grèce les éclatantes commémorations de l'art et de la poésie; à Rome la couronne de l'univers; à la France les fanfares de ses victoires; à toi, ô ma patrie, le souvenir de tes glorieuses infortunes!

« Champs de bataille à jamais célèbres! rives du Danube où les Hongrois se signalèrent par tant de merveilleux exploits! Le fleuve du Danube qui, de la forteresse de Bude, descend vers la plaine immortelle de Mohacz, n'est-il point, ô ma chère patrie, le fleuve de tes larmes? »

EN ALSACE

Souvent, par les yeux de la mémoire, je la revois cette chère Alsace, telle que je l'ai vue quand elle était un des remparts, une des guirlandes, un des trésors de la France, quand personne ne pouvait imaginer qu'elle nous serait enlevée. Dès le jour où j'appris à la connaître, je l'aimai. En la quittant, je désirais y revenir, et que de fois j'ai repris le chemin de cette attrayante région! Que de rêves juvéniles j'ai promenés sur les rives du Rhin et de l'Ill, la jolie rivière qui a donné son nom à l'Alsace[1]! Que d'heureuses excursions j'ai faites dans la vallée qui s'étend de Strasbourg à Bâle! Y en a-t-il une autre plus belle, plus fructueuse, plus intéressante?

D'un côté, les cimes ondulantes des Vosges; de l'autre, les teintes bleuâtres de la Forêt-Noire. Entre ces deux chaînes de montagnes, un jardin de fleurs et de fruits; les plantes employées par l'industrie du tisserand et du teinturier; les plantes alimentaires; les

---

1. Au septième siècle, *Alsatia;* au huitième, *Elsasse. El*, l'ancien nom de l'Ill, et *Sazze*, ancien mot allemand qui signifie *habitant* (Baquole, *l'Alsace*, p. 1.

plantes qui égayent le riche et le pauvre, les ceps de
vigne, les hautes tiges de houblon, les feuilles de tabac
et les plantes bénies que l'on recueille pour les malades.
Pas une parcelle de ce sol d'Alsace n'est perdue, dit
M. Grad, et les cultures sont si bien faites que souvent
le laboureur tire de son champ deux récoltes [1].

A travers cette plaine féconde, sur les coteaux qui la
dominent, çà et là s'élèvent les actives manufactures,
çà et là des cités considérables; de distance en distance,
les tours démantelées, les remparts des vieux manoirs;
de toute part, « les habitations agricoles avec leurs
longues toitures sous lesquelles sèchent les feuilles de
tabac, leur charpente en bois sculpté, leurs fenêtres
garnies de petites vitres rondes, la grange et l'étable,
le verger et le potager[2] ».

Trois châteaux sur une montagne, dit un ancien
dicton; trois églises dans un cimetière; trois villes dans
une plaine : telle est dans toute son étendue l'Alsace[3].

Ces montagnes, ces châteaux, ces églises ont leurs
légendes qui, d'âge en âge, se transmettent au foyer
du paysan. C'est une de ses richesses d'esprit et de
cœur, le trésor de la tradition, le Folklore héréditaire.

Plusieurs de ces légendes glorifient les combats et
les vertus de ses aïeux. D'autres lui expliquent les
phénomènes géologiques et météorologiques par une

---

1. *Heimaths-Kunde*, p. 34.
2. Maurice Engelhard, p. 144.
3.   Drei Schlœsser auf einem Berge;
        Drei Kirchen in einem Kirchhoffen;
        Drei Stædte in einem Thal :
        So ist ganz Elsass überall.

fiction, tout aussi admissible peut-être que la théorie de la science, et plus agréable. Il y a de ces légendes qui l'émerveillent par des scènes féeriques; il y en a qui le font gaiement rire, et il y en a qui, par une fable ingénieuse, par une image touchante, lui donnent une leçon d'humilité et de charité.

A l'exemple des deux frères Grimm, ces deux illustres maîtres, un laborieux et intelligent chercheur, M. A. Stœber, a recueilli, avec un zèle dont on ne saurait trop le remercier, les légendes de son pays d'Alsace[1].

Plusieurs de celles qu'il a publiées sont d'origine étrangère. Comme les oiseaux, comme les germes des plantes, comme les troncs d'arbres que le *gulf-stream* roule dans ses flots, la poésie populaire voyage au loin et s'arrête en différentes régions. Au moyen âge, combien de contes d'Orient ont été importés en Europe par les pèlerins, par les croisés et les marchands! La traduction en a d'abord altéré le texte primitif. Selon la nature, le caractère, les coutumes de la contrée où ils sont introduits, ils subissent encore diverses modifications. Puis les voilà naturalisés, on les incorpore dans la collection des contes indigènes, et la vieille femme qui les répète en filant sa quenouille et l'auditoire qui les écoute ne se doutent point du long chemin qu'ils ont fait.

Telle est la gloire de ces naïfs récits. Ils ont éclairé l'ignorance de l'enfant et ravivé la mémoire du vieillard.

1. *Die Sagen des Elsasses*, in-8°. Saint-Gall, 1858.

Ils ont, par la transmission orale, ému et charmé les générations de plusieurs siècles. Maintenant nous les voyons correctement imprimés dans tous les dialectes, entourés d'images artistiques, annotés par le philologue, commentés par le moraliste. L'humble littérature du peuple est devenue une littérature scientifique dans laquelle la France s'est acquis une nouvelle distinction. Mais qui prévoit jusqu'où peut aller la science? N'a-t-on pas découvert dans l'histoire du Petit Poucet et de Cendrillon deux mythes astronomiques? Non. C'est impossible. Oh! valeureux Petit Poucet, et vous, douce et belle Cendrillon, je me souviens de l'émotion que je ressentais dans mon enfance en apprenant vos infortunes. Vraie était cette émotion, vraie aussi est votre histoire, et jamais on ne me fera croire que vous n'avez réellement pas existé.

Sauf quelques fleurs exotiques, le livre de M. Stœber est essentiellement alsacien. L'une de ses plus mémorables légendes est celle de sainte Odile. Elle nous représente le combat de la vertu contre la fureur barbare, la victoire de la douceur sur la violence, la chute du paganisme, le triomphe de l'Évangile. Dans cette miraculeuse épopée, les pierres mêmes s'attendrissent à la vue de la jeune sainte. Poursuivie par une troupe d'hommes féroces, elle s'arrête au pied d'un roc, elle ne peut aller plus loin. Ses ennemis vont l'atteindre. Alors le roc se déchire, lui ouvre un passage dans ses cavités, puis se referme sur elle. De ce même roc, quand elle le quitte, jaillit une source limpide qui guérit les maux d'yeux.

Sainte Odile est la patronne de l'Alsace. Chaque année, une quantité de catholiques vont en pèlerinage sur la montagne où en 690 elle fonda un couvent, où en 720 elle exhala, les mains jointes, son dernier souffle en une dernière prière[1].

Je me rappelle le jour où pieusement aussi je voulus aller voir ce lieu vénéré. En été, par un beau temps, quel charmant voyage! De Strasbourg à l'Odilienberg quelle variété d'aspects! D'abord une grande plaine qui, par ses morcellements de terrain, ressemble à un échiquier où brillent toutes sortes de couleurs, les épis du blé près des tiges de tabac, la garance et le colza, le chanvre gris et les verts légumes.

A l'extrémité de cette plaine s'étend le magnifique rideau des Vosges. Au premier plan, des pentes ondulantes couvertes de vignes; au second, d'épaisses forêts; au troisième, les cimes de cette chaîne de montagnes qu'on appelle des *ballons* en raison de leur forme arrondie. Ne sont-ce pas en effet des ballons d'où l'on plane, comme l'aigle, dans la région des nuages, sur le vaste espace?

Là, le vallon d'Andlau, avec ses frais abris, ses cascades, son ancienne cité féodale, et les deux tours de son château, debout comme deux témoins d'un cycle historique, comme deux colonnes miliaires sur la route du temps. Ici, le val de Barr avec ses riches vignobles, ses riantes maisons, ses filatures et ses scieries.

---

1. ***Beschreibung von Hohenburg.*** — Un très intéressant livre publié en 1781 par M. A. Silbermann, réimprimé avec de curieuses gravures, par M. A. Strobel. Strasbourg, 1855.

Au delà d'Andlau, les ruines du château de Spes-
bourg, jadis résidence de la noble famille des Dikos
qui s'éteignit au quatorzième siècle.

Au delà de Barr, les larges pans de murs du château
de Landsperg, qui fut construit au douzième siècle et
longtemps habité par une des plus illustres familles de
l'Alsace.

Plus loin, les profondes forêts où campent ces
cohortes de bûcherons, ces *schlitters* dont un artiste de
grand mérite, M. Schuler, a si bien représenté les physionomies, les travaux et les périls.

A travers ces forêts, un sentier serpente jusqu'au
Mænnelstein, entouré d'un rempart de grosses pierres
qu'on appelle le *mur païen* ou le *mur du diable*.

Non loin de ce mur du palais est la maison de Dieu,
la chapelle de sainte Odile, le couvent hospitalier, puis
l'esplanade, où l'on ne peut s'arrêter sans se sentir
saisi d'une religieuse pensée, à l'aspect du tableau qui
se déroule aux regards: ici, un océan de forêts; plus
loin, l'immense plaine d'Alsace; à droite de ce panorama, les tours massives de l'église de Bâle; à gauche,
la merveilleuse flèche de la cathédrale de Strasbourg,
le Rhin, qui à cette distance apparaît comme un fil
d'argent, et, à l'horizon lointain, les cimes de neige des
Alpes.

Je me rappelle les bonnes heures que j'ai passées à
Strasbourg, les *Krænzele* littéraires, les soirées de
l'Ilejars, dans la maison de mon ami Fritz Berger, avec
ses savants convives, et mes songes de voyageur sur la
terrasse du dôme, d'où l'on voit les hommes si petits

dans les rues, l'espace si grand du côté de l'Allemagne
et de la France, et la couronne de la tour pyramidale
qui s'élance si haut vers le ciel.

En 1793 le citoyen Teterel, un des maîtres du club
des Jacobins de Strasbourg, demanda qu'on détruisît
cette flèche sans pareille, attendu, disait-il, que par ses
proportions excessives elle blessait l'égalité.

Dans la frénésie révolutionnaire cette stupide requête
semblait toute naturelle. La difficulté seulement était
d'aller à cinq cents pieds en l'air démolir la solide
construction. Un autre jacobin eut une lumineuse idée.
Il dit qu'on pourrait faire du monument du fanatisme
un monument républicain, en plaçant à sa sommité le
signe du sans-culottisme, le bonnet rouge. On applaudit
à cette motion. Les ferblantiers se mirent à l'œuvre, et
le catholique édifice du moyen âge fut coiffé d'un
énorme bonnet rouge en tôle.

Je me rappelle les jours d'automne si vite écoulés
dans le village de Saint-Louis. Là furent mes meilleures
joies. Là sont maintenant mes tombes.

La terre d'Alsace si fertile, mais trop petite pour
constituer un État indépendant, a toujours été con-
voitée par les puissances voisines. En 925 elle fut avec
la Lorraine adjointe à l'empire germanique par Henri
l'Oiseleur[1]. En 1648 elle fut cédée à la France par le
traité de Westphalie dans les termes les plus explicites.

---

1. Les délégués de Saxe et de Franconie qui allèrent annoncer à Henri
son élection au trône impérial, le trouvèrent dans les montagnes du
Harz, occupé d'une chasse aux oiseaux. De là son surnom d'*oiseleur*.
(Kohlrausch, *Histoire d'Allemagne*.)

L'empereur, tant en son nom qu'en celui de la maison d'Autriche, comme aussi l'empire, renoncèrent à tous droits, domaines, propriétés, possession et juridiction qui ont jusqu'ici appartenu à l'empire, à l'empereur ou à la maison d'Autriche, sur la ville de Brisach, le landgraviat de la haute et basse Alsace, sur le landgrave et la préfecture provinciale des dix villes impériales qui sont situées en Alsace, savoir : Haguenau, Colmar, Schlestadt, Wissembourg, Landau, Obernai, Rosheim, Munster, au val Saint-Grégoire, Kaisersberg, Turckheim, tous les villages et tous les droits quelconques qui dépendront de ladite préfecture provinciale, et les transportèrent tous et un chacun d'iceux au roi Très Chrétien et au royaume de France, en sorte que la ville de Brisach et les quatre villages qui lui appartiennent, le landgraviat de l'une et de l'autre Alsace, la préfecture provinciale sur les dix villes et lieux dépendants ; en outre, les vassaux, habitants, hommes, sujets, villes, châteaux, villages, forteresses, bois, mines d'or et d'argent, et autres minéraux, rivières, ruisseaux, pâturages, tous droits, régales, appartenances avec toute sorte de juridictions, de supériorité et de suprêmes domaines, appartiennent dès à présent et à perpétuité au roi Très Chrétien et à la couronne de France, et qu'ils soient censés lui appartenir sans aucune contradiction de la part de l'empereur, de l'empire, de la maison d'Autriche, ou de quelque autre que ce puisse être, de manière qu'aucun empereur ni aucun prince de la maison d'Autriche ne pourra en aucun temps prétendre ni usurper un pouvoir ou droit quelconque sur lesdits pays, tant en deçà qu'au delà du Rhin[1].

Strasbourg restait en dehors de ce traité, à l'état de ville libre et impériale, tenant séance aux diètes de l'empire, avec les souverainetés de premier ordre. Mais sans violence, sans aucune effusion de sang, par de pacifiques arrangements elle devait être aussi annexée à la France. Voici le fait qui a été raconté par plusieurs historiens :

« Un matin, M. de Louvois, ministre de la guerre, fit appeler M. de Chamilly pour le charger d'une mission et lui donner des instructions en ces termes : « Partez ce soir même pour Bâle, en Suisse. Vous y se-« rez dans trois jours; le quatrième, à deux heures « précises après midi, vous vous établirez sur le pont « du Rhin avec un cahier de papier, une plume et de « l'encre. Vous examinerez et écrirez avec la plus « grande exactitude tout ce qui se passera sous vos « yeux pendant deux heures. A quatre heures précises, « vous aurez des chevaux de poste à votre voiture ; vous « partirez, vous courrez jour et nuit et m'apporterez « votre cahier d'observations. A quelque heure que « vous arriviez, présentez-vous chez moi. »

M. de Chamilly, quoique fort étonné d'une mission qui lui semblait puérile, obéit. Il arrive à Bâle, se place au jour et au moment indiqués sur le pont et écrit tout ce qu'il voit passer. C'est une marchande fruitière avec ses paniers, un voyageur à cheval, en habit bleu, un

---

1. Le Roy de Sainte-Croix, *les Anniversaires glorieux de l'Alsace*, p. 10.

paysan, des portefaix, etc. A trois heures, un homme
en veste et en culotte jaune s'arrête au milieu du pont,
s'avance du côté du fleuve, s'appuie sur le parapet, regarde l'eau, recule d'un pas, et avec un gros bâton
frappe trois coups bien distinctement sur la balustrade.
Tous ces incidents et bon nombre d'autres qui parais-
saient sans importance sont notés ponctuellement.
Quatre heures sonnent. M. de Chamilly remonte dans sa
voiture, arrive chez le ministre le surlendemain avant
minuit, confus de n'apporter que des notes si insigni-
fiantes. Les portes de l'hôtel sont aussitôt ouvertes.
M. de Louvois prend avec empressement le cahier de
papier et lit, et lorsqu'il arrive à la mention de l'homme
en veste jaune, la joie éclate sur son visage. Il se rend
chez le roi, le fait réveiller, cause un quart d'heure au
chevet de son lit, puis, en toute hâte, expédie quatre
courriers qui depuis quelques heures étaient prêts à
partir.

Les trois coups frappés sur le parapet à une heure
convenue étaient le signal du succès de la négociation
engagée entre M. de Louvois et les magistrats de Strasbourg[1].

Trois semaines après, le 23 octobre 1681, Louis XIV
entrait triomphalement dans la vieille cité impériale,
réunie désormais à la France. L'ancienne bannière de
Strasbourg semblait annoncer cette union elle : représente la Vierge avec l'Enfant Jésus, tenant à la main une
fleur de lis.

1. Coste, *Réunion de Strasbourg à la France*, p. 18.

Comment, après deux siècles, cette heureuse alliance a-t-elle été rompue? Hélas! nul de nous ne peut l'oublier.

Un Alsacien, que la guerre a exilé de son foyer, a fait un tableau idyllique de la blanche maison qu'il occupait avec sa femme et ses enfants, en été, à la campagne, près de Strasbourg, et au mois d'août 1870 il écrit :

« Deux mois se sont passés. La soirée du 24 août est sombre, le temps humide et le ciel couvert de nuages. La maison blanche est toujours là, encadrée de verdure; mais comme la scène a changé!

« Dans la cour est établie une cantine où sont attablés des soldats allemands coiffés du casque à pointe de cuivre. Des factionnaires veillent aux portes, armés du lourd fusil à aiguille. Sur la terrasse sont réunis plusieurs officiers prussiens. Ils boivent de la bière et fument des cigares. Leurs regards sont tournés vers la cathédrale de Strasbourg, dont la flèche dentelée se détache en noir sur le ciel gris. On dirait qu'ils sont dans l'attente d'un spectacle. Ils regardent l'heure à leur montre et s'impatientent.

« Il règne un grand silence. Pas un passant dans le chemin; pas une voiture sur la route. Tout est morne et sombre. Tout à coup on entend sonner au loin l'heure. La cloche de la cathédrale tinte huit fois. C'est le glas funèbre de l'antique capitale de l'Alsace.

« Aussitôt éclate un bruit épouvantable. Cent pièces d'artillerie détonent à la fois. De tout côté les projectiles sont lancés et convergent sur Strasbourg. Les

bombes tracent dans l'air leurs sillons de feu. Les obus
sifflent et éclatent. Les gros mortiers établis au delà
du Rhin dominent ce vacarme de leur tonnerre formidable.

« La forteresse répond par tous les canons de ses remparts, et la vieille cité apparaît au milieu d'une ceinture
de feu.

« A ce spectacle sinistre, les Prussiens poussent un
triple hourra. La joie et la haine éclatent sur leurs
visages.

« Au-dessus de Strasbourg s'élève une épaisse fumée,
que parfois le vent agite comme un immense drapeau
noir. Bientôt les flammes jaillissent ; la grêle des projectiles allume partout des incendies. La clarté qu'ils
projettent est telle, que l'on aperçoit comme illuminés
les grands édifices, les hautes toitures, les clochers des
églises. La cathédrale est intacte encore, et sa masse
colossale se dresse majestueusement et semble grandir
au milieu des ruines qui l'entourent.

« On peut compter un à un les édifices qui brûlent.
Ici, le faubourg et les casernes ; là, le musée de la place
Kléber ; plus loin, le temple neuf et la bibliothèque avec
ses manuscrits précieux, ses médailles, ses trésors
accumulés depuis des siècles. D'immenses gerbes de
flammes s'élèvent vers le ciel, et les papiers qui brûlent
tourbillonnent au loin en vives étincelles. L'ennemi
dirige ses projectiles vers les foyers d'incendie pour
rendre tout secours et tout sauvetage impossibles. Ce
sont d'énormes brasiers au milieu desquels les bombes
et les obus font explosion. Détonations incessantes,

longues paraboles lumineuses dans le ciel noir, éclatement sinistre des incendies, une mer de feu[1]. »

Pendant plus d'un mois la fière cité combattit avec une prodigieuse résolution. Le 28 septembre, elle ne pouvait plus résister. Quarante-quatre pièces d'artillerie badoise et quatre-vingt-dix-sept prussiennes, canons rayés et mortiers, nuit et jour l'avaient mitraillée[2]. C'est ainsi que notre noble chère ville de Strasbourg fut annexée à l'Allemagne.

L'Alsace avait cruellement souffert de la guerre de Trente Ans, cette terrible guerre enfantée par la Réformation[3].

Par un décret de Louis XIV, des concessions de terrain avec des exemptions d'impôts pendant six ans furent accordées à tous les étrangers qui voulaient s'établir dans cette province. D'autres sages ordonnances, une régulière et paternelle administration améliorèrent graduellement sa situation, et, lorsqu'en 1675 les Impériaux essayèrent de l'envahir, Turenne les battait à Turckheim et Condé à Haguenau[4].

En 1748 et 1848 l'Alsace célébrait par des fêtes

---

1. Maurice Engelhard, *Souvenirs d'Alsace*, p. 275.
2. Gustave Fischbach, *le Siège de Strasbourg*, p. 165.
3. Ce que les historiens rapportent des résultats de cette guerre dans les divers États de l'Allemagne semble incroyable. Dans le duché de Wurtemberg, dit le colonel Mitchell, le nombre des habitants fut réduit d'un demi-million à 48 000 ; en Bohème, de 3 millions à 800 000 ; de 80 000 à 15 000 dans l'opulente cité d'Augsbourg. Dans la Hesse, 17 villes, 47 châteaux, 500 villages furent livrés aux flammes. Enfin, on calcule que cette guerre fit périr, en Allemagne, les deux tiers de la population et anéantit 30 000 villages. (*Life of Wallenstein*, p. 407.)
4. Ch. Grad, *Heimaths-Kunde*, p. 111.

solennelles l'anniversaire séculaire de sa réunion à la France.

De cette réunion datait pour elle une vie toute nouvelle et bientôt une prospérité toujours croissante.

On voit par le dernier recensement qu'en moins d'un siècle sa population était doublée. En 1784 elle avait 624000 habitants[1]; en 1866 elle en comptait 1 119 255[2], environ 129 par kilomètre carré. Sur le même espace de terrain on n'en compte en France que 70, et en Allemagne, 69.

Au développement de son agriculture et de son industrie elle joignait les éléments d'un autre progrès.

Longtemps dans cette province inféodée à l'Allemagne on n'avait guère connu d'autre langue que la langue allemande. Les prêtres et les savants y ajoutaient le latin.

En allemand ont été composées les premières œuvres littéraires de l'Alsace : le poème de *Tristan et Yseult*, par Gottfried, de Strasbourg[3]; *la Nef des fous*, par Sébastien Brandt[4]; le *Gargantua* de Jean Fischer[5]; plus tard, en allemand aussi, les fables de Pfeffel, l'ai-

1. Ch. Grad, *Heimaths-Kunde*, p. 20.

2. 850 000 catholiques, 250 000 protestants, 56 000 juifs.

3. L'un des meilleurs romans de la Table ronde, écrit vers 1207. Il a été reproduit dans la langue du dix-neuvième siècle par M. W. Herzl (Stuttgart, 1877).

4. *Das Narrenschif*, le Navire des fols. Tableau des vices et des folies du temps, en cent treize chapitres, publié à Bâle en 1494, traduit quelques années après en latin et dans la plupart des langue de l'Europe, réédité en 1858 par M. Strobel.

5. Un des écrivains les plus distingués du seizième siècle pour la souplesse et la clarté de son style. Il a composé un grand nombre de poésies, moins estimées que sa prose.

mable poète[1] ; la comédie strasbourgeoise d'Arnold, dont Gœthe a fait un grand éloge[2], et plusieurs œuvres d'érudition de M. Strobel.

Au commencement du dix-septième siècle la langue allemande était encore, en Alsace, la langue souveraine. Cependant les gens des hautes classes, les châtelains. les riches bourgeois, apprenaient à parler français. Dans la province germanique des rives du Rhin et de l'Ill, la route ainsi s'ouvrait à notre glorieuse langue, qui est devenue dans toute l'Europe la langue des salons, la langue diplomatique[3] ; la langue qui, à travers le monde, a été plus loin que le grec par les triomphes d'Alexandre ; plus loin que le latin par les campagnes de Pompée et de César ; plus loin que l'arabe et le turc par les conquêtes du Coran ; la langue universelle. L'Académie de Berlin a elle-même proclamé

---

1. Né à Colmar en 1736, mort en 1809. Dès l'âge de vingt et un ans il était aveugle. Le recueil de ses œuvres, en dix volumes, a paru de 1802 à 1810.

2. Né à Strasbourg en 1780, mort en 1829. Son amusante comédie *Der Pfingst-Montag*, écrite dans le dialecte strasbourgeois, a été en partie analysée, en partie traduite par M. A. Michiels et publiée à Paris en 1857, avec de charmants dessins de M. Th. Schuler.

3. En 1679 M. de Saint-Didier, qui accompagnait au congrès de Nimègue notre envoyé M. le comte d'Avaux, écrit : « C'est ici que l'on a vu les progrès de la langue française. Il n'y avait aucune maison d'ambassadeur où elle ne fût aussi familière que la langue maternelle. Bien plus, une preuve que l'on ne pouvait se dispenser de la savoir, c'est que les ambassadeurs anglais, allemands, danois et autres livraient leurs confidences en français. Les deux envoyés danois convinrent entre eux d'écrire dans cette langue leurs communes dépêches. Pendant presque tout le cours des négociations, les écrits étaient en français, parce que les étrangers aimaient mieux s'y exprimer que dans toute autre langue dont l'usage n'était pas si universel. »

cette universalité par les prix qu'elle décerna en 1784 à Rivarol et à Schwab[1].

Après l'alliance conclue par le traité de Westphalie, peu à peu, sans pression aucune, sans aucun acte d'autorité arbitraire, par un naturel effet d'attraction, la langue française pénétra au sein de la population alsacienne, à la ville et au village, dans la vie publique et dans la vie privée. Si elle ne remplaça point partout l'ancien dialecte du paysan, elle eut partout ses adhérents. Partout elle fut enseignée, écoutée, comprise, et de cette langue aimée les Alsaciens ont fait un bon usage. Ils ont dans leurs journaux, leurs revues, leurs discours, souvent proclamé, en un très correct français, leur affection pour la France. Ils ont acquis par leurs livres une très belle place dans la littérature française.

En français, M. de Golbéry a publié ses *Antiquités du Haut-Rhin*; M. Frédéric Piton, sa magnifique description de Strasbourg; M. Bacquol, son Dictionnaire topographique de l'Alsace ancienne et moderne[2]; M. Willm, son *Histoire de la philosophie allemande*; M. H. Schnitzler, plusieurs ouvrages sur la Russie.

M. le vicomte de Bussières, le loyal, le laborieux, le savant écrivain, a, dans l'espace de quelques années, publié en français son *Histoire de la guerre des paysans*, son *Histoire des anabaptistes* et sa *Vie de saint Vincent de Paul*; M. Coulmann, ses *Réminis-*

---

1. Voir le savant livre de M. de Lescure, *Rivarol et la Société française*, et la dissertation de M. Schwab avec l'introduction de M. Robelot (Paris, 1803).

2. Complété et réédité par M. Ristelhuber en 1865.

cences; M. Ernest Lehr, *l'Alsace noble et le Patriciat de Strasbourg;* M. Véron Réville, son intéressante *Histoire de la révolution dans le Haut-Rhin;* M. L. Spach, son *Recueil d'études,* cinq volumes remplis de biographies alsaciennes et de notices historiques, l'œuvre d'un esprit sagace et d'un écrivain consciencieux.

A l'Alsace nous devons encore les excellents écrits de M. G. Rothan, le sagace diplomate, le véridique historien: à l'Alsace, les enseignements de M. Würtz, l'illustre chimiste, les poésies de MM. Eschenauer, Fortin Judlin; les patriotiques souvenirs de M. Engelhard; les romans de MM. Erckmann et Chatrian.

Les Alsaciens s'honorent aussi et très justement d'inscrire parmi leurs illustrations littéraires les noms de plusieurs femmes : Mme la baronne d'Oberkirch, dont les mémoires ont eu un très notable succès; Mme Hommaire de Hell, qui a collaboré aux récits de voyages de son mari, et Mlle Clarisse Bader, qui a si bien étudié et si bien décrit la condition de la femme à diverses époques et en divers pays[1]. Les savants reconnaissent la science de Mlle Bader; les moralistes, ses saines idées; les écrivains, ses qualités de style. L'Académie l'a trois fois couronnée.

De tout temps les Alsaciennes se sont distinguées par leur courage et leurs talents. Au commencement du douzième siècle, l'empereur Henri V, étant en guerre avec le clergé, vint avec ses troupes camper devant

---

1. La femme grecque, la femme romaine, la femme dans l'Inde antique, la femme française dans les temps modernes.

Roufach, qui appartenait à l'évêché de Strasbourg. Le commandant du château étant soumis à l'envahisseur, la ville ne pouvait lui résister. Mais voilà qu'un dimanche de Pâques le brutal commandant enlève une jeune fille qui se rendait à l'église. La mère, au désespoir, appelle les hommes à son secours, et ils ne l'écoutent pas. Elle s'adresse alors aux femmes. Au nom de leurs enfants elle les conjure de lui venir en aide, elle les excite, elle les enflamme, et soudain les voilà qui, avec leurs ustensiles de ménage, des pelles, des pioches, des gaules, montent au château, surprennent la garde sans défense, tuent le coupable gouverneur, chassent la garnison. Cette étonnante victoire arrache les hommes à leur torpeur. Ils prennent les armes, s'avancent contre les Impériaux et les mettent en déroute. Henri, effrayé, s'enfuit jusqu'à Colmar, abandonnant sa couronne et son sceptre. Depuis cette époque, les femmes de Roufach ont la préséance dans toutes les cérémonies publiques. A l'église leurs bancs sont à la droite du maître autel.

En ce même temps, sur l'*Allitona*, les religieuses du cloître fondé par sainte Odile joignaient à leurs exercices de piété l'étude des lettres et des arts. L'abbesse Relindis, une parente de l'empereur Frédéric Ier, faisait des vers latins et enseignait cette langue à la communauté.

Une de ses élèves qui lui succéda dans ses fonctions de supérieure, Herrade de Landsperg, composa le célèbre livre intitulé *Hortus deliciarum* et en peignit les ornements.

Dans un rapport adressé au ministre de l'Instruction publique en 1838, M. Jubinal disait en parlant de cette œuvre d'art et de piété : « Les nombreuses miniatures de ce monument, qui représentent toute la vie extérieure de leur époque, sont de la plus haute importance pour l'histoire de la symbolique chrétienne, de la panoplie de l'architecture. Rapprochées de la tapisserie de Bayeux, elles éclaireraient plusieurs points encore obscurs de l'archéologie du moyen âge. »

Ce trésor du moyen âge était à la bibliothèque de Strasbourg. Il a péri en 1870 dans l'effroyable bombardement.

Et Sabine, la noble fille d'Erwin de Steinbach! elle a bien mérité par ses œuvres d'art que son nom fût inscrit à côté de celui de l'immortel architecte dans la cathédrale de Strasbourg. La légende le dit, et quel est l'homme assez malheureux pour ne pas croire à la vérité des légendes?

Une tradition populaire rapporte que chaque année, à minuit, à la fête de la Saint-Jean, tous ceux qui ont travaillé à la construction de cette merveilleuse cathédrale sortent de leur tombe et se réunissent autour de leur monument.

A leur tête apparaissent le vaillant Erwin, et son fils qui fut son fidèle auxiliaire, et Jean Halz qui construisit la flèche du dôme, et la belle Sabine, que l'imagination du peuple se plaît à idéaliser. Elle s'avance, la noble artiste, vêtue d'une longue robe blanche, tenant d'une main le marteau et de l'autre le ciseau avec lesquels elle a sculpté tant d'imposantes figures de l'Ancien et du Nouveau Testament : la figure symbolique de l'Église chrétienne, Salomon et les apôtres, et l'Assomption de la Vierge.

Tous les braves ouvriers s'inclinent avec respect devant elle. Tous se reconnaissent et se saluent avec affection. Tous vont visiter les diverses parties de l'édifice auquel ils ont travaillé avec ardeur. Ils entrent dans le sanctuaire, ils pénètrent dans les chapelles, ils gravissent l'escalier de la plate-forme et les tourelles qui la surmontent. Ils se rappellent avec une pieuse émotion le temps où ils taillaient ces pierres, où ils dressaient ces hautes colonnes, où ils arrondissaient ces arceaux, où ils découpaient le feuillage, les chapiteaux et sculptaient ces innombrables statues de saints, de martyrs, de patriarches. Les étoiles qui brillent au ciel, les feux allumés en l'honneur de la Saint-Jean les éclairent dans leur marche et illuminent leur monument. Ils se réjouissent d'avoir fait un si bel emploi de leur vie et de voir leur grande œuvre si bien conservée. Puis l'heure sonne où ils doivent rentrer dans le silence de leur sépulture. Ils se saluent de nouveau et se quittent en se disant : « A l'année prochaine, à la fête de la Saint-Jean ».

La plupart des livres que nous avons cités ont paru en 1870. Depuis cette année lamentable, l'Alsace, dans son assujettissement à la Prusse, n'a cessé de manifester par ses publications son attachement à la France et à la langue française.

Les héritiers d'une très aimée et très honorée maison, MM. Berger-Levrault, qui, après la guerre, ont transporté de Strasbourg à Nancy leur imprimerie et leur librairie, ajoutent chaque année quelques nouveaux livres à leur catalogue d'*Alsatica*. Ils se souviennent des généreux enseignements de leur père et ils ont fondé avec M. Seinguerlet une revue mensuelle pour défendre les intérêts de l'Alsace et de la Lorraine.

A Strasbourg, en 1880 la librairie Haguenau a commencé avec M. Le Roy de Sainte-Croix deux collections, qui, je l'espère, seront heureusement continuées. Dans la première nous trouvons deux intéressants ouvrages : *les Quatre cardinaux de Rohan, évêques de Strasbourg*, et *l'Alsace en fête;* dans la seconde, plusieurs jolis volumes : les *Anniversaires glorieux de l'Alsace*, *les Dames d'Alsace.*

A Colmar, à Mulhouse, M. Ch. Grad, l'aimable écrivain, l'éloquent orateur, le courageux représentant d'Alsace au *Reichstag*, a publié depuis quelques années plusieurs importantes notices. Il a écrit pour l'édification des Allemands son *Heimaths-Kunde*[1]. Il refait en français la description de son cher pays[2]. Elle sera lue avec empressement par ceux qui connaissent ses excellents ouvrages sur le Spitzberg, l'Australie et la Polynésie.

A Paris, M. Maisonneuve vient d'ajouter à sa collection de contes traditionnels[3] deux jolis volumes :

1. Un vol. in-8°, à la librairie de Mme Jung. Colmar, 1878.
2. Cette description est en cours de publication dans le *Tour du Monde :* voir les tomes XLVIII, XLIX et L.
3. Sébillot, *Littérature orale de la Haute-Bretagne;* Luzel, *Légendes chrétiennes de la Basse-Bretagne;* Maspero, *les Contes populaires de l'Egypte ancienne;* Bladé, *Poésies populaires de la Gascogne;* Lancereau, *Hitopadésa;* Sébillot, *Traductions et Superstitions de la Haute-Bretagne;* Fleury, *Littérature orale de la Basse-Normandie;*

les *Chansons populaires de l'Alsace*, par M. J.-B. Weckerlin, bibliothécaire du Conservatoire[1].

M. Weckerlin est né dans cette chère province. Il y retourne chaque année au temps des vacances, et il s'en va de village en village, interrogeant le laboureur et la fileuse, l'ouvrier et le soldat, tous ceux qui chantent ou qui chantonnent, tous ceux qui se rappellent une complainte ou un joyeux refrain. Avec les paroles il veut avoir la musique, et, grâce à son talent spécial, il réussit à la noter à mesure qu'il l'entend. C'est ainsi que, peu à peu, il a recueilli les vieilles chansons du peuple avec leurs vieilles mélodies.

Il y a là des noëls plus religieux et plus doucement imagés que les célèbres *Noels bourguignons* de La Monnoye, des chants de guerre où éclate un vigoureux sentiment de courage et de patriotisme, des chants d'amour, les uns lestes et caustiques ; d'autres candides et tendres, des chansons de berceau et de fileuse d'une simplicité charmante :

> Schlof, Kindele, schlof;
> Din Vædder hinet die schof.
>
> Dors, petit enfant, dors ;
> Ton père garde les moutons,
> Ta mère secoue les arbres.
> Il en tombe un petit songe.
> Dors, petit enfant, dors.

Sébillot, *Gargantua dans les traditions populaires;* Carnot, *Littérature orale de la Picardie;* Roland, *Rimes et jeux de l'enfance;* Vinson, *Littérature orale du pays basque;* Ortoli, *les Contes populaires de l'île de Corse.*

1. Deux volumes in-18. Paris, 1883.

> Dors, petit enfant, dors.
> Au ciel se promènent les moutons,
> Les étoiles sont les agneaux,
> La lune est le petit berger[1].
> Dors, petit enfant, dors.

Avec ces naïves paroles ont été bercés des savants, des artistes, peut-être ces généraux alsaciens qui ont si vaillamment combattu pour la France : Kellermann, Kléber, Rapp, l'héroïque défenseur de Danzig.

M. Weckerlin a traduit fidèlement toutes ces strophes et ces couplets, prévoyant bien pourtant qu'il ne serait pas satisfait de sa tâche.

Par ses nombreuses voyelles, par la douceur de ses diminutifs, le dialecte populaire d'Alsace a une euphonie particulière. Il ressemble à l'allemannique, auquel Hebel a fait par sa prose et ses vers un si grand renom. Si exacte, si habile que soit une traduction, elle ne peut reproduire le caractère naïf de cet idiome, ni son accent musical.

Mais M. Weckerlin ne s'est pas borné au travail de traduction. Il a joint à ses chansons des notes instructives et une introduction où il signale par ordre de date toutes les illustrations littéraires de l'Alsace, depuis saint Materne, le premier apôtre du pays, jusqu'à Schœppflin, son savant historien[2]; depuis sainte Odile, l'humble cénobite, jusqu'à Arnold, le joyeux écrivain.

L'Alsace a eu, comme l'Allemagne, ses chanteurs de

---

1. Le nom de la lune en allemand, *der Mond*, est masculin.
2. Son *Alsatia illustrata* a été traduite en 1849 par M. Ravenez.

l'amour et du souvenir, ses *Minnesinger*[1] et ses maîtres chanteurs. Plusieurs de ces poètes des douzième et treizième siècles ont été si distingués que M. Van der Hagen, avec l'ardeur de son patriotisme teutonique, les a fait entrer dans sa collection de *Minnesinger*[2], prétendant qu'ils étaient allemands.

L'un d'eux, Gottfried, de Strasbourg, est justement célèbre. Il accompagnait, comme Walther de Vogelweide, Frédéric Ier à la croisade. Il a composé un beau poème, comme Wolfram d'Eschenbach, un des héros des tournois de la Wartburg. Il a si bien décrit la grâce et la beauté d'Yseult, qu'il méritait d'être honoré comme Henri Frauenlob, dont les femmes de Mayence pleurèrent la mort et dont elles voulurent elles-mêmes porter le cercueil dans la cathédrale.

M. Weckerling a vraiment fait une bonne œuvre en publiant ses chants d'Alsace. Ainsi a fait, il y a quelques années, un noble lorrain, M. le comte de Puymaigre. Avec son religieux patriotisme, il a rassemblé les chansons de village dans le pays messin. Avec sa vaste érudition, il y a joint un trésor de notes, de citations et de comparaisons. En 1880 il a réimprimé ce curieux volume avec de nouvelles glanes et de nouvelles notes. Grâce à lui, nous avons en un beau recueil les poésies populaires de la Lorraine.

Alsace! Lorraine! Ces deux noms sont inséparables

1. Par une juste association d'idées, le mot *minne*, en suédois, signifie à la fois *amour* et *souvenir*.

2. *Minnesinger, Deutsche Liederdichter des 12, 13 und 14 Jahrhunderts*, 3 vol. in-4°. Leipzig, 1838.

dans notre souvenir : ces deux sœurs si braves et si fidèles qui nous ont été si cruellement enlevées !

Sous le sceptre étranger qui maintenant les gouverne, elles nous aiment, elles nous regrettent. L'œuvre fondée par M. le comte d'Haussonville à Paris, au Vésinet et en Algérie est un des témoignages de nos sollicitudes pour tout ce qui vient d'elles. Nous ne pouvons oublier le temps où elles vivaient de notre vie, et nous songeons avec douleur aux liens brisés.

Cette douleur ne sera-t-elle pas adoucie par une espérance?

VII

Nous ne savons pas la géographie. Les Allemands le disent, et en 1870, hélas! ils nous ont fait voir comme ils connaissaient la géographie de la France, jusqu'à la profondeur d'un ravin, jusqu'aux sinuosités d'un ruisseau, jusqu'aux contours d'une forêt.

Nous ne savons pas la géographie.

Je voudrais dire ce qu'il en est réellement de cette sentence répétée si souvent par nos doctes voisins.

Le fait est qu'un des meilleurs moyens pour acquérir de véritables notions géographiques est de voyager, et, pour voyager fructueusement, il faut connaître la langue du pays que l'on visite.

Longtemps, longtemps en France, on n'a point eu ces deux soucis.

Dans la bonne comme dans la mauvaise saison, à moins qu'ils n'y fussent obligés pour faire un pèlerinage, pour guerroyer en pays ennemi, ou pour accomplir quelque mission, nos bons aïeux ne cheminaient guère au delà de la frontière. Ils n'entendaient pas, comme le jeune Viking chanté par Geiier, la voix de la Sirène les appelant à la mer, à la mer (*till siœ, till siœ*). Ils n'éprouvaient pas, comme les habitants des contrées arides, le besoin de s'en aller au loin chercher un sol plus fructueux et un climat plus doux. Ils ne s'ennuyaient point à leurs foyers et n'avaient nulle envie d'errer en diverses régions, comme ces touristes que les Anglais appellent *globe trotters*.

Que, s'ils avaient la curiosité de voir des étrangers, c'était un désir facile à satisfaire. De tous côtés les étrangers affluaient en France et se plaisaient à y demeurer.

Zingerling, écrivain allemand du dix-huitième siècle, a employé trois ans à la parcourir, et il dit : « Paris est l'abrégé du monde entier. Les Français ont un caractère de feu; de là sans doute la vivacité de leur esprit, la rapidité de leurs résolutions, leur irascibilité et en même temps la promptitude avec laquelle leur colère s'apaise. Leur démarche est d'une élégance extrême. Tout plaît en eux, l'expression de leur physionomie, leurs gestes. Mais il est difficile de les imiter, et les étrangers tombent souvent dans le ridicule en s'efforçant d'y parvenir[1]. »

Ces étrangers, séduits par les agréments de la France, se plaisaient à parler français.

Elle date de loin la supériorité de notre langue et elle a été promptement acceptée par toutes les nations.

Dès les premiers temps de sa formation elle fut importée à Naples et en Sicile par les compagnons de Robert Guiscard; en Angleterre, par Guillaume le

---

1. *Voyage dans la vieille France*, par Jodocus Sincerus.

Conquérant; en Morée, dans l'île de Chypre, à Constantinople, par les armées de Godefroi de Bouillon, de Baudouin, de Philippe Auguste et de Richard Cœur de Lion. Elle est restée en Angleterre, à l'état de langue officielle, jusqu'à la fin du quatorzième siècle, et l'on ferait une longue liste des jurisconsultes et des poètes qui ont écrit en français sous le règne des successeurs de Guillaume[1].

Dans le livre des préceptes islandais, *Kungs-skuyg-sio* (le Miroir royal) il est dit : « Si tu veux acquérir une science complète, apprends les langues, surtout le latin et le français, qui sont les plus répandues; mais n'oublie pas ta langue maternelle[2] ».

Vers le milieu du treizième siècle, Brunetto Latini dit dans le prologue de son livre :

« Et si aucun demandoit pourquoy cest livres est escriz en romans, selon le langage des François, puisque nous sommes Italiens, je diroie que c'est pour deux raisons : l'une, parce que nous sommes en France; et l'autre, parce que la parleure est plus délitable et plus commune à toutes gens[3]. »

L'auteur d'une histoire de Venise, dont le manuscrit est à Florence, dit aussi qu'il a composé son ouvrage en français, parce que « cette langue cort parmi le monde et est plus délitable à lire et à oïr que nulle autre ».

En 1298 Marco Polo, prisonnier à Gênes, dicte la

---

1. Chabaille, *Introduction à l'œuvre de Brunetto Latini*, p. 9.
2. *Thviat thaer tungur ganga vidaz*, éd. de Soræ, 1768.
3. *Li Livres dou tresor*, p. 3. Paris, 1853.

relation de ses merveilleux voyages à son compagnon de captivité, Rusticien (de Pise), et cette relation est écrite en français. Une copie en fut faite pour M. de Cepoy, ambassadeur de France à Venise, qui la remit à Charles de Valois, père de Philippe VI. De là, toutes les traductions et publications de cette charmante œuvre.

Elle a été ainsi, notre chère langue, de royaume en royaume, de principauté en principauté, partout la bienvenue, partout s'implantant.

Par ses élégants tours de phrases elle est devenue la langue des salons; par ses formules courtoises, la langue diplomatique; par sa clarté, la langue des lettrés et des savants, le plus puissant instrument de vulgarisation. Henri Heine me disait un jour avec sa caustique bonhomie : « Quand on publie en Allemagne un livre de philosophie, j'attends pour le lire qu'il soit traduit en français ».

Au congrès d'Utrecht, toutes les négociations se faisaient en français, et là, en un fier langage français, le cardinal de Polignac répondit aux délégués des Provinces-Unies, qui prétendaient écarter de leur pays nos plénipotentiaires : « Nous traiterons de vous, chez vous, sans vous ».

Au temps où l'Académie de Berlin couronnait les discours de Rivarol et de Schwab sur l'universalité de la langue française, on se montrait généralement fort peu courtois envers la langue allemande. Un de nos compatriotes, ayant traversé le Rhin, fit cette ingénieuse observation : « Les Allemands parlent un étrange jargon;

mais ils se comprennent entre eux ». Un autre entreprend de leur donner cette bonne leçon : « Les Allemands, s'écrie-t-il, ont un singulier idiome. Par exemple, au lieu de *pain*, ils disent *brod*; pourquoi ne pas dire simplement : du pain? »

M. Albert Babeau, à qui nous devons déjà plusieurs excellents livres[1], nous a raconté récemment les impressions des principaux écrivains allemands, anglais, italiens et russes qui ont voyagé en France[2]. Presque tous se plaisent à faire l'éloge de nos villes, de nos campagnes, de nos monuments et de nos institutions. Quelques-uns parlent de notre pays avec une sorte d'enthousiasme.

Les Français n'ont point été attirés et séduits par les contrées étrangères.

Cependant Montaigne proclamait, au seizième siècle, l'utilité des voyages. « Le voyager, dit-il, me semble exercice profitable; l'âme y a une essentielle exercitation à remarquer des choses incogneues et nouvelles, et je ne sache point meilleure eschole à façonner la vie que de proposer incessamment la diversité de tant d'autres vies, fantaisies et usances, et lui faire gouster aussi perpétuelle variété des formes de notre nature[3]. »

En 1580 Montaigne s'est mis en route, à cheval, selon la coutume du temps, et avec un bon équipement,

---

1. *La Ville sous l'ancien régime; le Village sous l'ancien régime; la Vie rurale.*

2. *Des Voyageurs en France, depuis la Renaissance jusqu'à la Révolution.* Paris, 1885.

3. *Essais*, liv. III, chap. ix.

selon sa fortune. Il est accompagné d'un secrétaire, d'un valet de chambre, de deux laquais et d'un muletier. Il a été en Suisse, en Allemagne, en Italie. Mais sa relation de voyage n'est point attrayante et instructive comme ses *Essais*. Il s'arrête dans son récit à une multitude de détails minutieux et souvent fastidieux. Il note trop fréquemment, et parfois avec âpreté, des comptes d'auberge[1]. Il est, de plus, très occupé de sa santé et très soucieux de trouver, chemin faisant, des eaux salutaires. La vallée de l'Inn, dans le Tyrol, l'a charmé. Mais il a visité froidement Venise, Florence, Rome. En réalité, rien n'a pu, dans sa longue exploration, lui faire oublier Paris, la suprême capitale, qu'il a décrite avec une sorte de passion. « Elle a, dit-il, mon cœur dès mon enfance et m'en est advenu comme des choses excellentes. Plus j'ai vu depuis d'autres villes belles, plus la beauté de cette-cy peult et gaigne sur mon affection. Je l'aime pour elle-même et plus en son estre seul que rechargée de pompes étrangères. Je l'aime tendrement, jusqu'à ses verrues et à ses taches. »

Huet, le savant évêque d'Avranches, entraîné par son ami Bochard, a aussi voyagé. En l'an 1651 il a traversé la Hollande, l'Allemagne, la Suède. Mais ni l'admirable beauté de Stockholm, ni les gracieusetés de Christine, n'ont pu le retenir. Il est parti, « heureux, dit-il, de quitter ces Goths, ces Ostrogoths, ces Visigoths, et de retourner dans son pays natal ».

---

1. « Les voyages, dit-il, ne me blessent que par la dépense, qui est grande et oultre mes forces, ayant accoutumé d'y estre ovec équipage non nécessaire seulement, mais encore honnête. »

Voltaire a voyagé. Il a séjourné en Angleterre, et y a si bien appris l'anglais, qu'il a écrit dans cette langue son *Essai sur la poésie épique*. Il a séjourné en Allemagne et a essayé aussi d'apprendre l'allemand[1].

Après toutes ces excursions, un jour il s'écrie : « Voyagez, voyagez, et vous verrez si vous serez mieux nourris, mieux abreuvés, mieux logés, mieux habillés et mieux voiturés qu'en France ».

Mais les lettres de Mme de Villars et de Mme d'Aulnoy sur l'Espagne[2] ; les lettres du président de Brosses sur l'Italie! en quelle langue trouvera-t-on des récits plus spirituels, des descriptions plus lucides, des peintures de caractères, des scènes de mœurs plus vivantes et plus vraies?

D'autres voyageurs nous conduisent en pleine science géographique. C'est l'abbé La Caille, qui a été au cap de Bonne-Rspérance faire la carte des constellations de l'hémisphère austral ; qui, en même temps, recueille de curieuses notions sur les Hottentots, et revient par l'île de France et l'île Bourbon[3].

C'est La Condamine, qui a passé plusieurs années à Quito pour étudier la figure de la Terre et qui descend jusqu'à son embouchure le fleuve des Amazones, dont

---

1. J'ai vu à la bibliothèque de l'Université de Leipzig une lettre mélangée de mots allemands qu'il adressait à Mme Gottsched, passionnée comme son mari, le professeur Christophe Gottsched, pour la littérature française.

2. Le livre de Mme d'Aulnoy, publié en 1680, et souvent réimprimé. était devenu rare. En 1874 il en a paru à la librairie de M. Plon une nouvelle édition avec des notes intéressantes.

3. *Journal historique du voyage fait au cap de Bonne-Espérance.* Paris, 1763.

nul Européen n'avait encore reconnu l'immense étendue[1]. C'est l'abbé Outhier, du diocèse de Besançon, qui
va avec les professeurs Celsius, d'Upsal, et Maupertuis
faire sous le cercle polaire la même opération que La
Condamine sous l'équateur, et qui raconte d'une façon
agréable son voyage en Suède et en Laponie[2].

Nous ne savons pas la géographie : mais les premières bonnes cartes géographiques ont été faites par
Cassini, Picard, Delisle, d'Anville.

A la fin du dix-septième siècle, Picard corrigeait si
bien la carte de France, qu'il en retranchait un degré
et demi de longitude.

« Je vous félicite de votre savant travail, lui dit en
riant Louis XIV, mais vous m'enlevez une partie de
mon royaume. »

A la France appartient la révélation de la boussole,
inventée par les Chinois[3]. Dans toutes les boussoles de
toutes les nations maritimes, c'est la fleur de lis qui
indique la direction de l'aiguille aimantée.

« A la France, dit M. le major Butler, appartient la
gloire du Grand Ouest. »

Et le noble officier ajoute :

« Pauvre France! l'Ancien Monde et le Nouveau te
doivent beaucoup; mais, dans l'un et dans l'autre, tu
as bien payé les fautes de ton peuple[4]. »

---

1. *Relation abrégée du voyage fait dans l'intérieur de l'Amérique
méridionale*. Paris, 1745.

2. *Journal d'un voyage au Nord*. Paris, 1744.

3. *Lettre à M. le baron de Humboldt sur l'invention de la boussole*, par M. Klaproth. Paris, 1834.

4. *The wild North Land*, p. 91.

Oui, les rivières et les forêts, les plaines et les montagnes du Nord-Ouest américain ont été découvertes par nos colons. Au saut Sainte-Anne commençait leur aventureux voyage. Là ils entraient dans une chapelle pour invoquer la protection de sainte Anne, leur patronne[1]. Puis ils se remettaient en route, en chantant gaiement *la Canadienne*. Leurs vieilles chansons sont répétées par leurs descendants. On a conservé ainsi la plupart des noms de leurs anciennes stations. Plusieurs de ces noms indiquent les émotions avec lesquelles ces intrépides voyageurs pénétraient dans les solitudes sauvages de cette contrée aussi vaste que l'Europe.

Une de ces stations s'appelle *Providence*, une autre *Bon-Espoir*; ailleurs on arrive à *Entreprise, Résolution, Soulagement, Confiance*.

Là est maintenant une active confédération qui, d'année en année, s'agrandit et, avant un demi-siècle, formera un État colossal.

En bien d'autres pays la France peut se glorifier de ses découvertes et de sa bienfaisante action.

De notables érudits prétendent qu'au treizième siècle des négociants rochelois pénétraient par le Sénégal dans l'intérieur de l'Afrique[2].

Ce qui est sûr, c'est que dès l'an 1364 des marins dieppois fondaient des établissements sur la côte de Guinée.

---

1.   Faintly as tolls the evening chime,
    Our voices keep tune, and our oars keep time,
    Soon as the woods on shore look dim,
    We'll sing at S. Ann's our parting hymns.

2. Pierre Margry, *les Navigations françaises du quatorze au seizième siècle*, p. 17.

En 1335 les Normands atteignaient les Canaries, et en 1402 Jean de Béthencourt prenait possession de cet archipel[1].

Ainsi nos marins ont été sur le chemin du cap de Bonne-Espérance longtemps avant Vasco de Gama, et sur le chemin des Antilles longtemps avant Christophe Colomb.

Ils ont été aussi au Brésil avant les Portugais. Le capitaine Gonneville, parti de Honfleur en 1503, aborde au mois de janvier 1504 sur une des plages de ce vaste empire. A son retour il dit que depuis plusieurs années les Dieppois, les Malouins et autres Normands et Bretons vont là « querir des bois à teindre en rouge, guenons et perroquets et autres denrées[2] ».

Innombrables sont les livres sur l'Inde. Mais c'est Bernier qui, au dix-septième siècle, nous a donné les plus sûres, les plus curieuses notions sur l'empire du Grand Mogol. Nul Européen, avant lui, n'avait pénétré dans la vallée de Cachemir, cette idéale vallée que M. le baron de Hugel a visitée en 1840 avec tant de soin, et qu'il a décrite en deux beaux volumes.

Bernier gagna par son savoir la faveur d'un des premiers dignitaires de l'empire, qui était un homme instruit. Il fut, en sa qualité de médecin, attaché à la cour d'Aurengzeb, et il a raconté les voyages qu'il fit avec ce puissant souverain, un voyage hygiénique qui dur deux ans et demi. Mais de Delhi au delà des mon-

---

1. Gabriel Gravier, *les Normands sur la route des Indes,* p. 32.
2. D'Avezac, *Relation authentique du capitaine de Gonneville.* Paris, 1869.

tagnes de Cachemir il n'y avait ni chemin de fer ni grandes routes, et Aurengzeb ne s'en allait point respirer l'air salutaire du Pundjab comme nos souverains d'Europe s'en vont aux eaux d'Ems ou de Carlsbad, avec quelques aides de camp et quelques valets. Il emmenait avec lui 10 000 hommes d'infanterie, 35 000 hommes de cavalerie, 70 canons en bronze si gros, qu'il ne fallait pas moins d'une vingtaine de paires de bœufs pour en traîner un ; de plus, 50 petites pièces qui le précédaient dans ses haltes et, par une salve éclatante, annonçaient son entrée dans sa tente.

Le glorieux empereur se faisait porter sur les épaules de huit hommes dans une sorte de tabernacle doré qui se fermait avec des vitres. Quelques-unes de ses femmes étaient de même portées par des hommes, d'autres par des chameaux ou des éléphants. Une légion d'officiers, de valets devançait l'impérial cortège pour préparer le prochain campement, dresser les hautes tentes du souverain, celles de son harem et des hauts fonctionnaires.

Ainsi on allait d'étape en étape, à pas comptés, lentement : deux mois pour arriver à Lahore, à 120 lieues de Delhi, à peu près 2 lieues par jour. Dans un beau pays, c'est une agréable façon de voyager. Il y faudrait pourtant moins de cavaliers et de canons.

Bernier a aussi, l'un des premiers, signalé à l'admiration des voyageurs le Tadj Mahal, le tombeau que le schah Djahan fit élever à sa femme favorite Mumtaz, mère de la célèbre Nour Mahal, la lumière du harem, célébrée par Th. Moore dans son poème de *Lalla-Rookh*.

« De même, dit M. Élisée Reclus, que le mot de *Par-*

thénon fait surgir aussitôt devant l'esprit le type idéal du temple grec avec son péristyle, ses frises, ses métopes et les dieux sculptés sur le fronton, de même le nom du *Tadj Mahal* évoque l'idée du monument parfait de l'art persan avec ses hauts portails en ogive encadrés dans un rectangle d'arabesques, sa puissante coupole ouvragée, ses élégants minarets à galerie et à clochetons[1]. »

« C'est non seulement, dit un écrivain anglais, le plus beau, le plus noble mausolée qui existe à la surface du globe, mais probablement le plus parfait idéal de l'art. N'y aurait-il rien à voir dans l'Inde, le Tadj Mahal mériterait que, pour le contempler, on affrontât les fatigues et les dangers d'un long voyage[2]. »

Ce merveilleux monument fut construit par un architecte français, Austin, de Bordeaux, dit M. Frank ; Vincent Augustin, de Bordeaux, dit M. L. Dussieux dans son savant ouvrage : *les Artistes français à l'étranger*[3].

Vingt mille ouvriers furent, pendant vingt-deux ans, employés à ce travail. Augustin mourut avant d'avoir achevé sa magique construction, mais il avait un fils, qui y mit le dernier bloc de marbre.

Nos artistes français, peintres, sculpteurs, architectes, émailleurs, que de belles choses ils ont faites de tout côté et en lointain pays ! M. Dussieux compte leurs œuvres par centaines. Il en est deux bien différents l'un de l'autre et mémorables entre tous : sous le ciel d'Orient, le tombeau de la jeune Indienne ; sous le ciel du

1. *L'Inde et l'Indo-Chine*, p. 347.
2. Frank Vincent, *Through and through the Tropics*, p. 205.
3. Page 342.

Nord, la cathédrale d'Upsal, bâtie par Étienne de Bonneuil, qui s'intitulait modestement : *Tailleur de pierres*.

Les Anglais et les Allemands ont été, dans les derniers temps, fort occupés de l'Égypte, et nous aimons à rendre hommage aux travaux des Lepsius, des Bunsen, des Wilkinson, des Lune. Mais le plus bel ouvrage qui ait été publié sur cette contrée est celui de la Commission scientifique que Napoléon conduisit aux quarante siècles des Pyramides. C'est Champollion qui a découvert la langue des hiéroglyphes. C'est Mariette qui, par ses infatigables recherches, nous a donné les plus curieux enseignements sur les mœurs, le caractère, la vie de l'ancienne Égypte.

A l'Extrême-Orient nous retrouvons d'autres nobles souvenirs.

En une des phases les plus glorieuses du Portugal, au temps de Vasco de Gama, d'Alvarès Cabral, d'Albuquerque, les Portugais, maîtres de Malacca, devaient naturellement chercher à se mettre en rapport avec la Chine. En 1518 une escadre composée de neuf navires, commandée par Fernand d'Andrade, conduisait en Chine Thomas Perez, ambassadeur du roi Emmanuel.

Les mandarins de Canton reçurent fort civilement cette flottille étrangère, et l'ambassadeur fut conduit en grande cérémonie de Canton à Pékin, très bien traité dans le cours de son voyage et très bien accueilli dans la capitale du Céleste-Empire[1].

1. Lafiteau, *Histoire des découvertes des Portugais*, t. II. p. 312. — D'autres historiens disent que Perez n'alla pas au delà de Nankin, qu'il fut renvoyé à Canton, où il mourut misérablement.

Bientôt un autre commandant anéantit par ses rigueurs et sa mauvaise conduite les bons résultats de la mission de Pékin.

Les Portugais s'enorgueillissaient d'être les premiers entrés en Chine. Ils en furent bannis. Vers le même temps, les Français y arrivèrent, ils restèrent, et peu à peu y acquirent une importante situation[1].

Dans un village des montagnes du Doubs, au Russey, en face de l'église, s'élève la statue de Dominique Parrenin, un enfant de ce village qui entra dans l'ordre des Jésuites. Après avoir professé la rhétorique dans plusieurs de leurs collèges, il fut, en 1695, envoyé en Chine. Là régnait alors Kang-hi, que nos missionnaires ont comparé à Louis XIV.

Comme notre glorieux souverain, il occupa longtemps le trône, et il remporta d'éclatantes victoires. Comme lui aussi, il aimait les sciences, les lettres, les arts. De son règne datent plusieurs importants ouvrages, publiés en France par les Pères jésuites, dont il recherchait les leçons et dont il protégeait les travaux[2].

---

1. « Il me semble, dit M. P. Margry, qu'il y a lieu d'assigner entre la date de 1517 et de 1531 l'époque certaine de la venue de nos premiers navires en Chine, car les mémoires chronologiques de Dieppe rapportent que, cette dernière année, le sieur de Valois, par ordre du roi, vint s'embarquer dans ce port pour se rendre dans l'Empire Céleste, et qu'il y portait quatre canons de fonte, dont il fit présent de la part du roi au maître de ce grand État. Il fut bien reçu du prince, ajoute Desmarquet, et les vaisseaux en rapportèrent, en échange de leurs marchandises, des porcelaines, du thé et autres denrées. » (*Les Navigations françaises du quatorzième au seizième siècle*, p. 190.)

2. Il faut citer parmi ces ouvrages : la traduction d'une Histoire de la Chine en 12 vol. in-4° ; la Description géographique et historique de l'empire de la Chine, par le P. du Halde ; les Mémoires concernant

Parrenin apprit le chinois et le mandchou. Il attira par son savoir l'attention de Kang-hi et gagna sa confiance par l'habileté qu'il montra en diverses. négociations. Le crédit dont il jouissait, il l'employait à soutenir les intérêts des négociants européens, à protéger les chrétiens, qui, malgré la prédilection de l'empereur pour plusieurs missionnaires, étaient souvent encore fort maltraités.

La persécution apaisée sous le règne du studieux Kang-hi éclata en 1722 à l'avènement de Young-Tching, son successeur. Tous les disciples de l'Évangile furent rigoureusement poursuivis, les prêtres exilés et les églises catholiques détruites[1].

Parrenin fut excepté de la sentence cruelle. Il resta à Pékin, et plus d'un proscrit lui dut un efficace secours. Il vit encore le règne de Khian-long, qui avait comme son aïeul Kiang-hi le goût des lettres[2]. C'est lui que Voltaire appelait *charmant roi de la Chine,* sans songer, le bon Voltaire, que ce charmant roi protégeait ouvertement un jésuite[3].

l'histoire, les sciences, les arts, les mœurs des Chinois, par les missionnaires de Pékin, 16 vol. in-4°, dont la publication. commencée en 1770, n'a été terminée qu'en 1816. (Pauthier, *la Chine,* p. 44.)

1. Ce soulèvement contre les Jésuites arrêta, dit un écrivain anglais, les progrès de la Chine. Bientôt elle perdit ce qu'elle avait gagné par l'infatigable labeur de ces missionnaires. (*China,* p. 150.)

2. Il écrivit un volume d'histoire et vingt-quatre volumes de poésie. Il entreprit, dit M. Pauthier, de faire imprimer un choix de ce qu'il y avait de mieux dans la littérature chinoise. Ce choix devait former cent quatre-vingt mille volumes. Et nous plaignons nos candidats au baccalauréat que l'on interroge sur les diverses phases de notre littérature! Quel doit être en Chine l'examen des candidats au mandarinat?

3.   Reçois mes compliments, charmant roi de la Chine.
      Ton trône est donc placé sur la double colline?

Maintenant s'élève à Canton la plus belle église catholique qu'on ait jamais vue en Chine. Elle a été construite par un autre missionnaire franc-comtois, Mgr Guillemin de Vuillafans.

Ah! nos chers missionnaires! si pauvres et si grands, si souvent délaissés, méconnus, outragés, et si fermes dans leur foi! Qui pourrait dire le bien qu'ils font, les nobles œuvres qu'ils accomplissent! Ils sont en pays étrangers les plus dignes représentants, les meilleurs citoyens de la France. Ils font aimer la France par leur douceur. Ils la font bénir par leur bienfaisance. Ils la font admirer par leur désintéressement et leur héroïsme.

« Allez, dit le Christ à ses apôtres, allez et enseignez. Vous n'aurez ni or ni argent; vous n'aurez pas deux vêtements[1]. »

Ils vont ainsi au loin, nos prédicateurs catholiques. Ils n'ont ni or ni argent, et quelquefois à peine un vêtement, et, en même temps qu'ils enseignent, ils apprennent. A leur apostolat religieux ils joignent une tâche littéraire. Ils étudient la langue, les mœurs, les traditions des peuplades auxquelles ils vont prêcher l'Évangile, et ils nous transmettent le résultat de leurs recherches. Ils sont, parmi les tribus incultes ou sauvages, les pionniers de la civilisation, et ils ouvrent aux nations civilisées de nouveaux champs d'étude.

La collection publiée sous le nom de *Lettres édi-*

On sait dans l'Occident que, malgré mes travers,
J'ai toujours fort aimé les rois qui font des vers.
1. Saint Matthieu, chap. xi.

fiantes est certainement l'un des recueils de voyages
les plus variés et les plus instructifs.

Les savants étrangers doivent une bonne partie de
leur érudition aux mémoires de notre Institut, et une
bonne partie de leurs nouveaux points de vue à ces
beaux voyages qui, en nos temps de monarchie, étaient
organisés par le ministère de la Marine et le ministère
de l'Instruction publique, publiés par l'État à grands
frais et distribués généreusement aux principales biblio-
thèques de l'Europe.

Ainsi, depuis des siècles, par les récits de nos pèlerins et de nos missionnaires, de nos marins et de nos
naturalistes, par nos expéditions scientifiques, et, il faut
le dire aussi, par nos expéditions militaires, nous avons
répandu dans le monde les plus nombreuses, les plus
importantes notions de géographie.

Et nous ne savons pas la géographie! Je me rappelle
la visite que je faisais, il y a près d'un demi-siècle, à la
Real-Schule de Leipzig, les belles cartes que me montrait le directeur, M. Vogel. Chacune de ces cartes était
soigneusement copiée par les élèves, et chaque parcelle
en était strictement étudiée. Il m'était pénible alors de
songer que je ne trouverais rien de pareil dans nos écoles.

Enfin la France s'est mise en mouvement, et, quand
la France se meut, on peut croire qu'elle ira loin.

D'année en année, quels progrès nous avons faits!
Maintenant la géographie est sérieusement enseignée
dans toutes nos maisons d'éducation, et cet enseignement est soutenu, développé, propagé par les plus magnifiques publications.

L'une des joies les plus enviables en cette pauvre vie terrestre est de contempler et, ce qui vaut mieux encore, de posséder de beaux livres, fleurs de gai savoir, fleurs d'imagination ou d'érudition, botanique du cœur et de l'esprit. Il n'y a pas de soierie de Lyon plus douce à palper que les feuillets d'un bon papier vélin, et pas d'écrin plus agréable à voir qu'un beau livre imprimé avec des caractères neufs, revu et corrigé avec une minutieuse attention, mis en pages entre de beaux filets, tiré par un habile ouvrier avec la presse à bras, et parsemé de légers fleurons et de jolies gravures.

Heureux, trois fois heureux, celui qui peut avoir ces livres en grand papier ou en papier de Chine !

L'art typographique n'est plus le privilège exclusif d'une ville, d'une maison, d'un atelier, comme au temps des Alde, des Étienne, des Elzévir, des Plantin, des Froben, des Bodoni, des Baskerville. Cet art existe à présent partout, dans les petites comme dans les grandes capitales. M. Nordstædt, à Stockholm ; M. Hœst, à Copenhague ; M. Beaugrand, à Montréal ; M. Houghton, à Boston, produisent des œuvres dont s'honoreraient les principaux éditeurs de Paris, de Berlin, de Londres, de New-York, et l'établissement typographique de M. Perthes a donné une réelle célébrité à la petite ville de Gotha. Cependant on ne peut retrouver partout la même puissance, et, je le dis sans partialité aucune, sans aucun éblouissement de patriotisme, à présent la France surpasse par ses livres de voyages toutes les autres nations.

La *Géographie* de M. Reclus est une œuvre monumentale, une œuvre unique. *Le Tour du Monde* est par son texte, par ses gravures, le meilleur journal de voyages qui ait jamais paru, et je ne vois rien en Europe, rien en Amérique, à comparer aux splendides volumes in-quarto de la maison Hachette[1].

Cette maison et celle de M. E. Plon publient chacune une collection de nouveaux livres de voyages. Je voudrais en citer quelques-uns.

Voici d'abord *les Naufragés*, par M. E. Raynal[2], un livre de voyages et une autobiographie, un de ces volumes qu'on est heureux de louer. Dès les premières pages on est saisi par le sentiment de cœur avec lequel l'auteur raconte l'infortune de ses parents et le désir qu'il éprouve de leur venir en aide.

Pour ne plus leur imposer aucune dépense, à quatorze ans il s'embarque comme mousse sur un navire de Bordeaux, qui le transporte dans l'Inde; puis il revient en France, et de nouveau s'embarque pour une autre lointaine région. Il supporte bravement les fatigues de son état, et l'on voit se développer en lui les qualités du vrai marin. Mais, à Maurice, la charmante île qui a été à nous, qui se souvient qu'elle s'est appelée l'*île de France*, un riche propriétaire offre au

---

1. *Voyages d'exploration en Indo-Chine*, par M. J. Garnier; *les Andes*, par M. de Saint-Cricq; *Voyage dans l'Amérique du Sud*, par M. Crevaux; *l'Inde des rajahs*, par M. Rousselet; *les Bords de l'Adriatique*, par M. Yriarte; *De Paris à Samarcande*, par Mme de Ujfalvy-Bourdon; *la Syrie d'aujourd'hui*, par M. Lortet; *Voyage au Soudan français*, par le commandant Gallieni.

2. *Les Naufragés ou Vingt mois de séjour sur un récif des îles Auckland*. 1 vol. grand in-8°, illustré de 40 gravures.

jeune voyageur une place de régisseur dans sa plantation, et M. Raynal accepte, croyant arriver par là plus
tôt à la réalisation de son désir filial. La tâche qui lui
est imposée exige une surveillance assidue, un travail
constant du matin au soir. Il ne s'en plaint point. Il a
vingt ans. Il est fort et résolu. Voilà que tout à coup, au
milieu des sucreries de l'île Maurice, retentit la nouvelle
féerique de l'Australie, la découverte des mines d'or.
M. Raynal se laisse entraîner par l'espoir de trouver là,
en peu de temps, la fortune qu'il voudrait rapporter à
sa famille. Il part pour les *placers*. Il y est resté onze
années, et dans son rude et patient labeur n'a pu parvenir à ces prodigieux filons si pompeusement décrits par
les journaux.

De retour à Sydney il veut faire un autre essai. Un
de ses amis équipe un navire pour explorer l'île Campbell[1], « où l'on doit, dit-il, trouver une mine d'argent
et, en tout cas, une quantité de phoques, dont la peau
et l'huile ont, dans le commerce, une assez grande
valeur ».

M. Raynal s'embarque en qualité de lieutenant sur
une goélette de 80 tonneaux, le *Grafton*, avec un Américain, M. Musgrave, qui sera le chef de l'expédition;
un matelot anglais, un matelot norvégien et un Portugais, qui doit faire l'office de cuisinier. Cinq hommes,
cinq nations différentes. Mais ils parlaient tous anglais.

Dans l'île Campbell, point de mines et point de

---

1. Une petite île de douze lieues de circonférence au sud de la Nouvelle-Zélande.

phoques. La goélette vire de bord et retourne vers Sydney. Une tempête la saisit et la brise sur les écueils des Auckland. Les cinq hommes réussissent à se sauver, à l'aide d'une amarre que l'un d'eux, en s'élançant audacieusement à l'eau, va lier à un arbre sur la plage. Ils réussissent aussi à conserver leur chaloupe et à retirer du navire cloué dans les récifs 50 livres de farine, une caisse de biscuits, une boîte de thé et du café, quelques ustensiles de ménage, quelques vêtements, un fusil, un peu de poudre et divers outils.

Avec ces chétives provisions, voilà ces malheureux jetés sur un sol aride, désert, loin de toute habitation, loin de la route des navires. La tempête n'est pas finie, le vent est froid, la pluie tombe à flots. Avec une voile et quelques cordages ils élèvent à la hâte une tente, se réfugient sous ce toit mobile et grelottent sous leurs habits trempés par l'eau de mer. S'ils pouvaient avoir du feu! Mais comment? Tout à coup l'Anglais pousse un cri de joie : en fouillant dans sa poche, il a trouvé une boîte d'allumettes. Pourvu qu'elles ne soient pas détériorées par l'humidité! Ses camarades réunissent des feuilles sèches, des brindilles et se rangent en cercle autour de leur petit bûcher pour le garantir du vent. Harris se prépare à frotter une allumette. Tous les regards sont fixés sur lui. Quelle attente solennelle! Ce chétif brin de bois, c'est le soulagement ou le désespoir, la vie ou la mort! Au quatrième frottement enfin la flamme jaillit; le feu est allumé, et désormais il ne s'éteindra plus. On le gardera jour et nuit, comme le feu de Vesta.

Près de là est un cours d'eau fraîche. On y emplit une bouilloire, et, devant ce généreux brasier, en réchauffant leurs membres engourdis, les pauvres naufragés savourent avec délices une infusion de thé. Puis ils s'en vont à la recherche d'un caveau, d'une grotte, où ils puissent s'abriter. Car ils resteront peut-être longtemps sans secours dans leur fatale solitude, et leur toile vacillante ne les protégera pas contre le rigoureux climat de cette terre australe.

A plusieurs reprises ils errent de côté et d'autre et ne découvrent rien de ce qu'ils désirent trouver : pas un gîte, pas un vestige humain; pas une plante nutritive, ni un arbre fruitier, ni quelque animal qui tente les chasseurs.

Dans cette île qui, au 50ᵉ degré de latitude australe, est aussi brumeuse et aussi froide que les terres boréales au 70ᵉ, il n'y a que des tiges de bois de fer, courbées, tordues par les vents; quelques maigres oiseaux et des troupeaux d'amphibies, des espèces de phoques qu'on appelle des *lions de mer*. Ils ont sur le col et sur le dos, comme les lions d'Afrique, d'épaisses crinières qui se hérissent dans leurs combats et leur colère. Leur chair est rance, huileuse, nauséabonde. Les naufragés n'auront pourtant point d'autre nourriture, car le sac de farine qu'ils ont sauvé, ils doivent le garder pour les cas de maladie. Ils vivront quotidiennement de phoques, comme les Groenlandais, trop heureux encore si cet affreux gibier ne leur échappe pas.

Et ils se résignent, les braves marins, et avec des

branches de bois de fer, des planches et des poutres du *Grafton* ils bâtissent une cabane. Ils la calfeutrent et la recouvrent de faisceaux d'herbes. M. Raynal fait de la chaux avec des coquillages calcinés et construit une cheminée. Avec deux vitres d'une cabine de la goélette il fait une fenêtre. Avec des caisses tirées des flancs du navire il façonne une table et des lits. Avec des cendres et de l'huile de phoque il fabrique du savon. Il parvient à tanner les peaux de lion : il en fait des vêtements et des chaussures.

La maisonnette ainsi organisée, il s'agit d'y faire vivre en paix cinq hommes de cinq nations différentes, dans les ennuis des jours d'orage, dans les privations et les souffrances, qui, souvent, dénaturent les meilleurs caractères.

M. Raynal propose une constitution, non pas le régime républicain, ni le régime parlementaire, qui n'enfantent que des dissidences, des centres droits, des centres gauches, des haines et des révoltes ; mais le gouvernement des sociétés primitives, le gouvernement patriarcal, le gouvernement du chef de famille.

La proposition est admise. M. Musgrave, à l'unanimité, est investi du pouvoir absolu et, à ce titre, dispensé du service de la cuisine. Pour donner le bon exemple, M. Raynal se met le premier à l'humble besogne. Il nettoie la cabane ; il dépèce, pour le faire rôtir, le quartier de phoque ; il lave la vaisselle. Ah ! la précieuse vaisselle, en simple faïence. Aucune rarissime porcelaine de Meissen ou de Sèvres n'a été gardée avec autant de soin. Cinq assiettes pour cinq hommes ! Si l'on venait à casser une de ces assiettes, quel embarras! Quelle perte irréparable! On s'en est servi chaque jour pendant vingt mois et l'on n'a rien brisé.

Pour les longues heures de loisir en hiver et dans les mauvais temps, M. Raynal cherche une occupation, et, après y avoir bien songé, rédige un programme d'études, qui, dans un conseil universitaire, aurait produit de longues dissertations, et qui, dans la petite communauté, est immédiatement adopté.

On a tiré du navire un volume du *Paradis perdu* de Milton et une Bible. De ces deux livres, chaque dimanche, le capitaine lira à haute voix quelques pages.

Le Norvégien et le Portugais n'ayant point été à l'école, il est convenu qu'on leur donnera des leçons de lecture et d'écriture. En revanche, le Norvégien enseignera à ses compagnons son idiome, et M. Raynal enseignera le français.

La langue des scaldes et la langue des trouvères, professée sur les rocs sauvages des Auckland, c'est un fait qui mérite d'être noté dans l'histoire de la philologie.

A l'occupation sérieuse M. Raynal veut joindre la distraction. Avec des lambeaux de journaux, qu'il découpe et qu'il revêt d'une colle de farine, il fabrique un jeu de cartes; avec quelques planchettes, un damier.

Malgré toutes ces ingénieuses combinaisons, les pauvres gens souffrent. Ils souffrent des jours sombres, des longues nuits, de leur régime alimentaire, parfois de leur disette. Ils souffrent de leur captivité sur cette terre désolée. Ils souffrent en songeant à leurs amis, à leur famille, à leur pays natal, leur paradis perdu.

A la cime d'une colline ils ont arboré un étendard, espérant que ce signal serait vu de quelque navire et attirerait vers eux des marins compatissants.

Mais les semaines, les mois s'écoulent, et nulle voile n'apparaît à l'horizon, et ils n'osent plus attendre aucun secours.

Dans ce mortel abandon, M. Raynal forme un hardi projet : il veut construire un bateau pour sortir de cette île et atteindre la côte de la Nouvelle-Zélande. Après avoir silencieusement couvé son idée en ses rêves solitaires, il la communique à ses compagnons, et, bien qu'elle leur semble difficile à réaliser, ils l'acceptent avec enthousiasme et veulent immédiatement se mettre à l'œuvre. Ils coupent des arbres; ils vont au navire arracher des boulons, des chevilles, des plaques de cuivre. M. Raynal façonne ses outils, organise un atelier de charpenterie et une forge.

Après un long et vigoureux travail, il est forcé de reconnaître qu'il n'a point les matériaux ni les ustensiles nécessaires pour accomplir son entreprise telle qu'il l'avait conçue. Mais il peut consolider, agrandir la chaloupe de façon à pouvoir la mettre à la voile en mer, et ce dernier projet sera exécuté en quelques mois.

La frêle embarcation est exhaussée, bordée, pontée, calfeutrée. On y plante deux mâts. On y place la boussole du *Grafton*, et la voilà prête à fendre les flots.

Un matin, par une bonne brise, M. Raynal, le capitaine Musgrave, le matelot norvégien, s'embarquent avec une provision de chair de phoque. L'Anglais et le Portugais, n'ayant point envie de naviguer sur cette coquille de noix, restent à terre, affligés de l'aggravation de leur isolement, mais convaincus que leurs braves compagnons ne les oublieront pas et viendront les chercher avec un bâtiment plus large et plus solide.

Les braves compagnons ont bien failli ne tenir aucune de leurs promesses, ne revoir aucun rivage.

Ils ont été assaillis par une tempête dans laquelle à chaque minute ils croyaient périr. Enfin ils sont arrivés, épuisés, mourant de fatigue, dans l'un des îlots de la Nouvelle-Zélande.

Là ils sont reçus avec une sympathique émotion, conduits dans de bonnes demeures, ravivés par toutes sortes de délicates attentions.

Ils racontent leurs aventures, et une souscription est aussitôt organisée pour équiper un bâtiment qui ira chercher leurs camarades dans le désert des Auckland.

Ainsi ont été sauvés les cinq honnêtes naufragés.

Mais plus d'un grave lecteur dira peut-être : Tout cela est un roman, une nouvelle imitation de Daniel de Foé. Nous avons eu le jeune Robinson, le Robinson suisse, le Robinson des glaces : voici maintenant le Robinson de l'hémisphère austral.

Non, non, cher lecteur, ce récit n'est point un roman : c'est une réelle et véridique histoire, dont l'exactitude est de point en point attestée par le capitaine Musgrave, par le journal qu'il a publié peu de temps après sa délivrance[1].

Le héros de cette histoire, M. Raynal, est rentré dans son pays et il a trouvé son port. Le port de ce vaillant voya-

1. *Castaway on the Auckland isles from the private journal of captain Th. Musgrave.* 1 vol. Londres, 1866.

geur, qui, dès l'âge de quatorze ans, errait sur les mers, qui a été aux Indes, aux Antilles, en Australie, est un modeste emploi dans un des bureaux de la ville de Paris.

Il y a dans des conditions difficiles des vocations de voyages irrésistibles. Telle a été celle de Holberg, le poète danois, qui, dans sa jeunesse, gagnait en donnant des leçons ce qu'il lui fallait pour visiter la Hollande, la France et l'Italie. Telle était celle de Goldsmith, le charmant écrivain, qui souvent a payé l'hospitalité qu'on lui accordait, en faisant danser aux sons de sa flûte les jeunes filles du village. Telle a été celle de Caillé, qui réunissait, denier par denier, le salaire de son travail pour aller à la découverte de Tombouctou. Celle de Rochet d'Héricourt, un simple artisan d'une petite ville de Franche-Comté, qui a pénétré dans les régions les moins connues des rives de la mer Rouge, dans le pays des Adels et le royaume de Choa. Telle a été celle de Mouhot de Montbéliard, le patient, le savant, l'intrépide naturaliste à qui nous devons un admirable ouvrage sur le Cambodge. Telle a été la vocation de Mme Ida Pfeiffer, la brave Autrichienne qui, à quarante-sept ans, étant veuve, ses enfants établis, part pour l'Égypte et la Palestine, puis la Suède, la Norvège, l'Islande, rentre dans sa bonne maison de Vienne et repart pour faire le tour du monde. Telle a été la vocation de M. le capitaine Cochrane, qui a traversé à pied toute l'Europe, toute la Sibérie et la Tartarie jusqu'au Kamtschatka[1].

---

1. *Narrative of a pedestrian journey through Russia and Siberia, Tartary from the frontiers of China to the frozen sea and Kamtschatka.* 2 vol. in-8°. Londres, 1825.

Telle est la vocation de M. Cotteau, employé, comme M. Raynal, dans l'administration de la ville de Paris. Pour récompense de ses bons services, M. Cotteau ne demande à ses chefs que des congés, et ces congés, qu'on ne peut plus lui refuser, il les emploie à faire de curieux voyages. Grâce à la rapidité des nouveaux moyens de communication, en quelques mois il peut aller très loin. Il a été dans l'Amérique du Nord et l'Amérique du Sud, dans les capitales de l'Inde et dans l'île de Ceylan. Il a traversé la Sibérie jusqu'à l'embouchure du fleuve Amour, et là il s'est embarqué pour le Japon. Du Japon il a été en Chine et il est revenu par Saïgon. Maintenant le voilà de nouveau en route. Il apprendra à Batavia ou à Nouka-Hiva qu'au mois de novembre dernier l'Académie française lui a décerné un prix pour son livre sur l'Orient.

Sterne, en parlant des diverses classes de voyageurs, en a fait une nomenclature humoristique, mais incomplète. Il cite le voyageur paresseux, le voyageur splénitique, le voyageur curieux, le voyageur orgueilleux, le voyageur menteur, sans doute selon l'ancien proverbe : A beau mentir qui vient de loin. Il oublie l'humble voyageur courtois, sans prétention, facile à vivre et tout simplement désireux de s'instruire. Celui-là est dans les meilleures conditions pour aller de par le monde, agréablement et fructueusement. Il plaît par sa politesse, il intéresse par sa modestie. On aime à le recevoir, à lui tendre la main, à lui donner d'utiles indications. La bienveillance enfante la bienveillance, et dans l'appréciation des hommes et des choses la bienveillance

est souvent plus près de la vérité que le rigide examen.
« Plus sage que l'orgueilleux, dit Goldsmith, est celui
dont l'esprit sympathique se réjouit de tout ce qu'il y a
de bon dans l'humanité[1]. »

Ainsi va M. Cotteau dans les pays étrangers, parmi
des peuples dont il ne connaît pas la langue. Il ne songe
point à contrôler le travail des savants qui ont été là
avant lui, ni à faire une œuvre d'érudition, ni ce que
l'on est convenu d'appeler une œuvre de grand style.
Mais il veut voir tout ce qui mérite d'être vu, scènes de
la nature, scènes de la vie humaine. Il observe attentivement la physionomie, les habitudes, les mœurs des
diverses populations au milieu desquelles il séjourne,
et raconte candidement ses impressions. Chemin faisant,
il interroge tous ceux qui peuvent lui donner quelque
utile notion, et, pour mieux s'éclairer, ne craint pas
d'avouer son ignorance. A son bon vouloir on répond
avec un même bon vouloir. De jour en jour il recueille
ainsi de vrais renseignements.

Ses livres attirent le lecteur par la variété de tableaux
et d'incidents qu'ils lui présentent. Ils l'attachent par
leur accent de vérité. Ils sont à la fois agréables et
instructifs. On se plaît à les lire et on les relira.

On relira non seulement ses voyages en Sibérie et en
Chine, mais ses premiers essais, ses deux volumes sur
l'Amérique.

Depuis plus d'un siècle, la France a publié sur

---

1. And wiser he whose sympathetic mind
    Exults in all the good of all mankind.

l'Amérique, et principalement sur les États-Unis, les livres les plus intéressants, d'abord les judicieuses observations de M. le marquis de Chastellux[1], puis les poétiques pages de Chateaubriand, puis l'excellente narration de La Rochefoucauld-Liancourt[2] et les études scientifiques de Volney[3].

En 1797, au premier essor de la Confédération, M. de La Rochefoucauld disait : « Les États-Unis sont peut-être la partie du monde qu'il est le plus difficile de faire connaître à ceux qui n'y voyagent pas eux-mêmes. C'est un pays tout en croissance. Ce qui est vrai pour sa population, ses établissements, son commerce, ne l'était pas il y a six mois et ne le sera plus six mois plus tard. »

En 1833, M. Michel Chevalier visitait ce pays avec son savoir d'ingénieur et il en décrivait avec une verve juvénile les étonnants progrès[4].

A la même époque, M. de Tocqueville, sous l'empire d'une utopie, avec une honnête intention, composait son célèbre ouvrage sur la démocratie en Amérique[5].

En admirant la fortune matérielle de la république de Washington, il l'attribua aux influences de la multitude. « Il crut ainsi, dit M. Le Play, pouvoir ériger en dogme la supériorité du nombre en matière de gouvernement, et depuis la publication du *Contrat social*

---

1. *Voyages dans les Etats-Unis en 1781 et en 1782.* 2 vol. in-8°.
2. *Voyages dans les Etats-Unis en 1795, 1796, 1797.* 8 vol. in-8°.
3. *Tableau du climat et du sol des Etats-Unis.* 1 vol. in-8°, 1803.
4. *Lettres sur l'Amérique.* 2 vol. in-8°, 1835.
5. 4 vol. in-8°, 1835 et 1837.

son livre est celui qui a exercé la plus funeste influence sur nos destinées[1]. »

Si M. de Tocqueville, le loyal gentilhomme, vivait encore, il déplorerait certainement son erreur, et si M. Michel Chevalier pouvait revoir les États-Unis, que dirait-il, lui qui était, il y a cinquante ans, si étonné du développement de leur commerce et de leur industrie?

Il y a cinquante ans, on ne comptait dans toute la Confédération que 12 800 000 âmes. Les villes étaient peu nombreuses et relativement peu importantes. Boston n'avait que 80 000 habitants, Baltimore 92 000, la Nouvelle-Orléans 69 000, Philadelphie 160 000, New-York 200 000. Chicago, Cincinnati, Saint-Louis n'étaient que des bourgades inconnues. L'émigration européenne commençait à peine et n'avait pu altérer la pureté du sang anglo-saxon. En 1825 Boston était encore entièrement peuplée par les descendants des puritains, et l'on pouvait dire qu'elle était plus anglaise qu'aucune ville de la mère patrie. En 1875 New-York, avec ses faubourgs, Brooklyn et Jersey-City, forme une agglomération de 2 millions d'âmes. Boston, Baltimore, la Nouvelle-Orléans, comptent chacune de 200 000 à 280 000 habitants; Cincinnati en a 300 000, Chicago 500 000, Saint-Louis 800 000. Les villes de 50 000 à 200 000 se sont multipliées dans la même proportion[2].

M. Simonin est l'un des hommes qui connaissent le

1. *Lettre à M. Claudio Jannet*, p. 16 et 17.
2. Claudio Jannet, *les États-Unis contemporains*, p. 2.

mieux l'Amérique. Il y a fait six voyages. Il a parcouru les États-Unis dans toute leur étendue, des rives de l'Hudson aux rives du Sacramento, des palais de New-York aux campements des Peaux-Rouges.

Par ses études spéciales il est particulièrement apte à juger certains travaux et certaines industries qui, dans ces derniers temps, ont fort occupé les États-Unis. Il a assisté à la construction du chemin de fer du Pacifique et à l'exposition de Philadelphie; il a attentivement étudié l'exploitation des mines d'argent, de fer, de pétrole dans les diverses régions des États-Unis, et l'extension des appareils électriques dans toutes les villes, sur toutes les routes.

Il a ainsi, à chaque pas, constaté une activité, une puissance d'invention vraiment prodigieuses. Sa description de New-York, de son port, de ses rues, de ses fortunes commerciales, est éblouissante[1].

Dans un livre spirituel parsemé d'ingénieuses remarques et de fines épigrammes, M. Toutain reconnaît aussi la grandeur de l'Empire-City[2].

Mais le ver qui est entré dans le fruit d'une si belle apparence, la tache de sang, la corruption, ces deux plaies corrosives de la république américaine, on ne peut les oublier.

La tache de sang, la tache indélébile de la guerre de Sécession, ah! comme elle a retenti parmi nous, cette horrible guerre qui, par le fer, le feu, a ravagé, dévasté,

1. *Le Monde américain*, 1 vol. in-12, couronné par l'Académie française.

2. *Un Français en Amérique*, 1 vol. in-12, 1876.

ruiné les rives méridionales du Mississipi, découvertes par nous, colonisées par nous, la Louisiane, Pontchartrain, Maurepas, la Nouvelle-Orléans, les campagnes, les cités des Lasalle, des Iberville, des Bienville, ces héros de la France!

La passion du dollar, l'ambition, l'orgueil ont poussé les États du Nord à cette guerre, qui n'est pas finie. Elle a semé, dans les régions du Sud, des haines et des désirs de vengeance inextinguibles.

Un jour, ces haines éclateront. La lutte recommencera, et tôt ou tard produira la rupture de l'Union.

La passion du dollar sans cesse s'accroît.

« Combien vaut cet homme? » demande le Yankee, c'est-à-dire : quelle est sa valeur monétaire? Quant à sa valeur intellectuelle ou morale, c'est chose secondaire. *Virtus post nummos.*

Dans la célébration d'une fête nationale, le révérend prédicateur d'une secte protestante monte sur une estrade et, d'une voix onctueuse, prononce cette prière : « Bénissez, ô mon Dieu! les récoltes sur pied et celles qui sont en terre; que la pluie soit abondante, sans qu'il y ait d'inondations; faites multiplier les troupeaux; que celles de nos mines qui sont exploitées continuent à donner des dividendes de plus en plus considérables, et faites-nous découvrir de nouveaux gisements. Amen[1]. »

« *My boy*, dit le Yankee à son fils, gagne de l'argent, honnêtement si c'est possible, mais gagne de l'argent. »

1. Le baron de Mandat-Grancey, *Dans les montagnes Rocheuses*, p. 166.

Per fas et nefas, gagner de l'argent, voilà, selon les Américains, la loi, le devoir, la mission de l'homme en ce monde.

O vous! ô vous! chercheurs d'une invention nouvelle, artistes, savants, sans cesse occupés d'une œuvre qui sera peut-être très utile et très admirée, mais très peu payée;

O vous! humbles Frères des écoles chrétiennes, qui, pour un minime salaire, donnez tant de leçons à tant de pauvres enfants;

O vous! fervents missionnaires, qui vous exposez à souffrir la faim, le froid, toutes les rigueurs de la pauvreté, pour vous en aller de par le monde prêcher l'Évangile à des peuplades sauvages : quelle erreur est la vôtre! *Time is money.* Vous oubliez cette belle sentence. Vous ne gagnez pas d'argent : vous manquez à votre devoir.

De cette ardeur pécuniaire provient en grande partie la corruption, dont les braves gens inutilement gémissent.

A l'époque où je visitais les États-Unis, un écrivain anonyme publiait, par livraisons, un roman intitulé : *Les Mystères de New-York*. On le lisait avec avidité, et j'entendais dire que les scènes effroyables qui y sont dépeintes n'étaient point exagérées.

Les Classes dangereuses de New-York[1], tel est le titre d'un ouvrage sérieux publié avec une charitable intention par M. Bruce. Ces classes dangereuses, qui

---

1. *The dangerous Classes of New-York* 1 vol. in-8º, 1872.

affligent la philanthropie de M. Bruce, ce sont les êtres délaissés, sans éducation, sans travail, les garçons et les filles errant dans les rues. Mais, à en juger par certains faits récents, il y a dans les rangs de la haute société d'autres êtres assez dangereux.

Un jour, après de vives discussions, le Congrès accorde une subvention considérable à une compagnie qui fera le service postal entre l'Amérique et l'Asie. Plusieurs membres de cette auguste assemblée et plusieurs journalistes étaient opposés à cette décision. Pour vaincre leur résistance, pour leur faire voir la justice de sa cause, l'agent de la compagnie a dû employer les palpables arguments. On calcule que, dans cette délicate plaidoirie, il a dépensé 750 000 dollars (5 750 000 francs).

On construit un tribunal à New-York. Le devis était de 125 000 dollars. La dépense s'élève à 8 millions. Le maire et plusieurs membres du conseil sont accusés de vol. Les innocents magistrats! ils montrent les factures, qu'ils ont scrupuleusement vérifiées et soldées. Aux scrutateurs difficiles ces factures paraîtront peut-être un peu longues. Mais, pour meubler convenablement le tribunal de New-York, que ne doit-on pas faire? et les honnêtes fournisseurs, d'accord avec les vénérables inculpés, ne comptent que trente-six canapés, trente-six mille chaises et des tapis d'une étendue de 5000 lieues carrées. Les trente-six canapés ne coûtent que 600 000 francs, le reste à l'avenant.

Dans une œuvre d'une haute portée, M. Claudio Jannet signale la décadence morale des États-Unis. Il en dit parfaitement les causes, et il pense que, si ces États peuvent se relever, ce sera par la propagation et la puissance du catholicisme[1].

Que Dieu le veuille!

Il y a des Américains qui pensent à un autre remède. L'un d'eux dit à M. de Grancey :

« Cela ne peut pas durer longtemps. Les acquittements ne sont plus qu'une question d'argent. Dans les campagnes, la sécurité est garantie encore, tant bien que mal, par la bonne habitude qu'ont prise les habitants de se faire justice eux-mêmes au moyen de la loi de Lynch; mais cela n'atteint guère que les voleurs de grand chemin. Avec un peu d'argent, les autres sont sûrs de l'impunité; si cela continue, il faudra bientôt nous mettre en monarchie.

— Vous voulez plaisanter, lui dis-je; parler monarchie en Amérique, c'est presque une hérésie; s'il y a au monde un peuple républicain de traditions, d'usages et d'instincts, c'est bien le vôtre.

— Mais non du tout, je ne plaisante pas; et ce que vous dites est vrai : nous sommes tout cela, mais nous sommes, avant tout, un peuple pratique. Nous ne nous payons pas de phrases, et soyez sûr que, le jour où il nous sera prouvé que république et sécurité sont devenues incompatibles, ce ne sera pas la sécurité que nous sacrifierons. Seulement, ajouta-t-il en riant, s'il nous faut un roi, je ne sais pas trop où nous pourrons le trouver. Il faudra nous adresser à l'industrie étran-

---

1. *Les États-Unis contemporains.* 1 vol. Paris, 1876.

gère, car, sous ce rapport, la production locale est nulle.

« *We have not got the home made article*[1]. »

M. de Grancey, qui relate cet entretien, a fait un curieux voyage dans le Far-West américain, du côté des montagnes Rocheuses, au delà des dernières stations du chemin de fer, à travers des champs où il n'y a pas de chemins, à travers des rivières où il n'y a pas de ponts, dans des villes qui se composent d'une douzaine de maisons en bois. Ce modeste groupe de constructions primitives suffit à tous les besoins.

On trouve là une banque, une compagnie d'assurance, un tribunal, deux journaux, quatre hôtels, plusieurs *bar room*, et 300 ou 400 habitants à peu près, tous titrés. C'est une des joies des Américains, ces fervents démocrates. A défaut de titres aristocratiques, ils se décernent des titres militaires à qui mieux mieux, sans jamais avoir porté le moindre uniforme.

« Quelles campagnes avez-vous faites? demande M. de Grancey à l'un d'eux.

— Aucune, répond le bonhomme. Mais un de mes frères avait une figure si martiale, qu'on lui donna le titre de général, et moi, étant son cadet, j'ai naturellement pris celui de colonel. »

Non loin de là, on cite d'autres villes qui portent un grand nom historique et qui n'existent pas encore. Mais d'ingénieux spéculateurs vous en montrent, sur des cartes éclatantes, les rues, les squares, les majestueux

---

1. *Dans les montagnes Rocheuses*, 1 vol., 1884, p. 159.

édifices, et sont prêts à vous louer, à vous vendre tout ce qui vous plaira de ces futures constructions dans tel ou tel futur quartier.

Par là s'étendent de vastes prairies où pullulent les bestiaux, où l'on ne voit pas d'autres êtres humains que les *cowboys* (les vachers), avec leurs larges éperons mexicains, d'énormes pistolets à leur ceinture, des moustaches formidables, des figures de brigands.

Par là on a découvert des mines d'argent, qui excitent d'ardentes convoitises. Ce qu'il y a de plus coûteux dans leur exploitation, c'est la solde et l'entretien des hommes armés, qui doivent jour et nuit les garder, et des hommes aussi solidement armés auxquels on confie la tâche d'escorter le fourgon qui transporte les lingots à la ville voisine.

M. de Grancey a parcouru cet étrange pays, tantôt dans un affreux tombereau décoré du titre de *stage coach*, tantôt à cheval, souvent à la nage, et il décrit avec une heureuse philosophie les divers épisodes de son voyage, les accidents qu'il a subis, les tristes lieux où il a passé, les terribles hôtels où il a dû s'arrêter, les bizarres physionomies qu'il a vues et les singulières vanités des Américains.

En recueillant ainsi ses souvenirs, M. de Grancey a fait une œuvre de cœur et d'esprit, un livre très sérieux à certaines pages, et du commencement à la fin plein de bon *humour* et de bonne humeur[1].

Plusieurs fois j'ai eu le bonheur de naviguer sur les

---

1. *Dans les montagnes Rocheuses.*

bâtiments de l'État. De ces voyages en diverses régions j'ai conservé une sympathie particulière pour nos marins, et je me plais à noter que M. de Grancey a été officier de marine.

Plusieurs nations se glorifient à juste titre de leur armée nautique. La France peut aussi être fière de la sienne. On l'a vue, en toute occasion, ferme dans le péril, ardente au combat, et elle a produit des hommes qui, en faisant bravement leur rude métier de marins, se sont signalés par de fructueuses découvertes, par des œuvres scientifiques et littéraires.

Le nombre en est grand, depuis Béthencourt jusqu'à Cartier, depuis le brillant Bougainville jusqu'à l'infortuné La Pérouse, depuis d'Entrecasteaux jusqu'à Freycinet, La Place, Dupetit-Thouars, Duperré, Roussin jusqu'à Dumont d'Urville, le découvreur du pôle Sud, jusqu'à M. Jurien de la Gravière, le vaillant amiral, le savant historien, l'aimable écrivain.

Dans ces derniers temps, notre colonie de Cochinchine a donné à notre marine une nouvelle illustration. Ils n'ont été que trop vaillants ceux qui portaient le drapeau de la France dans ces lointains parages. Plusieurs d'entre eux sont morts victimes de leur passion pour la science ou de leur ardeur patriotique. Il est mort épuisé de fatigue le capitaine de frégate Doudart de Lagrée, qui avait entrepris d'explorer dans toute son étendue le Mékong.

Il est mort le lieutenant de vaisseau Francis Garnier, l'intrépide chercheur, le fervent géographe, le héros. Il était doué de toutes les qualités qui font les grands hommes, et il est mort à trente-quatre ans. Si jeune encore, quelle tâche il avait déjà accomplie!

En 1868 il succédait à M. de Lagrée dans le commandement de l'expédition du Mékong, qui en était venue à explorer au loin l'Indo-Chine. Il la conduisait à travers des régions inconnues et la ramenait à Saïgon.

En 1870 il était à Paris pendant le siège, aide de camp du contre-amiral Méquet. Singulière destinée des marins, M. Méquet avait commencé sa carrière avec la corvette *la Recherche* dans les glaces du Groenland : M. Garnier commençait la sienne sous le climat brûlant de la Cochinchine. Tous deux se rejoignaient pour organiser contre les Prussiens la défense de Montrouge.

Trois ans après, il retourne en Cochinchine avec l'intention d'aller au Tibet et de remonter aux sources des grands fleuves indo-chinois.

L'amiral Dupré, gouverneur de notre colonie, l'appelle à Saïgon pour lui confier une importante mission. Il s'agissait d'établir la liberté de navigation sur une des artères du Tong-king, qui devait être la voie commerciale la plus courte entre nos possessions et les marchés de la Chine méridionale.

M. Garnier part avec deux canonnières et quelques soldats. Très pacifique était son plan de voyage et il espérait atteindre pacifiquement son but. Mais la mauvaise foi, l'hostilité manifeste d'un vice-roi du Tonkin, l'obligent à combattre, et le voilà avec sa petite troupe dans l'immense empire Chinois, audacieux comme Fernand Cortez dans l'empire du Mexique. Coup sur coup il s'empare de Hanoï et de quatre autres citadelles. Il est le maître du bas Tonkin; il organise un gouvernement. Puis un jour, à la suite d'une sortie contre les pirates du Pavillon noir, à une lieue environ d'Hanoï, il est pris et massacré.

La nouvelle de cette mort retentit au loin et produisit une profonde impression en Europe, dans le monde savant et dans toute la France.

On admirait ce qu'il avait fait et l'on songeait à ce qu'il aurait pu faire avec ses puissantes facultés.

En 1875 il publiait le récit de son exploration dans l'Indo-Chine. Au point de vue scientifique, c'est l'une des œuvres importantes de notre siècle; au point de vue artistique, c'est l'un des plus beaux livres qui aient paru dans nos librairies[1].

Une main fraternelle a récemment réuni les lettres dans lesquelles M. Garnier racontait son retour en Cochinchine[2]. On ne peut les lire sans émotion. Le jeune officier qui les écrivait avec un généreux élan espérait achever une entreprise glorieuse, et à chaque page ces lettres nous révèlent son esprit d'observation, son caractère élevé, son amour pour la science, son fervent patriotisme. Sans cesse il parle de la France. Il voudrait qu'elle étendît au loin sa puissance, et s'afflige de la voir entravée dans ses tentatives de colonisation par la routine des bureaux, par l'instabilité ou l'impéritie des fonctionnaires.

---

1. *Voyages d'exploration dans l'Indo-Chine.* 2 vol. in-4°, avec 158 gravures et un atlas in-folio. Librairie Hachette.
2. *De Paris au Tibet*, 1 vol. in-12, avec 40 gravures. Librairie Hachette.

Il connaît bien la Chine ; il se rappelle qu'il fut un temps où la France avait dans cet empire une heureuse influence.

« Au temps même de Voltaire, dit-il, alors la science chinoise se renouvelait peu à peu, grâce aux travaux et aux efforts des Jésuites, qui ont joué un rôle si important à la cour de Kang-hi, le Louis XIV de l'Orient. Maintenant la Chine s'arme, mais ne se civilise pas. Elle emprunte à la science occidentale des ingénieurs pour ses vaisseaux, des instructeurs pour ses troupes ; elle achète des canons Krupp ; elle fait construire des fortifications : elle nous demande, en un mot, tout ce qui sépare, rien de ce qui réunit les deux civilisations. »

M. Garnier n'a pas été enrégimenté parmi ces affreux hommes qu'on appelle des *cléricaux*, et il adresse, chemin faisant, ses lettres au *Temps*, qui n'est pas non plus, que je sache, entaché de cléricalisme.

Mais il voit, il réfléchit et il exprime librement, loyalement sa pensée. Il est brave ; il ne craint pas de reconnaître le mérite des Jésuites[1], et il parle de nos missionnaires avec un sentiment de cœur.

« Les missions catholiques font, dit-il, un bien considérable, que proclament leurs adversaires eux-mêmes. C'est surtout dans l'intérieur du pays, loin des souvenirs irritants laissés par les dernières guerres, que l'on peut apprécier l'heureuse action qu'elles exercent. Tous les voyageurs qui ont pénétré en Chine leur

---

1. « La pacifique influence des Jésuites eût probablement transformé sans lutte le monde oriental. » (*De Paris au Tibet*, p. 402.)

rendent hautement ce témoignage. Quant à moi, je me suis toujours retrouvé avec le plaisir le plus vif au sein de ces chrétientés qui font à l'étranger un accueil si bienveillant et au milieu desquelles on respire une atmosphère dégagée des pratiques puériles de la vie chinoise. C'est comme une aurore de civilisation européenne qui commence à éclairer le vieux monde oriental et prélude à son rapprochement avec le vieux monde de l'Occident. Le bon accord qui règne presque partout entre les pasteurs de ces petits troupeaux et les autorités locales, l'empressement que les agents du gouvernement mettent à réclamer le concours des missions dans les circonstances difficiles, étonnent et charment à la fois. C'est le nom de la France qui est surtout connu des mandarins chinois et aimé des chrétiens indigènes[1]. »

Parmi les missionnaires qu'il a rencontrés en Chine, M. Garnier se plaît à citer M. l'abbé David, qui employa toutes ses heures de loisir à étudier l'histoire naturelle. L'amour de la science l'a conduit jusque dans les montagnes de la Mongolie. Il a publié une partie de ses lointains voyages dans les *Nouvelles Archives;* l'autre, en deux volumes, dans la collection Hachette[2]. Il a donné à notre Muséum les choses les plus précieuses, et, tandis qu'il botanisait dans la Tartarie, il a été nommé membre correspondant de l'Académie des Sciences.

---

1. *De Paris au Tibet*, p. 505.
2. *Voyage dans l'empire Chinois*, avec cartes et gravures.

Le député qui, naguère, du haut de la tribune, a traité d'un ton si dédaigneux nos humbles missionnaires, ne perdrait pas son temps s'il étudiait leur vie et lisait leurs œuvres.

En parlant des livres sur la Chine, je ne puis oublier celui de Mme de Bourboulon et celui de M. de Rochechouart.

En 1859 M. de Bourboulon, secrétaire de la légation de France à Washington, ayant été nommé ministre de France en Chine, sa jeune et belle femme le suivit dans le lointain empire. Elle est restée là plus de dix ans, jusqu'après la guerre, et elle est la première Européenne qui soit entrée à Pékin [1]. Elle a fait de cette immense cité, de son mouvement, de ses mœurs, une très vivante et très pittoresque description. De Pékin elle est rentrée en France par le désert de Gobi, par la Sibérie orientale et septentrionale. Tout ce que l'aimable voyageuse a vu dans ce long chemin, les curieuses physionomies, les curieux paysages, tout a été par elle finement noté et gracieusement dépeint [2].

M. le comte de Rochechouart a été aussi pendant de longues années ministre plénipotentiaire de France en Chine. Il a résidé à Canton, à Pékin, et le Céleste-Empire ne l'a pas séduit. Non. Il s'élève contre les brillantes descriptions qui en ont été faites et raconte rigoureusement ses observations. En voici quelques-unes :

« Ici, dit-il, on doit payer sur chaque pont qu'on traverse, dans chaque ville où l'on passe, sur chaque

1. Rennie, *Peking and the Pekingere*, p. 2.
2. *Voyage en Chine et en Mongolie*, 1 vol. in-12.

canal où l'on navigue, non pas un droit fixe et connu d'avance, mais celui qu'il plaît au préposé de réclamer.

« Le Chinois est généralement pauvre, et, en dehors des commerçants, l'argent est rare. Pour avoir une idée de l'état économique du pays, il suffit de savoir que la cour fait une pension de 14 francs par mois à chacun des descendants mâles des familles tartares qui aidèrent à la conquête de la Chine. Cette pension, quoique rognée de près de moitié par les intermédiaires, est l'objet de la convoitise de tous les Pékinois, et beaucoup d'entre eux n'ont pas d'autres ressources pour vivre.

« A Pékin, le pont qui fait face au palais et relie la ville tartare à la ville chinoise, est célèbre dans le monde entier. Nul pays, nul siècle, n'ont produit une cour des miracles semblable à celle-ci. Ce pont a trois travées, si l'on peut nommer ainsi trois chemins séparés entre eux par des balustrades. Celui du milieu est in-terdit aux voitures et aux cavaliers et sert de domicile à la foule mendiante de Pékin. Là vivent pêle-mêle avec les détritus de toute espèce, avec des chiens errants, des êtres la plupart entièrement nus et couverts d'ulcères et de plaies dégoûtantes. Les moins malheureux ont pour vêtement un morceau de paillasson ou quelques lambeaux de peau de mouton. J'en ai rencontré qui, en guise de feuilles de vigne, portaient une brique retenue par une ficelle. Pendant l'hiver on enlève chaque matin les cadavres de ceux qui sont morts de faim ou de froid pendant la nuit, et j'ai entendu dire que chaque année leur nombre se chiffrait par centaines.

« J'ai rencontré des misères inénarrables. J'ai vu
des enfants de dix ans, exposés à un froid de 15 degrés
et perdant l'un après l'autre leurs membres par la
gelée. Ils poussaient des cris de détresse effroyables, et
pas un Chinois ne s'arrêtait pour porter secours à cette
horrible misère. »

Non. Pas un Chinois de la religion de Lao-tsé, de Con-
fucius ou de Bouddha, mais le Chinois converti au christianisme et le missionnaire.

Comme M. Garnier, et plus vivement et plus explici-
tement, M. de Rochechouart proclame les bienfaits de
nos missions catholiques.

« A Shanghaï il n'y a pas, dit-il, un monument
digne d'être cité, excepté l'établissement des Jésuites,
situé dans un village distant de 6 kilomètres de la ville.
C'est un vrai phalanstère des plus curieux à examiner
pour quiconque désire prendre une idée sérieuse de la
Chine. Les enfants trouvés recueillis grâce aux fonds
fournis par la Sainte-Enfance sont élevés et entrent
dans cet établissement jusqu'à l'âge de dix-huit ans,
époque où, n'ayant plus rien à apprendre, on les ren-
voie munis d'un bon viatique et d'un état. Tout dans
cette organisation est conduit avec une sagesse, une
prévoyance, une charité qui ne laissent rien à désirer.

« Que de peine, de soucis, de dévouement, de science,
d'amour du prochain, et quelle égalité d'humeur, quelle
gaieté ! On ne saurait le crier trop haut, ni trop souvent :
l'exemple que donne le clergé catholique en Chine est
admirable ; le spectacle des œuvres des Pères vaut la
peine d'entreprendre le voyage. C'est le plus beau

triomphe de l'Occident sur l'Orient, de la foi sur le scepticisme, de la lumière sur les ténèbres, de l'intelligence, du cœur sur l'abrutissement et les vices d'une population d'autant plus pourrie qu'elle n'a jamais été saine. »

Plus loin : « Les voyageurs français en Chine ont sur ceux des autres nations un grand avantage, qu'ils doivent en partie au protectorat que leur gouvernement accorde aux catholiques, mais surtout au nombre considérable de missionnaires français disséminés dans les provinces. »

« Les chrétiens chinois connaissent la France de nom et savent que c'est à son intervention qu'ils doivent la sécurité et la liberté de conscience dont ils jouissent. Aussi tout individu recommandé comme Français par les missionnaires est-il sûr de recevoir un bon accueil dans toute la chrétienté chinoise et de pouvoir ainsi éviter bien des dangers et bien des fatigues. Je mets en fait qu'un Français connu et bien recommandé aux missionnaires pourrait aller de Pékin à Canton, de village chrétien en village chrétien, sans débourser un sol, et même sans s'apercevoir des difficultés d'un pareil voyage.

« Il est incontestable que les chrétiens chinois sont supérieurs, sous tous les points de vue, à leurs voisins. Les pratiques de la religion catholique leur inculquent des idées d'ordre qui améliorent singulièrement leur position matérielle. Ils n'ont qu'une femme, ne fument pas l'opium, ne jouent pas, et, au lieu d'intenter à leurs voisins des procès que l'avidité des mandarins rend

ruineux, ils font juger leurs différends par les missionnaires, dont les arrêts sont équitables et ne coûtent
rien. »

Dans une région différente de l'Orient, un autre
gentilhomme, M. de Rivoyre, a eu les mêmes religieuses impressions.

M. de Rivoyre, après avoir servi la France dans l'armée, a voulu la servir par de pacifiques entreprises. Il a
vu le progrès des étrangers, surtout des Anglais, dans
des contrées où jadis nous avions le plus grand ascen-
dant. Il a résolu de porter là de nouveau notre étendard, de constituer entre ces régions et la France des
relations régulières pour le commerce et l'industrie.

Il équipe à Marseille un bâtiment à vapeur et part
pour la mer Rouge. A l'extrémité de cette mer, sur sa
rive orientale, est la baie d'Obock, qui, en 1862, fut
vendue à la France par les chefs indigènes, avec un
terrain de vingt-cinq lieues carrées.

Là nous pouvons avoir un lieu de ravitaillement et
un dépôt de charbon pour nos bâtiments de guerre et
nos bâtiments de commerce sur la route de la Cochinchine et des Indes. Là nous entrons en communication directe avec le royaume de Choa, avec l'Abyssinie.
Cette précieuse possession a cependant été longtemps
négligée, oubliée par notre gouvernement. M. de Rivoyre est venu, qui en a fait comprendre la valeur.

De là il traverse le golfe d'Aden, le golfe Persique,
s'arrêtant partout où il peut engager une utile négociation. Enfin, malgré toutes les difficultés qui s'opposent
à ses projets, malgré les manœuvres hostiles des An-

glais, il parvient à accomplir son œuvre intelligente et
patriotique. Il fait revivre le nom de la France dans des
pays où, peu à peu, on en perdait le souvenir. Par un
service régulier de bateaux à vapeur, il reliera Marseille
à Bagdad.

Dans sa longue exploration, que de choses mémorables et tristes il a vues! Que de fois, en songeant
aux grandeurs du passé, il a dû constater les déca-
dences actuelles!

Il a été à Mascate, qui fut une des importantes forteresses des Portugais, et est aujourd'hui le chef-lieu
d'un petit État dont le souverain dépend du sultan de
Zanzibar et reçoit une pension annuelle des Anglais.

Il a conduit son bateau de Savarin à Bassorah, qui
a eu cent mille habitants, et n'en a guère aujourd'hui
qu'une vingtaine de mille, maladifs et résignés.

Il a séjourné à Bagdad, la ville des contes merveilleux, la capitale du glorieux calife Haroun-al-Raschid.
Les poètes ont nommé cette ville la Mère du monde, le
Paradis de l'univers, la Métropole de la paix, la Tour
des saints, la Demeure des nobles, la Source de la
science et de la vertu[1].

Quelles images pompeuses! et quand on voit les palais en ruine, les maisons délabrées, les rues sales, la
pauvre population de ce paradis de la terre, quelle
triste réalité!

Le conte du *Dormeur éveillé* est l'histoire de l'ancienne Bagdad. Comme Hassan, elle a connu les splen-

---

1. H. Stern, *Dawnings of light in the East*, p. 35.

deurs de Haroun-al-Raschid, les enchantements des *Mille et une Nuits*. Plus malheureuse que Hassan, elle est tombée des magnificences du califat sous l'âpre et rapace pouvoir du pacha turc.

M. de Rivoyre a remonté le cours de l'Euphrate et du Tigre, ces deux embranchements du fleuve qui arrosait l'Éden.

Il est entré dans la plus célèbre région de l'Orient. La Mésopotamie, la Babylonie, la Chaldée, tels sont ses noms traditionnels, et comme elle est enclavée entre le Tigre et l'Euphrate, les Arabes l'appellent Al-Jézirah, c'est-à-dire l'Ile.

Là fut l'empire de Babylone et de Ninive. Là fut la demeure de Rebecca, qui devint l'épouse d'Isaac. Là les descendants d'Abraham, les captifs d'Israël, se sont assis au bord du fleuve et ont pleuré en se souvenant de Sion[1]. Là est le sol dont Hérodote admirait la fertilité[2].

Dans cette région glorifiée par la Bible, par les historiens de l'antiquité, par les légendes du moyen âge, et maintenant si inerte et si morne, M. de Rivoyre a eu

---

1. *Super flumina Babylonis*, ps. cxxxvi.

2. « C'est la meilleure terre que j'aie vue pour le rapport du grain de la déesse Cérès. Vray qu'elle ne s'essaye porter beaucoup d'arbres, car elle ne produit figuier, vigne, ni olivier, mais en récompense elle est si fertile pour le grain de Cérès, qu'elle rend au ducentième et, quand elle est plus fertile que soi-même, au trécentième. La paille des grains, blé et orge, est large de quatre bons doigts, mais encore que je sache que le mil et le sésami y croissent grands comme un arbre, toutefois je m'en tairay, sachant que ceux qui n'ont été par delà n'ajouteront oi à ce que j'aurai dit des fruits de léans; etc. Au surplus, ils font l'huile de sésaami en lieu d'olives. » (Liv. Ier, p. 99, traduction de Pierre Saliat.)

le bonheur de trouver l'action bienfaisante de nos institutions religieuses.

Il dit dans son premier volume[1] : « Nous ignorons trop généralement que, dans ces contrées isolées, jamais noyau de chrétiens n'a cessé d'exister, Chaldéens d'origine pour la plupart, qui, de tout temps, sont une clientèle spéciale de la France et se considèrent en partie comme ses enfants. D'une foi demeurée inébranlable au milieu de toutes les vicissitudes, de toutes les persécutions, leur attachement séculaire envers elle et leur confiance en son patronage tout-puissant n'ont subi aucune atteinte. Protectrice officielle de tous les chrétiens d'Orient, la France voit se tourner vers elle les yeux de tous ces chrétiens dans les jours de malheurs et d'épreuves. C'est elle qu'ils invoquent lorsqu'il s'agit de protester contre la violence ou de revendiquer leurs droits. Aussi, pour un Français de France, cela fait-il du bien au cœur de retrouver parmi eux comme un reflet de la patrie et de se voir accueilli comme un frère qui vient leur parler du foyer commun.

« Mais le maintien de cette influence lointaine dont une politique tant soit peu clairvoyante ou suivie pourrait, même encore à l'heure présente, tirer un grand parti, à qui le devons-nous ? Il n'y a pas à le discuter : c'est à la présence et aux enseignements des communautés religieuses, qui, en portant au loin la parole de Dieu, y portent en même temps le culte et l'amour de

1. *Obock, Mascate, Bassorah*. 1 vol. in-12, 1883.

la France. Ah! c'est surtout en pays étranger qu'on apprend à aimer sa terre natale, et, sous la robe du missionnaire qui l'a quittée peut-être sans retour, bat non moins le cœur d'un patriote. Partout où il m'a été donné d'en rencontrer, je les ai vus ardents à prêcher, avec les vérités de la religion et la pureté de ses doctrines, le respect des noms de la France, les grands faits de son histoire, les espérances de son avenir[1]. »

Il dit dans son nouveau volume :

« Les missionnaires français, voilà le plus solide, presque l'unique soutien de notre influence en Orient. On ne se doute pas chez nous de ce que renferme d'abnégation, de patriotisme l'âme de ces hommes qui renoncent à jamais au foyer et à la famille pour vouer toute leur existence au service lointain de la France sous la bannière du Christ. »

A Bagdad M. de Rivoyre visite la maison des Carmes, fondée dans cette cité musulmane depuis plus de deux siècles. Il y a là quatre religieux, dévoués à la foi, au devoir sacerdotal et aux fonctions d'instituteurs. Très humble est leur demeure. Très belles leurs églises; très larges et très élevées la salle d'étude, la salle de récréation de leurs élèves.

Ce ne sont pas seulement les familles chrétiennes qui leur donnent des enfants à élever, mais des israélites, des musulmans viennent leur demander l'instruction qu'ils chercheraient vainement ailleurs, et de cette salutaire école jamais ne perdent le souvenir.

---

1. *Obock, Mascate, Bassorah*, p. 178.

« Un jour, dit M. de Rivoyre, je demandais à un jeune marchand juif où il avait si bien appris le français : « Chez les bons Pères », me répondit-il. Et il se mit à me parler de la France avec un chaleureux intérêt, qu'on ne trouve pas toujours, hélas ! chez nos propres enfants. Les enseignements des maîtres avaient porté leurs fruits. Les bons Pères !

« Pour les populations au milieu desquelles ils vivent, ce mot dépeint tout et résume admirablement l'esprit de charité et de sacrifice auquel ils obéissent.

« Ah ! si nous avions vos missionnaires », m'ont dit plusieurs fois les Anglais[1]. »

Ils ne pèsent guère sur le budget de la France, ces missionnaires que les protestants nous envient. Dans l'espace de vingt-cinq ans, la maison des Carmes de Bagdad a reçu de notre gouvernement la somme de 2500 francs, ce qui fait une dotation de 100 francs par an.

C'est par des quêtes que les pauvres religieux parviennent à maintenir leur établissement, et quels services ils rendent à la France ! Elle leur donne 100 francs par an : elle en donne 10 000 au député qui les outrage.

Ainsi, malgré les révolutions et les persécutions, nos missionnaires accomplissent leur œuvre de religion et de patriotisme, et un grand nombre d'entre eux nous donnent sur les pays où ils ont vécu, des notions qui méritent d'être enregistrées par les sociétés de géographie.

Ils méritent aussi une bonne place dans les biblio-

----

1. *Les Vrais Arabes et leur pays*, p. 48, 50, 51.

thèques, les livres de MM. L. de Beauvoir, Perron d'Arc, Marin la Meslée, sur l'Australie; de MM. Humbert, Dubart, Régamey et de Dalmas, sur le Japon; de MM. Quatrelles et Meignan, sur les Antilles; de MM. de Rochas, Patouillet, Garnier, sur la Nouvelle-Calédonie; de MM. E. Veuillot, Gautier, Chaigneau, Le Mire, Cortambert, de Rosny, sur le Tonkin et la Cochinchine; de M. J. Leclercq sur la Scandinavie et l'Amérique.

Frédéric II disait : « Si j'étais roi de France, pas un coup de canon ne se tirerait en Europe sans ma permission. »

Depuis ce temps, hélas! bien des coups de canon ont été tirés sans l'assentiment de la France et contre la France. Mais, dans un autre ordre d'idées, on peut dire en toute sûreté que pas une œuvre scientifique ne s'accomplit sans l'initiative ou la participation de la France.

A la France appartiennent les plus grandes entreprises de ce siècle : le percement de l'isthme de Suez, commencé il y a près de deux mille cinq cents ans, et celui de Panama, rêvé par les Espagnols.

Chacun sait que, six cent trente ans avant l'ère chrétienne, le roi d'Égypte Nécos voulut joindre par un canal la Méditerranée à la mer Rouge. Il perdit dans ce travail, dit Hérodote, six vingt mille hommes.

« Parquoy fit cesser besogne et y eut un oracle qui se met au travers, disant qu'un barbare parachèverait. Les Égyptiens appellent barbares toutes nations qui ne parlent point leur langue[1]. »

____

1. Traduction de Pierre Saliat, p. 189.

Ce premier canal fut continué par Darius après la conquête de l'Égypte par les Perses. Il commençait à Bubaste sur le Nil et, se dirigeant à l'ouest puis au sud, aboutissait à Patymos sur la mer Rouge. Les Ptolémées l'achevèrent et l'améliorèrent. Strabon l'a vu chargé de navires. Les empereurs romains, surtout Adrien, y firent des travaux considérables. Les califes, qui d'abord l'avaient réparé, le laissèrent dépérir. Puis des siècles s'écoulent pendant lesquels cette œuvre de tant de souverains est complètement abandonnée.

Mais vers la fin du siècle dernier, voici venir un petit homme, au visage pâle, au profil anguleux, à l'œil d'aigle, à qui rien n'échappe de ce qui est grand, et rien de ce qui peut avoir une nouvelle grandeur.

Le 24 décembre 1798, il part du Caire avec Caffarelli, Gantheaume, Monge, Berthollet, Costaz et quelques autres membres de l'Institut. Le 30, il retrouve le premier, au nord de Suez, les vestiges de l'ancien canal, et il les suit sur un espace de cinq lieues. Le 5 janvier suivant, il découvrait près de Belbeys l'autre extrémité de cette voie antique[1].

Un habile ingénieur, M. Le Père, fut chargé de lui faire un rapport sur les moyens de reconstituer, avec les secours de la science moderne, une œuvre si importante. Après avoir longuement étudié la question, M. Le Père proposait de reprendre l'ancien canal. On croyait alors que le niveau de la mer Rouge était de neuf mètres plus élevé que celui de la Méditerranée

---

1. Barthélemy Saint-Hilaire, *Lettres sur l'Égypte*, p. 5.

et l'on ne pensait qu'à relier le Caire à Suez et le Nil au golfe Arabique.

Un jour enfin on reconnaît l'erreur traditionnelle, qui remonte, dit M. Saint-Hilaire, jusqu'à Aristote, et qui a été admise par M. Le Père. De nouvelles observations démontrent que les deux mers, si rapprochées l'une de l'autre, ne diffèrent point de niveau.

En 1841 un Français distingué, M. Linant-Bey, ingénieur en chef du vice-roi d'Égypte, forma le projet de construire un canal direct de Suez à Péluse.

En 1846 une société s'organise pour étudier et, s'il est possible, exécuter les plans de M. Linant. Ses principaux membres sont MM. Enfantin, Talabot, Bourdaloue. La question du nivellement des deux mers est par eux résolue.

En 1855 une commission scientifique réunie à Paris va en Égypte faire une dernière exploration, et en 1867 l'univers applaudissait à l'ouverture du canal de Suez.

C'est bien, comme on le voit, à la France qu'il est dû, et à l'initiative de la France on devra aussi le percement de l'isthme de Panama.

Notre première action dans cette contrée a dû donner à ses habitants une heureuse idée de la France.

C'était en 1821, à l'époque où l'Amérique espagnole achevait sa guerre d'indépendance dont elle a été si fière, et qui l'a conduite à tant de guerres civiles et de révolutions. Bolivar venait de remporter une nouvelle victoire et poursuivait à la Guyara les derniers bataillons espagnols, neuf cents hommes commandés par le colonel Pereyra.

L'amiral Jurien de la Gravière[1] était alors avec une escadre dans ces parages. Touché de compassion pour ces bonnes gens, qui sans aucune ressource persistaient à se défendre, il intervint en leur faveur. Avec l'assentiment de Bolivar, il les recueillit dans leur détresse extrême, exténués de fatigue, mourant de faim, et les transporta à Puerto-Caballo, où flottait encore le drapeau espagnol[2].

Dès qu'il a été sérieusement question d'ouvrir un passage à travers cette ceinture de savanes, de forêts et de montagnes qui, dans l'Amérique centrale, sépare l'Atlantique du Pacifique, c'est un de nos ingénieurs, M. Garelle, qui a été appelé à Panama pour y examiner un projet de canal et un projet de chemin de fer. C'est Napoléon III qui, dans sa prison de Ham, étudia un plan du canal pour le Nicaragua. C'est un explorateur français, M. Belle, et un ingénieur français, M. Durocher, un diplomate français, M. Levasseur, qui vont dans le Nicaragua examiner les moyens de faire un canal[3].

En 1875 le congrès géographique réuni à Paris organise une commission d'ingénieurs de diverses nationalités pour explorer dans toute son étendue l'isthme de Panama.

Quatre ans après, le congrès, réuni de nouveau à Paris, décide le percement de cet isthme.

1. Le père de l'amiral actuel, à qui nous devons le récit du voyage de *la Bayonnaise* dans les mers de Chine, les savants livres sur les campagnes d'Alexandre, sur la marine des anciens et les marines des quinzième et seizième siècles.

2. *Souvenirs d'un amiral*, t. II, p. 274.

3. Le vicomte de Bizemont, *l'Amérique centrale*, p. 110 et 111.

L'un des membres de la commission qui par son long, patient et pénible travail produisit ce résultat était un de nos lieutenants de vaisseau, M. Armand Reclus. Il a raconté avec l'accent de la vérité, d'une façon saisissante, ses longues excursions dans les bois et les montagnes, dans les plaines désertes et les nombreux défilés, à travers des nuées d'animaux malfaisants[1].

M. Reclus est le frère d'un aimable écrivain qui, sous le pseudonyme de Frédéric Bernard, traduit avec un remarquable talent des livres de voyage; le frère de M. Onésime Reclus, l'auteur de *la Terre à vol d'oiseau;* le frère de M. Élisée Reclus, à qui l'on doit la *Nouvelle Géographie universelle,* cette œuvre admirable.

Quatre géographes de premier ordre dans une même famille : c'est un phénomène assez curieux en ce pays de France qui, dit-on, ne sait pas la géographie.

1. *Panama et Darien,* 1 vol. in-12, avec cartes et gravures.

VIII

C'est dans son second voyage que Christophe Colomb découvrit ce cordon de perles et d'émeraudes qu'on appelle les Petites Antilles.

Le 3 novembre 1493, après un violent orage, il aperçut à l'ouest une des plages du vaste archipel, une haute cime et de vertes forêts. C'était un dimanche. Il donna à cette île le nom de Dominica, à une autre celui de Saint-Vincent, à une autre le nom de Guadeloupe pour accomplir une promesse qu'il avait faite aux religieux de Notre-Dame de la Guadeloupe dans l'Estramadure, à un nombreux groupe d'îlots le nom d'îles Vierges, en mémoire de la légende de sainte Ursule et des onze mille vierges.

Ils étaient pieux, ces hommes qui s'aventuraient hardiment sur les mers inexplorées. Avant de quitter la terre natale, ils recevaient dévotement la bénédiction de l'Église. Dans leurs heures d'angoisses, ils invoquaient le secours du ciel; dans les terribles ouragans des tropiques, lorsque au sommet des mâts de leurs na-

1. *Adventures of a naturalist in the lesser Antilles*, by F. A. Ober.

vires voltigeaient les flammes produites par une atmosphère surchargée d'électricité, ils disaient que saint Elme, pour les guider sous un ciel ténébreux, allumait ses flambeaux, et cette candide croyance les rassurait dans leur péril[1]. Lorsqu'ils voyaient poindre à la surface des flots la terre inconnue, longtemps rêvée, péniblement cherchée, ils se jetaient à genoux pour remercier la Providence. Ils entonnaient un joyeux cantique et consacraient leur découverte par une dénomination religieuse.

« Les îles de la Grèce, s'écrie lord Byron, les îles de la Grèce que dore un éternel été ! »

Qu'aurait-il dit, l'admirable poète, s'il avait vu les îles de l'archipel Colombien où sans cesse tout fleurit et tout mûrit?

Qu'aurait-il dit, le mélodieux Ponce de Léon qui a chanté en si beaux vers la *Noche serena*, s'il avait vu les régions voisines de l'Équateur où, dans la nuit, le ciel est éclairé par la Croix du Sud, la mer par sa phosphorescence, la terre par les lucioles?

Les Petites Antilles se déroulent en demi-cercle sur un espace de dix degrés de latitude entre l'Atlantique et la mer des Caraïbes.

Un grand nombre de ces îles sont d'une dimension si exiguë qu'elles ne peuvent guère être habitées. D'autres, fort bien notées dans les statistiques commerciales, ont cinq à six lieues de longueur. La plus méri-

---

1. Washington Irving, *History of the life and voyages of Christopher Colombus*, t. II, p. 7.

dionale, la plus importante est la Trinité. On y compte, en y comprenant les laborieux *coolies*, 100 000 habitants[1]. Un étroit canal la sépare de l'Amérique du Sud. N'y a-t-elle pas été jointe autrefois? Ces rocs, ces massifs de verdure, ces fertiles terrains disséminés sur l'Océan depuis la pointe de la Floride jusqu'aux plages du Vénézuéla, depuis le golfe du Mexique jusqu'à l'embouchure de l'Orégon, n'ont-ils pas été jadis unis l'un à l'autre? Ne sont-ils pas les débris d'une vaste terre qui, des rives de l'Amérique centrale, du Yucatan, de Honduras, se prolongeait vers les Açores et les rives de l'Afrique? N'y a-t-il pas là les vestiges d'un continent écroulé, d'une Atlantide comme celles dont Platon parle dans son *Timée*? C'est l'opinion de plusieurs célèbres naturalistes, et notamment de M. Wallace et de M. Agassiz.

Si, malgré les vieilles légendes et les observations scientifiques, la révolution géologique des Antilles est encore un fait incertain, on sait qu'elles ont subi de réels désastres, ces charmantes îles qui, par leur éloignement des guerres et des turbulences de l'ancien monde, semblaient faites pour s'épanouir d'année en année, paisiblement, à jamais.

Les Européens qui les premiers y abordèrent les contemplaient émerveillés. Sur leurs flots d'azur, sous leur ciel lumineux, avec leurs arbres chargés de fruits, leurs fleurs embaumées, leurs oiseaux étincelants, elles apparaissaient comme des paradis terrestres, et déjà

1. *The statesman's Year-book*, p. 275.

elles avaient été dilapidées, ensanglantées par les Caraïbes, plus terribles que les Vikings scandinaves dont les Sagas célèbrent les exploits, que les flibustiers dont Oexmelin a raconté les aventures : car ils ne se contentaient pas de dévaliser leurs prisonniers, ils les mangeaient.

Du nord de la Floride, les Caraïbes s'étaient peu à peu répandus dans les Antilles. Ils avaient successivement pris possession de plusieurs îles. De là, avec leurs canots creusés dans des troncs d'arbres, ils allaient piller les autres îles. Les enfants de cette peuplade audacieuse et féroce apprenaient dès leur bas âge à manier la rame, à lancer la flèche empoisonnée. Les femmes combattaient comme les hommes. Quand l'un des conquérants du Pérou, l'intrépide Orellana, l'ami de Pizarre, entreprit de descendre l'immense fleuve formé par le Maragnon, le rio Negro et le Madeira, il fut attaqué par des femmes nues armées de flèches. « C'étaient peut-être des Amazones, dit Orellana, qui avait quelque notion des récits de l'antiquité. De là, le nom de fleuve des Amazones. »

Après les Caraïbes dans les Antilles sont venus les Européens, Espagnols, Anglais, Français, et les Suédois, qui ont pris possession de l'île Saint-Barthélemy, et les Danois, à qui appartient Sainte-Croix, la principale des îles Vierges, et Saint-Thomas, qui est à présent le point central du service des bateaux à vapeur dans ces parages.

Nous avons eu une belle et noble part dans ce merveilleux écrin de l'Océan. Nous avons eu : dans les

Grandes Antilles, Saint-Domingue, qui fut si riche et si prospère, qui est devenue la proie des nègres; dans les Petites : la Trinité, Tabago, Grenade, Saint-Vincent, Sainte-Lucie, la Dominique, Montserrat, Saint-Christophe, Antigoa.

Tous ces riants domaines nous ont été successivement enlevés par les Anglais. Dans le vaste archipel il ne nous reste plus que la Martinique et la Guadeloupe avec ses dépendances : Marie-Galante[1], les Saintes, la Désirade, l'îlot Tintamarre et Saint-Martin, dont un tiers environ appartient à la Hollande.

Mais telle est, à travers nos défauts, notre faculté d'attraction et d'assimilation, que toutes les îles des Antilles, gouvernées quelque temps par la France, ont conservé de la France un profond souvenir.

« La Trinité, dit M. A. Trollope, a été une colonie espagnole. C'est maintenant une colonie anglaise. Quelle langue y parle-t-on? Le français à la ville, et dans les campagnes tous les indigènes parlent français. Ils ont gardé les mœurs, les coutumes de la France, et ils restent fidèlement attachés à la religion catholique, qui est la religion de la France[2]. »

Le célèbre écrivain fait la même remarque à la Dominique, à Sainte-Lucie et à Saint-Vincent.

Le 22 janvier 1493, Christophe Colomb découvrit cette jolie petite île et lui donna le nom du saint inscrit ce jour-là dans le calendrier. Les Anglais la prirent

1. Une des premières îles découvertes par Christophe Colomb en 1493. Il lui donna le nom du navire sur lequel il avait arboré son pavillon.
2. *The West Indies and the Spanish Main*, p. 228.

en 1762. Les Français s'en emparèrent en 1779, et la rendirent quatre ans après aux Anglais. Sa population indigène était d'origine caraïbe. Les Caraïbes, jadis si redoutés, avaient été pourchassés, subjugués, égorgés par les Espagnols. Leurs descendants étaient peu nombreux, disséminés en quelques îles et fort pacifiques.

Ceux de Saint-Vincent ne songeaient nullement à guerroyer comme leurs aïeux. Ils étaient cependant hardis et résolus. Dans l'espace de quatre années, la France leur avait inspiré un tel attachement que, lorsque l'Angleterre voulut reprendre leur île, tous aussitôt se révoltèrent, coururent aux armes, et les Anglais furent battus. De leur colonie des Barbades ils firent venir des renforts et furent encore battus. Ils prirent à leur solde une troupe de nègres, en s'engageant à payer une forte somme aux propriétaires pour chacun de ceux qui seraient tués ou mutilés. Avec ces auxiliaires ils subirent une nouvelle déroute. Ils avaient, à vrai dire, de singuliers commandants. Un jour l'un d'eux, qui dans les environs de Kingston s'avançait avec une forte troupe contre les Caraïbes, fut effrayé en les voyant braquer un canon et ordonna la retraite. Les Caraïbes, au contraire, combattaient avec autant de courage que d'habileté. Ils savaient très bien choisir pour leur campement un terrain propice et le fortifier. Leurs meilleurs tireurs grimpaient sur les arbres, se postaient entre deux rameaux voilés par un épais feuillage, et là, d'une main invisible, lançaient leurs balles à l'ennemi, cherchant surtout à atteindre les officiers.

Cette guerre de la puissante Angleterre contre une

pauvre peuplade indienne se prolongea pendant un an et demi. Il fallut pour en finir que le général Abercromby entrât dans l'île avec quatre mille soldats. Les Caraïbes vaincus se dispersèrent dans les montagnes. Ils furent poursuivis, capturés, réunis sur la plage et embarqués de force sur des navires qui les transportèrent dans un îlot désert, à l'entrée du golfe de Honduras.

Ainsi en 1755, pour punir les Acadiens de leur fidélité à la France, les Anglais les arrachaient à leurs foyers, les poussaient à coups de baïonnette vers de lourds bâtiments de transport et les jetaient çà et là sur les côtes sauvages de l'Amérique du Nord. Un grand nombre de ces malheureux périrent de froid et de faim ; d'autres furent massacrés par les Indiens.

Longfellow a immortalisé cette lamentable histoire par son poème d'*Evangeline*.

Grâce à un décret d'amnistie publié en 1805, il existe encore à Saint-Vincent des familles caraïbes qui ont conservé le type primitif de leur race. Elles vivent à l'écart des blancs et des nègres et payent un impôt au gouvernement anglais pour les terrains qu'il leur concède dans cette île qui jadis appartenait à leurs pères.

Un savant naturaliste américain, M. Ober, a entrepris d'étudier l'histoire naturelle des Petites Antilles. « Au bord de la mer, dit-il, autour de ces îles s'étend une bande de terre fructueuse. Là sont les villes et les villages, à l'intérieur des collines et des montagnes très fécondes et totalement désertes. C'est dans cette région inexplorée que M. Ober veut pénétrer. C'est là qu'il espère faire de nouvelles et curieuses observations.

De Boston il s'en va tout droit à la Dominique. Là les indigènes, subjugués par les Anglais, ont aussi regretté le gouvernement de la France. Leur désir de rébellion a été réprimé. Mais ils n'ont point appris à parler anglais et ne se sont point convertis au protestantisme.

Au centre de cette île est une haute montagne, une des plus hautes de l'archipel. De sa base à sa sommité et dans la plaine qui l'entoure, sur un espace de dix lieues de longueur et de cinq de largeur, on peut voir tous les phénomènes de la prodigieuse végétation des tropiques.

Là sont les flamboyants avec leurs feuillages de pourpre ; les balisiers, dont chaque parcelle sert aux besoins du ménage indien ; les fougères, qui dans nos serres restent à l'état de chétifs arbustes et qui là s'élèvent en pleine terre jusqu'à quarante pieds de hauteur ; les bananiers, les cacaoyers, les caféiers, les cannes à sucre, la richesse des Antilles ; puis une quantité d'autres arbres providentiels, le muscadier, le giroflier, qui dans l'air lourd répandent un salutaire arome, l'advogado, le mangoustan couvert de fruits rafraîchissants, l'arbre du voyageur qui a la forme d'un éventail et dont le passant altéré peut tirer une eau limpide, le magnifique palmier, le plus bel arbre de la création avec les sapins de Franche-Comté ; ses rameaux se courbent en cercle comme les ailes d'une ombrelle, ses noix renferment un lait onctueux.

Il y a des palmiers dont on emploie la sève à faire du vin, d'autres qui produisent de l'huile, d'autres la farine de sagou, d'autres une sorte de légume vert très estimé des gourmets.

Il y a là aussi l'arbre à pain, dont le malheureux Bligh[1] alla chercher la semence dans la Polynésie. Son nom indique sa nature. Pendant huit mois de l'année, sur ses larges branches croissent, comme des pommes, des fruits d'une forme ovale, de 6 à 8 pouces de diamètre. On les met au four, et on en tire une pâte très blanche, très tendre et très agréable. C'est le pain quotidien comme la manne des Israélites, sans la rude tâche du laboureur, l'industrie du meunier, la manipulation du boulanger.

« Par malheur, dit M. Ober, l'abondance de cet aliment et la facilité avec laquelle on le recueille affermissent le nègre dans sa paresse. »

Il a l'horreur du travail, ce bon nègre, dont Mme Beecher-Stowe a fait une si touchante image, la même charitable Mme Stowe qui a si bien calomnié Byron.

Dès que le brave Tom a savouré assez de bananes et assez de tafia, il n'aspire qu'à se coucher à l'ombre. « Mâssa, dit-il, moi *mal à la tête, pas tavaillé.* » Il envie parfois le sort des singes : « *Petit peu pe*, dit-il, *qui pale pas po pa tavaillé* ».

---

1. Le commandant de la *Bounty*. Jeté dans un canot en pleine mer par son équipage en révolte, il réussit à atteindre un port, puis rentra en Angleterre et remplit d'autres missions. Plusieurs des insurgés, poursuivis par la justice, furent condamnés à mort. D'autres se réfugièrent dans une petite île déserte et y fondèrent une colonie.

Avant les décrets d'abolition, les nègres avaient une tâche régulière. La moderne philanthropie les en a délivrés. En sont-ils plus heureux? Je ne le pense pas. Mieux valait leur fructueuse servitude exempte de tout souci dans la maison du planteur, que leur humiliante et stérile liberté dans leur abandon.

Pour faire en conscience de nouvelles études, M. Ober gravit la montagne escarpée de la Dominique avec deux jeunes Indiens qui portent ses ustensiles de dessinateur, de naturaliste, sa valise et quelques provisions. Avec eux, la hache à la main il se fraye un passage à travers les plantes touffues, serrées l'une contre l'autre, et campe çà et là au sein de la forêt vierge.

Son campement est plus facile à établir que celui des Bédouins, des Kalmoucks, des Lapons, qui transportent de distance en distance, dans leur vie nomade, tout ce qui constitue leur tente.

Les deux jeunes Indiens taillent, dans un arbre qu'on appelle le *bois de bonté*[1], des pieux qu'ils plantent dans le sol sur un espace de 2 à 3 mètres carrés. Ils les réunissent l'un à l'autre avec des branches flexibles de lianes ou de vignes sauvages. Sur cette primitive charpente ils posent un léger toit, qu'ils recouvrent de feuilles de balisier, à peu près semblables à celles du bananier, mais plus larges et plus fermes. En quelques instants ainsi la maison est faite. C'est l'ancien ajoupa des Indiens.

---

1. Ses graines sont l'aliment favori des perroquets. Son écorce, infusée dans le rhum ou le thé, a une vertu hygiénique. A ses branches s'enlace un parasite qu'on appelle l'arbre du diable.

Le soir, le voyageur allume un copeau de gommier[1] : c'est son odorant flambeau. A coté de lui il met une luciole qu'on nomme *la belle* : c'est sa lampe nocturne[2].

Dans la journée, autour de cette rustique cabane quelles charmantes choses à voir! Des palmiers qui s'élèvent vers le ciel, comme des colonnes de marbre, des réseaux de feuillage légers et vaporeux comme des voiles de fée, des dômes de verdure si compacte que les rayons du soleil peuvent à peine y pénétrer, et partout des fleurs superbes embaumées; des fleurs inconnues comme celle dont parle Gray, qui naissent sans être vues et répandent leurs parfums dans l'espace désert[3]; des fleurs qui montent jusqu'à la cime des plus hautes tiges; des fleurs qui naissent sur les troncs des arbres morts de vétusté et leur font une couronne d'or et de pourpre.

Mais tout n'est pas si beau sur ce sol si fécond, et l'on ne réside pas sans péril dans cette forêt enchantée. Sur le gazon cheminent des scarabées énormes revêtus d'une cuirasse d'acier, armés de pinces dures comme le fer. Çà et là on est exposé à l'affreux aiguillon des centipèdes, au dard des scorpions, au venin des serpents.

Deux surtout sont très redoutés, l'un qu'on appelle le fer de lance, l'autre la tête de chien. Ils ont 8 à 10 pieds

1. Un arbre de 8 pieds de diamètre et de 100 pieds de hauteur. De son tronc les Indiens font leurs légers et solides canots. De son écorce on extrait une résine parfumée dont on fait l'encens.
2. Avec deux de ces petites lampes vivantes, on peut parfaitement lire.
3. *Elegy in a country church-yard.*

de longueur, et leur poison est sans remède : il tue immédiatement.

Il y a dans le pays des Caraïbes une légende de la tête de chien qui me rappelle celle de la vouivre de Franche-Comté dans la vallée de la Loue. Comme notre vouivre, le serpent des Antilles porte au front une escarboucle d'une grosseur et d'une beauté merveilleuses. Mais quand il va se baigner dans un lac ou dans une rivière, il ne dépose point comme notre vouivre son diamant au bord de l'eau : il soulève seulement la paupière qui le recouvre, et malheur au passant qui sur cette pierre éblouissante arrête ses regards ! il est aussitôt frappé de cécité.

M. Ober s'est fait un devoir de décrire ces terribles reptiles, puis il est retourné avec joie à ses occupations favorites, à l'ornithologie, et le temps qu'il a consacré en diverses îles à cette science séduisante n'a pas été infructueux.

Après Buffon, le maître par excellence, et Linné, l'illustre Linné, et Temminck, le sagace et patient Hollandais ; après les plus notables ornithologistes des temps modernes : en Angleterre le docte Waterton ; en Allemagne, Spix et Martius ; aux États-Unis, le prince Bonaparte, Wilson, Audubon ; au Canada, J.-M. Le Moine ; en France, Cuvier, Guéneau de Montbéliard, Geoffroy Saint-Hilaire, Lesson, Lescuyer, M. Ober a fait encore de curieuses découvertes. Il a décrit une centaine d'oiseaux, dont d'autres totalement inconnus et d'autres très difficiles à atteindre.

Un matin, dit une légende mystique, le jeune moine Félix sort de son couvent pour faire une solitaire promenade. Le ciel est pur, l'air doux, la campagne fleurie. Il chemine gaiement vers la grande forêt; il s'arrête surpris par le chant d'un oiseau invisible, un chant si suave, si harmonieux qu'il pénètre jusqu'au fond de l'âme. Félix l'écoute en un pieux recueillement comme s'il écoutait une mélodie céleste, et plus cette musique surnaturelle se prolonge, plus elle le captive, plus il voudrait l'entendre.

Cependant son devoir le rappelle au couvent. Il y retourne à pas lents, rêveur. En y arrivant, il n'y voit que des figures dont il n'a nulle souvenance, et tous les religieux le regardent avec surprise. Aucun d'eux ne le connaît. On l'interroge. Il raconte comment il est sorti le matin, comment il a été un peu retardé dans sa promenade par un chant extraordinaire et il demande à rentrer dans sa cellule. Personne ne comprend rien à son récit. Enfin un vieux cénobite se rappelle avoir ouï raconter par ses prédécesseurs l'étrange disparition d'un de leurs jeunes confrères. Cet événement doit être relaté dans les registres de la communauté. En effet, en remontant d'année en année, on en retrouve la mention à un demi-siècle de distance. Félix avait passé un demi-siècle en extase, écoutant le chant céleste.

Dans les Alpes Jurassiennes il y a un oiseau qu'on ne voit pas et dont la voix enchante ceux qui parviennent jusqu'aux bois où il demeure[1].

A la Dominique il y a un oiseau magique dont M. Ober parle avec enthousiasme :

_____

1. Urbain Olivier, *Matinées d'automne*, p. 114.

« Un jour, dit-il, après avoir gravi au haut d'un précipice dans lequel tombe une cascade, soudain, à travers le bruissement de cette eau écumeuse, arrive à mon oreille un son étrange, un son suave, solennel, émouvant, plus clair que celui de la flûte, plus pénétrant que l'hymne dans l'église. Jamais je n'avais entendu rien de pareil. Ce n'est pourtant pas un chant. Ce ne sont que des notes rapides, mais d'une douceur inexprimable. Je les écoute dans une sorte de ravissement. Puis je cherche d'où vient cette merveilleuse musique ; je regarde de tous côtés et je finis par apercevoir, au haut du précipice, à la pointe d'un léger bambou, un petit oiseau d'une jolie forme, très modestement vêtu, orné seulement d'une teinte rouge sous le gosier. Je le vois descendre sur un arbuste pour y prendre une baie, puis il s'envole, et de nouveau vibrent ses notes un instant interrompues. On l'appelle le Siffleur de la montagne. Par sa faculté de ventriloque, il siffle de telle sorte qu'on peut le croire très près quand on en est à une longue distance. »

A Saint-Vincent s'élève un volcan qui semble à présent éteint, mais dont l'éruption produisit encore en 1812 de grands ravages. Ses cendres se répandirent jusque dans les Barbades, à 50 lieues de distance. Sur les flancs de ce cratère, à 1000 pieds au-dessus de la mer, habite un joli petit oiseau. Sa voix est douce et mélodieuse comme celle du Siffleur de la montagne, mais plus mélancolique. On le nomme l'Oiseau de la soufrière, et on l'a surnommé l'Invisible.

Il vit dans la solitude ; il est si craintif et s'enfuit si

rapidement à l'approche de l'homme, qu'on ne peut réellement le voir. Après de nombreuses, patientes et périlleuses poursuites, M. Ober est parvenu à s'en procurer un. C'était pour les habitants du pays un vrai phénomène.

Chacun sait que les oiseaux chantent à diverses heures, et ont dans la journée diverses stations. Aux Antilles, le plus matinal est l'oiseau-mouche, qui s'en va voletant de fleur en fleur et de son petit bec secouant les perles de rosée; puis vient le perroquet rouge, qui par l'éclat de ses couleurs émerveillait les compagnons de Christophe Colomb; puis, le merle et la grive et tout l'orchestre aérien.

Parfois, en un temps calme, tout à coup on voit s'abattre sur la mer limpide une foule d'oiseaux noirs de la famille des hirondelles. Ils viennent des îlots déserts et annoncent l'ouragan. Rien à la surface du ciel, rien dans les airs ne le fait présager. Cependant ces habiles météorologistes ne s'y trompent pas.

Dans les régions tropicales on peut être surpris par la nuit, qui arrive subitement, sans crépuscule, et il y a là un oiseau qui fait l'office de la cloche du couvre-feu. On l'appelle le Coucher du soleil. Tout le jour il reste silencieux, et il est si menu qu'on ne peut le voir. Mais, une demi-heure avant que le soleil disparaisse à l'horizon, il sort de sa retraite, il monte sur un arbre, et jette d'une voix vibrante un cri qui retentit au loin, qui avertit le bûcheron, le chasseur que la nuit approche. Puis il se tait. Sa tâche quotidienne est accomplie.

Ah! ces chers oiseaux si merveilleusement doués,

musiciens, architectes, géomètres, messagers ailés, plus prompts que Mercure et plus honnêtes : qui pourrait se lasser de les voir et de les admirer? qui pourrait dire leurs dons d'intelligence et leurs vertus?

Sans cesse cependant on les tue, ces charmantes créatures du bon Dieu : celles qui par leurs religieuses mélodies réconfortent le voyageur sur sa route solitaire et le laboureur dans ses sillons; celles qui réjouissent le cœur de l'enfant et du vieillard; celles qui rendent les plus grands services au jardinier, au vigneron, à l'agronome, on les tue pour une misérable satisfaction de gourmandise ou de calcul pécuniaire.

A l'œuvre, à l'œuvre, vous qui, par la plume, par la parole, par l'action législative, pouvez empêcher ces meurtres.

IX

A TRAVERS LE CANADA

Jolliet, Jolliet, deux siècles de conquêtes,
Deux siècles sans rivaux ont passé sur nos têtes
Depuis l'heure sublime où de ta propre main
Tu jetas d'un seul trait sur la carte du monde
Ces vastes régions, zone immense et féconde,
      Futur grenier du genre humain.

  . . . .

Plus de forêts sans fin : la vapeur les sillonne,
L'astre des jours nouveaux sur tous les points rayonne,
L'enfant de la nature est évangélisé,
Le soc du laboureur fertilise la plaine,
Et le surplus doré de sa gerbe trop pleine
      Nourrit le vieux monde épuisé.

  . . . .

Des plus purs dévouements, merveilleuse semence,
Qui de vous eût jamais rêvé cette œuvre immense !
O Jolliet, et vous, apôtres ingénus,
Humbles soldats de Dieu sans reproche et sans crainte,
Qui portiez le flambeau de la vérité sainte
      Dans ces parages inconnus.

  . . . .

Et toi, de ces héros généreuse patrie,
Sol canadien que j'aime avec idolâtrie,
Dans l'accomplissement de tous ces grands travaux,
Quand je pèse la part que le ciel t'a donnée.

> Les yeux sur l'avenir, terre prédestinée,
> J'ai foi dans tes destins nouveaux.

Je me rappelle la matinée où, pour la première fois, j'entendis M. L. Fréchette moduler ce chant patriotique. C'était à une distribution de prix, dans l'école des Frères de la Doctrine chrétienne, où il avait bien voulu m'accompagner. Dès la première strophe il conquérait son auditoire. Le vénérable prêtre qui l'avait courtoisement invité à prendre la parole le remerciait par ses regards attendris[1]. D'une extrémité de la salle à l'autre, on l'écoutait en un profond silence. Puis les applaudissements éclatèrent, et l'on se demandait qui était ce jeune homme dont le nom ne figurait pas sur le programme de la fête et dont la voix vibrante produisait une si vive émotion.

C'était le poète de Montréal, auquel l'Académie française venait de décerner une de ses couronnes les plus enviées. C'était un de ces Canadiens qui, par delà l'Atlantique, conservent religieusement la langue de leurs aïeux. C'était le descendant d'une des familles de l'ancienne France, qui nous disait en vers harmonieux les traditions et l'avenir de la Nouvelle-France :

> Glorieuses sont ces traditions,
> Immense est cet avenir.

Nos chers Canadiens! Ils ont été au dix-huitième siècle, comme dans les derniers temps nos belles pro-

---

1. M. Hamelin, curé de Sainte-Clotilde, mort récemment.

vinces d'Alsace et de Lorraine, ils ont été abandonnés par une de ces horribles transactions qu'on appelle des traités de paix. Ils étaient en bien petit nombre et bien peu en état de se défendre quand l'Angleterre les prit, persuadée qu'elle allait promptement les angliciser.

Ah! comme ils ont combattu pour garder leur religion, leur idiome, leur nationalité. On glorifie le courage qui se manifeste sur le champ de bataille en une heure d'effervescence : n'est-il pas plus admirable le courage de chaque jour qui se maintient résolument dans une lutte pénible pendant de longues années?

Par leur union dans leur catholicisme et le souvenir de leur origine, les Canadiens ont résisté aux convoitises britanniques, au fanatisme protestant, aux violences administratives et judiciaires des premiers gouverneurs que l'Angleterre leur imposait. Ni les menaces ni les promesses n'ont pu les détacher de leur foi, ni les détourner de leur but. Enfin ils ont obtenu le pacte équitable qu'ils désiraient.

Graduellement leur force augmentait. A la lettre ils accomplissaient la sentence de la Genèse : Croissez et multipliez. Sur notre sol canadien à jamais illustré par tant d'actes d'héroïsme et de piété, on ne comptait, en 1763, pas plus de 65 000 Français; il y en a maintenant 1 300 000[1].

On sait que depuis 1867 les possessions de l'Angleterre dans l'Amérique du Nord constituent un État

1. Paul de Cazes, *Notes sur le Canada*, p. 79.

fédératif auquel on a donné le nom de *Dominion*. Il se compose à présent de sept provinces : Ontario, Québec, le Nouveau-Brunswick, la Nouvelle-Écosse, Manitoba, la Colombie, l'île du Prince-Édouard. Les affaires générales de la confédération se traitent à Ottawa. Là se réunit le parlement, là est la résidence du gouverneur général.

En ce qui tient à ses propres domaines, à ses lois, à son culte, à ses intérêts particuliers, chaque province forme un État indépendant. Il a son budget spécial, son parlement, son gouverneur. « A Québec, dit M. H. Fabre dans une de ses instructives et spirituelles conférences[1], le lieutenant gouverneur, le premier ministre, les premiers magistrats sont toujours des Canadiens-Français : c'est affaire entendue. Au parlement, au palais, on parle surtout notre langue. A Ottawa, au parlement fédéral, rien ne se fait sans nous. A Québec, au parlement provincial, rien ne se fait que par nous. Par une route longue, parfois pénible, nous sommes revenus au point de départ. Si le drapeau qui flotte sur la citadelle de Québec n'est plus le drapeau français, la ville que ce drapeau abrite est aussi française qu'en 1760. »

De l'Atlantique au Pacifique, du lac Supérieur bien au delà du cercle polaire, la confédération Canadienne a une surface plus grande que celle de l'Europe. De l'Atlantique au Pacifique elle aura, comme la république de Washington, son chemin de fer. Il est déjà fait jusqu'aux montagnes Rocheuses. Il doit être achevé

1. Conférence du 21 mars 1884.

en 1886. Heureux ceux qui voyageront sur un tel chemin, à travers une contrée si vaste et si intéressante.

On a souvent décrit les vallées et les montagnes par lesquelles passe le Transcontinental des États-Unis.

De Québec à la Colombie, le Transcontinental du Dominion canadien aura plus de 1200 lieues de longueur. Une partie du terrain qu'il traverse est fort peu connue. Je voudrais essayer d'en donner une juste idée avec des livres véridiques. Il y en a en diverses langues de l'Europe, surtout en français, un grand nombre dont M. Faribault, le savant et zélé bibliothécaire de Montréal, avait fait une collection qui, malheureusement, a été incendiée. Il en est plusieurs que je me réjouis de posséder et que je puis citer à coup sûr.

En 1802 M. le capitaine Lewis et M. Clarke furent chargés par le gouvernement américain d'explorer les sources du Missouri et de chercher quelques cours d'eau par où l'on pourrait descendre à l'océan Pacifique. Ils traversèrent les montagnes Rocheuses et découvrirent deux affluents de la Colombie, la magnifique rivière. Par là ils atteignirent le grand Océan.

Leur expédition dura près de trois années. Dans le récit qu'ils en firent, on trouve de curieuses notions sur les lieux qu'ils parcoururent et les diverses peuplades d'Indiens qu'ils rencontrèrent[1].

En 1841 sir George Simpson a été de Londres au

---

1. *History of the expedition across the Rocky Mountains and down the river Colombia to the Pacific Ocean*, 2 vol. in-8°; *A journal of voyages under the command of Capt. Lewis and Clarke*, by Patrick Gass, 1 vol. in-8°.

nord-ouest du continent américain, jusqu'à l'île de Vancouver, par le Canada, par les terrains appartenant alors à la Compagnie de la baie d'Hudson. Gouverneur de cette puissante société, il voyage comme un roi dans ses domaines. Pour traverser les lacs et les rivières, on lui donne les rameurs les plus alertes; pour cheminer dans les forêts et les prairies, les meilleurs chevaux et les guides les plus expérimentés. Il est reçu solennellement dans les forts de la compagnie, et les tribus d'Indiens lui envoient de divers côtés des députations pour lui offrir leurs vœux. Il est, disent ces pauvres et naïves peuplades, le puissant magicien. Elles le prient de protéger leurs chasses, leurs pêches et leurs wigwams.

A de précieux renseignements M. Simpson a joint dans sa relation de jolies descriptions et des épisodes agréables[1].

Plus émouvant est le livre de deux autres Anglais : lord Milton et le docteur Cheadle[2].

Très animée et, à certaines pages, très émouvante est la relation de M. Butler, un vaillant officier et un homme de cœur[3].

J'ai pour les voyageurs anglais un sentiment particulier de gratitude. Je leur dois les lectures les plus attachantes et les meilleures directions.

C'est bien sûr que les livres de *travels* qui paraissent en Angleterre, imprimés sur beau papier, par-

---

1. *The overland journey round the world*, 1841.
2. *The North-West Passage by land*, 1862.
3. *The great lone Land*, 1869.

semés de gravures et coquettement cartonnés, ne sont pas tous de premier ordre. Il y a là, ainsi qu'en d'autres pays, l'explorateur naïf qui, lorsqu'il a fait quelques pas hors de sa case, s'écrie, comme le rat de La Fontaine : « Ah! que le monde est grand! » Il y a le *snob* tel que Thackeray nous l'a dépeint dans ses pages humoristiques, le touriste qui s'en va le lorgnon sur l'œil, le nez au vent, et croit avoir tout vu quand il a écrit les noms de quelques montagnes et de quelques monuments sur son carnet. Il y a aussi le sectaire, le fanatique dont on ne saurait sans réserve admettre les écrits, car souvent sa passion trouble son jugement.

Mais le vrai voyageur anglais, le lettré, le gentleman, le chercheur, peut défier tous ses rivaux. Rien n'égale sa hardiesse, sa résolution et sa patience. Nul obstacle ne l'arrête, nul péril ne l'effraye. Là où il veut aller, il ira certainement, et ce qu'il veut savoir, coûte que coûte, il le saura.

Nous devons dire que nul voyageur n'est comme lui protégé par sa nationalité. Un Anglais jeté par hasard sur une plage inconnue trempe son doigt dans l'eau, le porte à sa bouche et dit : « De l'eau salée! ceci est à l'Angleterre ». Et c'est vrai. L'Angleterre étend sa puissance sur le monde entier, et là où elle ne possède pas une parcelle de terrain, elle a dans la maison d'un marchand, ou d'un missionnaire, son drapeau. Elle a un agent dont le premier devoir est de faire respecter tout ce qui tient à l'empire Britannique. En aucun pays le voyageur anglais ne sera impunément lésé : c'est dans l'univers le *civis romanus*.

Aux livres que je viens de citer il faut joindre plusieurs ouvrages canadiens, entre autres :

Les Excursions d'un artiste, par M. le docteur Kane, de Toronto;

Esquisse du Nord-Ouest, par Mgr Taché;

Les Canadiens de l'Ouest, par M. Joseph Tassé;

Mélanges d'histoire et de littérature, par Benjamin Sulte;

Ocean to Ocean, par M. Grant;

Plusieurs conférences de M. H. Fabre; et dernièrement un de nos écrivains de Paris, M. de Lamothe, a publié un livre qui ne peut être oublié[1].

Dans ces récits de voyage à travers les régions du Nord-Ouest, à tout instant reparaît le souvenir de la France, par une audacieuse entreprise, par un fructueux labeur, par un homérique combat, par une mission évangélique, et l'on est émerveillé de tout ce qui a été fait en un si vaste espace par une si minime population.

« Ah! disait l'empereur d'Autriche François II en regardant le vieux château de Habsbourg, le berceau de sa famille, nous avons commencé petitement. »

Ainsi peut dire notre impériale colonie du Canada.

Très restreint était le budget de l'ancienne France, mais si grand le cœur, si fervente la foi!

Avec deux petits bâtiments de soixante tonneaux, Jacques Cartier, ayant reçu la bénédiction de son évêque, traverse l'Atlantique et remonte le Saint-Laurent.

----

1. *Cinq mois chez les Français d'Amérique.*

Avec un frêle canot d'écorce, l'humble jésuite Marquette et le géographe Jolliet découvrent le Mississipi[1].

Avec une chétive embarcation, l'héroïque, l'infortuné Cavelier de La Salle descend le grand fleuve jusqu'à son embouchure, et découvre la terre féconde à laquelle il donne le doux nom de Louisiane[2].

Quelques tentes au milieu des bois, en face des sauvages, une chapelle dont la cloche était suspendue à un arbre, une maison d'éducation pour les enfants pauvres, une maison de refuge pour les malades : voilà le commencement de Montréal, la noble ville où s'élève aujourd'hui une magnifique cathédrale et de superbes collèges, où l'on voit de riches magasins, où l'on compte 170 000 habitants[3].

Quelques aventureuses excursions d'ici, de là, dans les pays inconnus : voilà le commencement des plus étonnantes explorations, l'origine de ces légions de pionniers canadiens qu'on a nommés *voyageurs, coureurs des bois*, qui ont étonné le géographe par leurs connaissances pratiques et le romancier par leurs

1. Le P. Marquette était d'une ancienne famille de Laon alliée à la famille du vénérable Jean-Baptiste de La Salle, le fondateur des écoles de la Doctrine chrétienne. En 1865 des écoles de filles furent fondées selon les principes de La Salle par M. Marquette. Les religieuses qui les dirigèrent portèrent le nom de *Sœurs Marquette*. (Gilmary Shea, *Discovery and exploration of the Mississippi valley*, p. 42.)

2. *Découvertes et établissements de Cavelier de La Salle*, par Gabriel Gravier, 1870.

3. Dernièrement, M. Beaugrand, l'habile typographe, le maire de Montréal, a publié un recueil de divers plans et de diverses vues de cette imposante cité, depuis 1611 jusqu'en 1803. C'est une belle œuvre d'art et une curieuse page d'histoire.

aventures. Ils ont franchi les lacs, les rivières, les déserts. Ils ont été, au nord, jusqu'à l'extrémité de la baie d'Hudson, et, à l'ouest, jusqu'à ces barrières gigantesques qu'on appelle les montagnes Rocheuses. Au sein de ces montagnes s'élève, à une hauteur de 1500 pieds, une roche pyramidale, la roche Miette. Ce nom lui vient d'un Canadien français qui grimpa sur ce pic escarpé, s'assit à son sommet et se mit tranquillement à fumer sa pipe, les pieds pendant sur l'abîme[1].

Une autre cime de ces montagnes porte le nom du général Frémont. Il est d'origine française, ce vaillant général, cet intrépide explorateur. Son père était un Lyonnais, d'une famille distinguée. La Révolution l'obligea d'émigrer; il alla en Amérique. Ainsi qu'un grand nombre de nobles proscrits, il n'avait pour toute ressource sur la terre étrangère que les talents d'agrément acquis en de meilleurs jours, et souvent il était obligé de s'arrêter pour gagner par son travail le moyen de continuer sa route. Dans une de ces haltes, en Virginie, il devint amoureux d'une jeune fille. Elle aussi l'aima, et, après de longues instances, il finit par obtenir de ses parents la permission de l'épouser. M. Frémont se fit alors une nouvelle patrie de cette contrée où son cœur avait trouvé un cœur dévoué, et renonça à retourner en France, où sa famille avait péri. A un esprit romanesque il joignait un vif désir de connaître des choses nouvelles, et il entreprit de visiter

1. Ed. Delessert, *les Indiens de la baie d'Hudson*, p. 81.

avec sa jeune femme les districts où les Européens n'avaient pas encore bâti leurs demeures, où il ne devait rencontrer que des Indiens. Dans un de ces voyages naquit, en 1813, son fils Charles, destiné à faire tant d'étonnants voyages.

« En 1731 un gentilhomme canadien, M. de Varennes de La Verandrye, accompagné de ses fils, de son neveu, d'un missionnaire, le P. Messager, et d'une cinquantaine d'hommes, franchit pour la première fois les hauteurs des terres au nord-ouest du lac Supérieur. Dans une première expédition, qui dura quatre années, il reconnut le cours de la rivière Winnipeg, les bords du lac du même nom, le cours inférieur de la rivière Rouge et de l'Assiniboine.

« Le besoin de renouveler ses provisions et munitions de toute nature le contraignit à revenir sur ses pas en 1735, et il dut attendre près d'un an, dans la région du lac des Bois, qu'on lui expédiât du Canada tout ce qu'il fallait pour continuer son entreprise. Pendant cette période d'inaction forcée, en 1736, un des fils du courageux explorateur fut tué par les Sioux dans une île du lac Lacroix. Vingt de ses compagnons et un missionnaire périrent avec lui.

« Les provisions arrivées, La Verandrye reprit le chemin de l'Ouest; il remonta la rivière Saskatchewan, traversa en 1742 le Missouri supérieur, puis la rivière Pierre-James, et arriva enfin aux montagnes Rocheuses, dont, le premier parmi les blancs, il fit l'ascension.

« En 1745 il rentrait enfin au Canada, après une absence de quatorze années, passées en plein pays indien, à travers des dangers de toutes sortes. Créé chevalier de Saint-Louis, et autorisé à entreprendre de nouvelles explorations, il se disposait à repartir, malgré son âge avancé, lorsque la mort vint le surprendre[1]. »

Dans le cours de leurs longs voyages, dans leurs fréquents rapports avec les Peaux-Rouges, des Canadiens ont pris goût à la vie de ces peuplades et ont épousé des Indiennes.

De ces mariages est issue une race métisse grande, forte, bien faite et généralement douée d'une étonnante faculté de sauvages, la faculté de se guider dans les bois et les prairies, par leurs minutieuses observations et leurs tenaces réminiscences.

Ce qu'ils ont une fois remarqué, jamais ils ne l'oublieront, et ils remarquent tout, un pli de terrain imperceptible dans la prairie, un arbre d'une forme singulière dans la forêt, une pierre dans la cascade.

Autant de souvenirs, autant de précieuses indications dans leur trajet.

Ces descendants de nos anciens colons ne sont pas nombreux et ne sont pas riches. Il en est qui chassent tant qu'ils peuvent le bison. C'est une de leurs principales ressources. D'autres sont employés par la Compagnie de la baie d'Hudson. Les plus heureux sont ceux que des prêtres intelligents et zélés réunissent en communautés agricoles, comme autrefois les Indiens de l'Amérique du Sud dans les missions.

Dans les déserts du Nord-Ouest, à 900 lieues de

____

1. H. de Lamothe, *Cinq mois chez les sauvages d'Amérique*, p. 277.

Québec, une de ces communautés a été, dans l'espace de quelques années, visitée et décrite par plusieurs Anglais avec une religieuse émotion.

« Elle est établie, dit le capitaine Butler, sur les bords du lac Saint-Albert, et dirigée par des prêtres catholiques français de l'ordre des Oblats. Celui qui a voyagé à travers l'empire colonial de l'Angleterre, c'est-à-dire à travers un tiers de la terre habitable et une moitié des régions désertes du monde, celui-là a souvent rencontré, au milieu des peuplades sauvages, des hommes qui s'occupent d'elles avec une tendresse touchante. Si vous demandez qui sont ces hommes si généreux et si dévoués, on vous répondra que ce sont des missionnaires français, et si vous les visitez dans leur solitaire cabane, vous verrez autour d'eux les mêmes indices, les mêmes témoignages d'une foi surhumaine. Je ne parle pas par ouï-dire ni selon ce que j'ai lu. Je me rappelle ce que j'ai vu moi-même !

« Hélas ! à ces bons religieux de Saint-Albert, j'apportais de douloureuses nouvelles : la bataille de Sedan, le centre de la France envahi par les soldats allemands, Paris bloqué par la sauvagerie des savantes hordes teutoniques. »

« A quelques milles d'Edmonton, dit M. Grant, devant nous, sur une colline, s'élèvent l'église de Saint-Albert, la maison de l'évêque et la maison des Sœurs. Nous trouvons à l'évêché plusieurs prêtres qui revenaient de diverses missions. Le prélat, M. Grandin, nous fait un cordial accueil, nous montre sa demeure, son jardin, son église, dont on ne peut sans étonnement observer la structure quand on songe qu'il n'y a pas dans toute la contrée une scierie, qu'il a fallu tailler avec de petits instruments les bois de charpente et de menuiserie. Nous visitons aussi l'école des Sœurs et l'orphelinat. Il y a là vingt-quatre enfants de métis ou d'Indiens de la tribu des Pieds-Noirs ou des Cris : ces pauvres petites créatures étaient abandonnées, en une année terrible, dans les habitations ravagées par la petite vérole. Les bonnes religieuses nous ont charmés par leur courtoisie. Aux protestants comme aux catholiques, elles imposent par leur pieuse existence un profond respect. Elles sont toutes d'origine française; de même le prélat et les prêtres auxiliaires[1]. »

Je ne puis résister au désir de citer une autre mention d'une de ces œuvres de la France en si lointain pays, une page du livre de lord Milton et du docteur Cheadle.

« Sur une hauteur, près d'une rivière et d'un petit lac, s'élève le village de Saint-Alban, administré par un prêtre français, très intelligent et très agréable, M. Lombard. Il parle parfaitement l'anglais et l'idiome de la peuplade des Cris. Nous entrons dans sa maisonnette, composée de deux pièces, une petite chambre à coucher et une salle, dont le mobilier n'est pas brillant : quelques chaises, une table grossièrement taillée, quelques images appendues aux murs, un portrait du pape et un portrait de l'évêque de la rivière Rouge. C'est tout. M. Lombard nous a donné là un dîner qui,

____

1. *Ocean to Ocean*, p. 182.

après nos jours de voyage, nous a paru splendide : de la viande séchée, du poisson, des légumes ; de longtemps nous ne devions rien voir de pareil. Ensuite il nous a conduits dans son petit royaume. Il nous a montré la chapelle, le couvent, les écoles de la communauté, puis les riches champs de blé et les bestiaux superbes de plusieurs métis, et le pont construit sur la rivière, le seul pont qui existe dans le territoire de la baie d'Hudson. Le bon prêtre est très occupé d'améliorer la condition matérielle de ses paroissiens. Il a employé une grande partie de ses ressources à leur procurer de meilleurs instruments d'agriculture, et il construit un moulin qui sera mis en mouvement par des chevaux.

« Depuis la rivière Rouge nous n'avions pas vu un si florissant village. Il faut avouer que les entreprises et l'influence des prêtres catholiques sont bien supérieures à celles des missionnaires protestants. A la Croix, à Saint-Alban, à Sainte-Anne, en plein désert, les prêtres canadiens, bravant la fatigue et le danger, ont fondé de salutaires institutions. Ils réunissent autour d'eux des métis, des Indiens, et leur enseignent les éléments de la civilisation avec les éléments de la religion. Les délégués des sociétés bibliques jouissent indolemment de leur confort dans leur établissement de la rivière Rouge[1]. Peut être, en été, se mettront-ils

---

1. Une colonie fondée en 1811 par le comte de Selkirk sur les bords de la rivière Rouge, à sa jonction avec l'Assiniboine. Il y a là plusieurs églises protestantes, une cathédrale catholique, une maison de Sœurs de charité et des écoles.

en route pour visiter quelques établissements voisins[1]. »

Les missions catholiques et les comptoirs de la Compagnie de la baie d'Hudson sont les oasis de cette
région du Nord, cette *great lone Land*, selon l'expression de M. le capitaine Butler.

La baie d'Hudson, découverte par le vaillant et malheureux navigateur qui lui donna son nom, est, après
la Méditerranée, la plus grande mer intérieure. Elle n'a
point conduit les intrépides marins d'Angleterre au
passage du Nord-Ouest; mais elle est devenue célèbre
par le commerce.

En 1670 parut une ordonnance de Charles II qui
octroyait au prince Rupert et *aux aventuriers anglais*
ses associés, et à leurs successeurs, le monopole du
trafic des fourrures dans l'étendue des terres arrosées
par les rivières qui tombent dans la baie d'Hudson. La
compagnie devait s'efforcer de christianiser les dissi-
dents et de faire quelques découvertes géographiques.
Pour ses diverses opérations, pour défendre ses privilèges, elle était autorisée à armer des navires et à bâtir
des forts.

Peu à peu, sur divers points de son immense territoire, elle fit des constructions que l'on appela des
forts. Deux seulement méritent ce nom. Elles sont
entourées de murailles en pierre, avec des bastions aux
quatre coins[2]. Les autres ne sont défendues que par

---

1. *The North-West Passage by land*, p. 180.
2. R. Ballantyne, *Hudson's bay*. p. 30.

des palissades en bois, et quelques-unes n'ont pas la moindre apparence de rempart.

Pendant un siècle les successeurs des associés du prince Rupert s'enrichirent aisément. Dans chacun de leurs districts ils mettaient en mouvement tous les Indiens et acquéraient à peu de frais les fourrures précieuses : martres et loutres, hermines et renards bleus, lynx et castors, ours et bisons.

Mais en 1783 ils virent s'élever devant eux une fatale concurrence : la Compagnie du Nord-Ouest, composée en grande partie de Canadiens.

Heureux événement pour les pauvres Indiens, obligés jusque-là de subir les rigueurs du monopole : ils se virent recherchés par les deux compagnies. Elles se disputaient leurs fourrures et leur en donnaient un bon prix. Elles ajoutaient même à leur libéralité la liqueur magique : le rhum. Leurs agents se disputaient à main armée les terrains de chasse et de pêche, et plus d'une fois des collisions sanglantes éclatèrent dans des forêts où l'on n'avait à craindre ni juges ni gendarmes.

Après de longues hostilités, les deux rivales finirent par comprendre que, dans leur intérêt, elles feraient mieux de s'unir, et d'un commun accord la Compagnie du Nord-Ouest se fondit dans celle d'Hudson.

En 1867 la puissante compagnie du dix-septième siècle abandonna au Dominion, pour la somme de 7 500 000 francs, son immense territoire. En même temps son monopole fut aboli.

Elle n'en continua pas moins ses fructueuses opérations. Selon la loi actuelle, dans toute l'étendue du Dominion, le commerce des fourrures est libre. En réalité, la Compagnie d'Hudson en a encore les principaux bénéfices. Elle régit comme par le passé son ancien empire. Et quel empire! Du Paulina, sur la rivière Rouge, au fort Anderson, sur le Mackenzie, il y a aussi loin que de Londres à Moscou. De Kingport au Bellybanks il y a une plus grande distance que de Paris à Samarcande, et la compagnie règne sur cet espace. Elle nourrit, elle habille les neuf dixièmes de ses sujets. Il n'y a pas à la surface du globe un lieu plus sauvage que le terrain où est construit le fort de la Providence. Cependant le fusil avec lequel l'Indien de ce district tue l'élan ou le bœuf musqué a été forgé à Londres; la couverture dont il se revêt a été tissée à Witney; son couteau vient de Sheffield; son collier de grains, de Birmingham[1].

Quelle que soit leur forme de structure, les bâtiments que l'on appelle *les forts de la baie d'Hudson*, grands et petits, sont des établissements de commerce. Là sont dans chaque district l'entrepôt des fourrures qui seront transportées en Angleterre, et l'entrepôt des marchandises que l'on donnera à l'Indien en échange de l'animal qu'il a patiemment élevé, ou des pelleteries qu'il a conquises par son courage et son adresse.

Ni or, ni argent, ni billets de banque, n'apparaissent dans ces transactions. Comme le cowrie dans certaines contrées de l'Afrique, comme autrefois le vadmel en Islande, la peau représente ici la valeur monétaire. Par exemple, un cheval est estimé soixante peaux. Pour ce

----

1. Cap. Butler, *The great lone Land*, p. 211.

capital, l'Indien peut se faire donner dans le magasin : un fusil, évalué à quinze peaux ; une capote, dix peaux ; une couverture, dix peaux ; des balles et de la poudre, dix peaux ; du tabac, quinze peaux : total, soixante.

Ce qu'il voudrait surtout, c'est de l'alcool. Jadis on cédait à ses ardentes convoitises, en adoucissant la dangereuse boisson selon le tempérament des diverses peuplades. Pour le Cri, le verre d'alcool était noyé dans trois verres d'eau ; pour le Pied-Noir, dans six verres. Malgré cette précaution, la maudite liqueur enflammait encore les cerveaux. Maintenant il est absolument défendu aux employés de la compagnie d'accorder une seule goutte de rhum ou d'autres spiritueux. Mais les spéculateurs, qui, en vertu de la liberté du commerce, peuvent aussi trafiquer avec lui, ne craindront pas de l'enivrer pour faire un meilleur marché.

Le cercle des opérations de la Compagnie d'Hudson a été divisé en quatre départements : le département de Montréal, l'Ottawa, le golfe Saint-Laurent, la baie des Esquimaux ; le département du Sud, le long des rives du lac Supérieur ; le département du Nord, qui s'étend jusqu'aux régions glaciales ; le département de la Colombie, au delà des montagnes Rocheuses, jusqu'aux confins de l'Amérique russe[1].

En attendant le chemin de fer, on ne peut s'aventurer dans ces deux derniers départements sans l'assistance de la compagnie.

1. R. Ballantyne, *Hudson's bay*, p. 29.

Là, de loin en loin, s'élèvent sur cette terre déserte, comme des flots sur l'Océan, les maisons de la compagnie. Là le voyageur épuisé de fatigue, affamé, glacé, trouve un refuge, un foyer, puis ce qui lui sera nécessaire pour se remettre en route : des bateliers, des guides, des chevaux et une bonne quantité de provisions, car il fera peut-être 80 ou 100 lieues avant de retrouver une autre habitation humaine. La meilleure des provisions est le *pemmican*, fait avec la chair de bison coupée par tranches, séchée, broyée, imprégnée de graisse fondue et comprimée dans un sac de cuir. La plupart des Indiens mangent toute crue cette masse compacte, les raffinés la font cuire. Crue ou cuite, elle ne tenterait guère un Brillat-Savarin[1]. Mais c'est une chose solide que ni la chaleur ni l'humidité ne détériore. C'est, en un très petit volume, un aliment très substantiel. Deux livres de pemmican suffisent pour rassasier huit personnes[2].

Par malheur, pour faire le pemmican il faut abattre beaucoup de bisons. Pour satisfaire aux besoins du moment, on dévaste l'avenir.

Il y a des peuplades dont la vie est liée à celle d'une plante ou d'un animal : dans les îles de l'Océanie, à l'arbre à pain ; dans le Sahara, à la fécondation des dattiers ; sur les rives de la Kolyma, en Sibérie, au passage des harengs ; dans le Groenland, au phoque ; en

---

1. Le pemmican préparé en Angleterre pour les expéditions arctiques a plus de saveur. Il est fait avec les meilleurs morceaux de bœuf, des raisins de Corinthe et du sucre.

2. *Ocean to Ocean*, p. 211.

Laponie, au renne; dans les prairies incultes de l'Amérique du Nord-Ouest, au bison.

Autrefois, entre les montagnes Rocheuses, le Mississipi, les forêts du Texas et la rivière de Saskatchewan, paissaient des troupes innombrables de bisons. L'Indien n'en prenait que ce qui lui était absolument nécessaire. L'Européen est venu, qui, pour le plaisir de chasser et de tuer, pour montrer sa prestesse de cavalier et son habileté de tireur, a fait d'effroyables ravages dans ces bandes paisibles. Puis les industriels ont appris à faire un emploi lucratif de la peau et des cornes de bison; puis les trappeurs et les voyageurs ont reconnu l'extrême utilité du pemmican, si nutritif, si facile à transporter, et les nobles animaux sont maintenant de tout côté pourchassés avec une féroce cupidité, attirés dans des pièges, rassemblés dans des palissades où on les égorge par milliers. Ils se retirent de plus en plus vers le Nord, et d'année en année leur nombre diminue. On peut prévoir le jour où ils disparaîtront.

Les Peaux-Rouges ont été aussi, par l'invasion de la race blanche, graduellement refoulés dans les sombres parages du Nord et vers les montagnes du soleil couchant.

« Pauvres Indiens, dit M. Butler avec un généreux sentiment de commisération, en lisant les livres de l'ancien temps si poétiquement remémorés par Longfellow, nous y trouvons des noms de tribus indiennes qui jadis ont tenu des conseils, ont fait la guerre et la paix, et dont il ne reste plus maintenant aucune trace. D'autres ont donné leur nom à des lacs, à des rivières :

Érié, Huron, Ottawa, Seneca, Cayuga. Mais, depuis le jour où l'Européen découvrit le continent occidental et y fut si bien accueilli par les Peaux-Rouges, jamais ces nomades enfants de la nature n'ont été accablés comme ils le sont maintenant. Ce n'est plus contre les pionniers de France, d'Angleterre, d'Espagne, qu'ils ont à lutter : le monde entier est ligué contre eux. De terribles actes de rapacité et de cruauté ont été commis dans ces régions de l'Occident. Plus lamentables encore sont ceux qui s'accomplissent en cette glorieuse civilisation du dix-neuvième siècle. Si, le long de la frontière américaine, depuis le golfe du Mexique jusqu'aux possessions anglaises, un Indien se rend coupable d'un meurtre; s'il enlève à un colon un cheval ou un bœuf, le crime est aussitôt signalé dans tous les journaux des États-Unis. Mais les vols innombrables, les meurtres féroces accomplis par les sauvages blancs, on n'en parle point. Le pauvre Peau-Rouge n'a pas de télégraphe pour raconter ses misères et ses douleurs.

S'il voulait se soumettre comme l'Africain et l'Asiatique, s'il voulait être notre esclave, on le laisserait vivre. Mais parce qu'il ne veut point bâtir, planter pour nous, parce qu'il persiste à vivre de sa vie de pêcheur et de chasseur, à errer dans les belles prairies que le Grand-Esprit lui a données, parce qu'il a cette noble qualité que nous affectons de vénérer dans nos assemblées, parce qu'il veut être libre, nous le tuons. Oui, depuis le nord du Texas jusqu'à la plus lointaine montagne du Nord, tuer l'Indien, c'est la solution de la difficulté indienne.

« La peuplade des Cris est peut-être la seule qui n'ait pas souffert de l'injustice des blancs. Elle possède encore ses prairies et ses terrains de chasse. Mais ses jours sont comptés, et déjà, au fond de sa solitude, elle peut entendre le roulement des flots de la prochaine immigration.

« De l'Atlantique au Pacifique, c'est partout la même histoire. D'abord l'homme blanc, l'hôte honoré, puis l'avide chasseur vendant l'eau-de-vie, le poison, puis le colon, l'exterminateur[1]. »

Ces enfants de la nature étaient pourtant très belliqueux, très fiers de leur courage, et souvent très cruels dans leurs victoires, mais d'une patience à toute épreuve dans leurs souffrances, d'une bonté et d'un dévouement sans bornes pour leurs parents et leurs amis.

Avant l'arrivée des Européens, ils avaient peu de besoins; ils n'avaient point trempé leurs lèvres à cette terrible liqueur qu'ils appellent l'eau de feu, qui les dévore; ils ne connaissaient point ces verroteries et ces quincailleries pour lesquelles ils vendent, comme Ésaü pour un plat de lentilles, leur droit d'aînesse.

Simple était leur vie, simple aussi leur idée d'un autre monde : ils pensaient qu'après leur mort ils iraient revivre dans de belles et vastes prairies, où ils auraient toujours une douce température et des chasses et des pêches faciles et abondantes[2].

1. *The great lone Land*, p. 240.
2. Jacques Cartier, *Seconde navigation*, ch. x ; Nicolas Perrot, *Mémoire sur les mœurs, coutumes et religion des sauvages*, ch. ix.

A présent, ces pauvres déshérités conduisent souvent l'étranger, de forêt en forêt, dans le domaine de leurs aïeux. Ce sont des guides très doux et très fidèles.

Meilleur encore est le métis. A l'agilité et à l'instinct des Peaux-Rouges il joint la force musculaire et la persévérance de la race européenne. Quelle que soit sa nourriture, souvent même en pleine disette, on le verra pénétrer comme le trappeur dans les bois, frayer avec ses patins un sentier sur la neige, suivre tout un jour le pas rapide de ses chiens attelés au traîneau. Il est aussi très bon batelier; il rame d'un bras vigoureux, et quand il arrive à un rapide, il prend tranquillement son canot sur ses épaules, le transporte par terre de l'autre côté de la cascade, puis le remet à l'eau.

Il fabrique très habilement ces légères embarcations avec des écorces de bouleau; ici, comme dans les contrées septentrionales de l'Europe, le bouleau est d'une grande utilité. Au siècle dernier, M. Hearne trouvait au Nord des Indiens qui, n'ayant aucun ustensile en fer, cuisaient leur quartier d'élan ou de bison dans des vases en écorce de bouleau. Et comment? La pièce de viande était mise au fond du vase, les Indiens la faisaient bouillir en jetant à diverses reprises dans l'eau qui la recouvrait des pierres rougies au feu[1].

Le bouillon ainsi préparé n'était pas, il faut le dire, très clair, et le morceau de venaison pouvait bien être criblé de petits cailloux. Mais les bonnes gens n'y regardaient pas de si près. On les eût bien étonnés en

1. *Voyage à l'océan Nord*, t. II, p. 109.

leur révélant quelques-uns de nos raffinements culinaires.

Au fort Garry, lord Milton et le docteur Cheadle ont pris, pour les aider dans leur voyage, quatre métis d'origine canadienne et n'ont eu qu'à s'en louer. L'un d'eux avait seulement un penchant un peu trop vif pour la bouteille, et il disait naïvement en son rustique dialecte : « Je boive pas souvent, mais quand je boive, je boive comme il faut ».

Cependant il parvint à se maîtriser et fit très bien son service.

Un autre métis canadien, nommé Louis Battenote, a suivi nos voyageurs, avec sa femme et ses enfants, jusque dans la Colombie; il n'avait qu'un bras, l'autre ayant été brisé par l'explosion d'un canon de fusil. Cette infirmité ne l'a point empêché de travailler vaillamment pour eux et de leur être très utile en de pénibles occasions.

Les légendes du moyen âge racontent le châtiment des châtelaines qui, dans leur passion pour la chasse, ont profané par leur tapage le saint jour du dimanche et conduit leur meute à travers les champs du laboureur. Bürger a glorifié ces légendes par un de ses chants les plus populaires : *Der wilde Jæger*.

Sans manquer aux prescriptions du dimanche, sans endommager les moissons du pauvre, ne méritent-ils pas un sévère avertissement les chasseurs qui poursuivent les innocentes bêtes du bon Dieu, les oiseaux qui égayent le passant par leurs mélodies et préservent les plantes du fléau des insectes, les oiseaux qui, des pays lointains, reviennent avec confiance nicher dans nos bois ou le long de nos rivières, et les inoffensifs, les doux, les gracieux animaux, l'isard, le chamois, la gazelle? Une Volkssage de la Suisse nous fait voir comment les cigognes se souviennent d'un acte de cruauté, et Coleridge a dit la punition de celui qui avait tué l'innocent albatros :

> He prayeth well who loveth well
> Both man, and bird, and beast[1].

N'est-ce pas pour avoir voulu tuer des perdrix, des grouses, des cygnes, que MM. Cheadle et Milton, ces deux braves gentlemen, ont pendant plusieurs mois subi de rudes souffrances?

Dans l'espoir de faire des chasses extraordinaires, ils ont eu l'idée l'hiver, en pleine campagne, à trente lieues environ du fort Carlton, de se construire une cabane avec des poutres de sapins posées l'une sur l'autre, et réunies aux quatre coins par des mortaises. Ils se sont fait une cheminée avec des lattes et de la terre glaise, une porte avec deux planches, une vitre avec une feuille de parchemin. Leurs guides leur ont procuré les seuls moyens de locomotion que l'on puisse employer dans ces plaines septentrionales dès le commencement de la mauvaise saison : des raquettes, des traineaux. La raquette est une espèce de patin long et large en bois léger. Avec cet instrument l'Indien,

---

1. « Il prie bien celui qui aime l'homme, l'oiseau, la bête » (*The old mariner*).

comme le Lapon, marche rapidement sur la neige. Les
traîneaux, fort étroits et de huit à neuf pieds de longueur, sont faits avec des planchettes de quelques centi-
mètres d'épaisseur[1]. A ces frêles véhicules on attelle,
à la suite l'un de l'autre, une demi-douzaine de
chiens.

Ces chers animaux, ces fidèles compagnons de
l'homme dans toutes les conditions de la vie et dans
toutes les contrées, ont ici un rude métier. Il n'y a ici
ni chien terrier, ni chien d'arrêt, ni chien couchant,
ni chien de berger, ni lévrier, ni griffon, ni le savant
chien du régiment, ni le galant havanais. Tous les
chiens du Nord-Ouest américain, comme ceux du Kamtschatka et d'autres régions arctiques, sont astreints
à la même tâche. Tous doivent être attelés à de grossières machines avec de grossières courroies pour
traîner l'homme et ses bagages.

On dit qu'ils sont souvent rebelles, qu'ils se roulent
avec colère dans la neige, brisant leurs liens, renver-
sant le traîneau. Je le crois bien. L'état de bêtes de
somme les humilie, l'esclavage les indigne, les mauvais traitements les révoltent.

Ils obéissent plus aisément à la parole de l'homme
qu'aux coups de fouet. Ces bons chiens du Nord-Ouest,
on pourrait les citer comme des philologues. Ils comprennent le dialecte des Peaux-Rouges et l'anglais et le
français. Mais ce qui exerce sur eux la plus puissante

---

1. Pour tailler ces planchettes et faire d'autres ouvrages en bois, longtemps les Indiens du Nord n'ont eu d'autres ustensiles que des dents de
castor. (S. Hearne, t. II.)

16

action, c'est la langue française très accentuée avec d'énormes jurons.

M. Butler, que je me plais à citer parce qu'il exprime dans son livre pour tous les êtres souffrants tant de généreux sentiments de sympathie, M. Butler raconte cette curieuse histoire :

Un haut dignitaire de l'Église canadienne faisait, en hiver, une tournée dans les missions du Nord-Est. Ses chiens cheminaient lentement. Arrivés au pied d'une colline, ils s'arrêtèrent comme s'ils ne pouvaient aller plus loin. Le conducteur faisait claquer inutilement son fouet.

« Ah! lui dit le prélat, vous avez là un mauvais attelage.

— Non, monseigneur, répliqua-t-il, mais c'est mon respect pour vous qui m'empêche de lui donner toute sa vigueur. Si vous voulez me permettre d'employer mon moyen habituel, vous verrez comme il marchera.

— Faites », répondit le prélat.

Alors le conducteur se met à crier d'une voix vibrante :

« Sacré nom d'un chien! sacré nom du diable! mille tonnerres! »

Et d'autres mots encore plus retentissants.

Aussitôt les bonnes bêtes se relèvent, tirent le traîneau et, d'un pas rapide, gravissent la colline.

Dans leurs campements les deux vaillants voyageurs n'ont point trouvé le gibier qu'ils espéraient, et l'hiver est venu dès le mois d'octobre, le terrible hiver du Nord, le froid aigu dans leur cabane, auprès de leur foyer, le froid mortel au dehors. Un jour, lord Milton, enveloppé des pieds à la tête dans des vêtements de laine et d'épaisses fourrures, a entrepris d'aller à quelques lieues de distance trouver un trappeur indien avec lequel il espérait faire une chasse fructueuse. M. Cheadle, vêtu de même, est parti pour aller au fort Carlton chercher de nouveaux approvisionnements. Tous deux ont failli périr. Leurs membres se raidissaient, le sang se glaçait dans leurs veines. Il a fallu de longues et vigoureuses frictions pour leur rendre le mouvement et la vie.

Au mois de mars, la rigueur du froid s'adoucit. Les deux courageux voyageurs ont à la porte de leur cabane un singulier thermomètre auquel les membres de notre Académie des Sciences n'ont sans doute jamais songé : c'est la peau d'un vilain animal que les Indiens appellent *skunk*, qui, par l'effet d'une glande, est imprégnée d'une mauvaise odeur. Quand le froid est très vif, cette odeur disparaît. On la sent de nouveau quand l'air s'attiédit, plus encore quand il est chaud, en sorte que ses diverses exhalaisons indiquent divers degrés de température.

Au mois d'avril, la neige fond, la glace se brise. On ne peut plus voyager en traîneaux. Les chiens se reposent de leur rude labeur. On se met à la recherche des chevaux, qui ont été abandonnés dès le commencement de l'hiver, et on les retrouve alertes et vigoureux, point amaigris.

J'ai vu en Islande, sur la plage de Reykiavik, les jolis poneys, abandonnés aussi en plein air dans la saison noire et glaciale. Ils s'en vont fouillant du pied la neige, et n'en tirent que du varech et des arêtes de poisson. Dans la prairie américaine, les chevaux sont plus heureux : ils s'abritent sous les rameaux d'une forêt, et broutent sous la neige une herbe tendre et nutritive.

Lord Milton et M. Cheadle se remettent en marche avec leurs guides, et en trois semaines arrivent au fort Pitt, où ils se reposent quelques jours. Je pense qu'ils ont éprouvé une réelle satisfaction à s'asseoir à une table, à coucher dans un lit, à savourer une bonne tasse de thé ou un verre de porter. Quand on en a été privé pendant quelque temps, ces simples choses de la maison semblent des raffinements de Sybarites.

Cependant, à en juger par plusieurs récits de voyage, notamment par le curieux livre de M. George Ruxton[1], il y a dans la vie sauvage du trappeur de puissantes séductions. Ceux qui s'y sont livrés rentrent difficilement dans les habitudes de la vie civilisée.

Le 28 avril, la petite caravane quitte le fort Pitt, traverse la Saskatchewan, au moyen d'un radeau que son nouveau guide Louis Battenote fabrique en quelques instants avec des branches de saules et des courroies. Le 4 mai, elle arrive à l'un des principaux établissements de la Compagnie d'Hudson, au fort Edmonton.

Là les deux amis doivent faire de sérieux préparatifs pour continuer leur voyage. Ils vont s'aventurer dans les montagnes Rocheuses pour atteindre le fort Kamloop,

---

1. *Adventures in Mexico and the Rocky Mountains.*

dans la Colombie. Jusque-là nul moyen de renouveler leurs provisions, si ce n'est par quelques bons coups de fusil ou quelques pèches heureuses.

Ils partent avec six chevaux de selle, six chevaux de bagage, deux sacs de farine, quatre sacs de pemmican, du thé, du sel, du tabac.

Ils traversent des rivières qui jusqu'à présent n'ont été sillonnées que par de légères embarcations en écorce, qui un jour plieront sous le poids des lourds bateaux.

Ils traversent de longues mornes landes, des rocs arides et des marécages où flottent des nuées de moustiques, où tourbillonnent d'énormes taons que les métis appellent des *bouledogues*.

Ils entrent dans une forèt plus longue que la forèt Hercynienne; ils y cheminent, ils y campent pendant plusieurs semaines. Par ses rameaux épais elle leur enlève toute perspective; par son dòme de feuillage elle leur dérobe l'aspect du ciel. Un matin, en sortant de cette zone ténébreuse, ils s'arrètent émerveillés du spectacle qui se déroule à leurs yeux : une immense ligne de collines couvertes de sapins. Au-dessus de cette verte ceinture, des cimes gigantesques, des glaciers qui, aux rayons du soleil, reluisent comme des lames d'or et d'argent.

Ce sont les montagnes Rocheuses, ces trois grandes chaînes de granit qui se rejoignent aux Cordillères et s'étendent sur un espace de plus de mille lieues. D'un côté, elles touchent au golfe du Mexique; de l'autre, à l'océan Arctique.

Là est le partage des eaux du continent américain.
A l'est coulent les affluents du Missouri; à l'ouest,
ceux de la Colombie et du rio Colorado.

Là les neiges perpétuelles couvrent des sommités
bien plus élevées que le mont Blanc[1].

A 5 ou 4000 pieds au-dessus du niveau de la mer
s'ouvrent dans ces montagnes plusieurs défilés par lesquels on peut, d'une chaine à l'autre, descendre dans
la Colombie. Mais qu'ils sont longs ces défilés, et rudes
et dangereux. Un Annibal ne pourrait y faire passer sa
bande d'éléphants. Il n'y a point eu là un Napoléon
pour tracer dans ces sauvages terrains une route comme
celle du Simplon, ni un fervent disciple de l'Évangile
pour y fonder un couvent comme celui du Saint-Bernard.

Telles étaient ces gorges solitaires quand le premier
trappeur s'y aventura, telles on les voit encore, pleines
d'obstacles et de périls. Tantôt elles sont coupées par
des torrents ou des rivières, tantôt divisées en plusieurs
embranchements, et l'on ne sait lequel choisir.

Tantôt il faut grimper, comme les moutons blancs du
pays[2], sur d'étroites crêtes de roc au bord des préci-
pices, puis redescendre dans des marécages mobiles
comme les *tondras* de la Sibérie, puis traverser les
forêts où les détritus des plantes, les arbres séculaires
morts de vétusté ou brisés par l'orage et entassés les

---

1. Le mont Brown, le mont Hooker, de 15700 à 16000 pieds. —
M. Sommerville, *Physical Geography*, p. 157.

2. Ces moutons ressemblent à des chèvres, mais ils ont un poil blanc,
doux, laineux, dont on fait dans la Colombie de belles couvertures. Ils
grimpent sur les rocs les plus élevés et sautent comme des chamois.

uns sur les autres, forment à tout instant des barrières infranchissables.

Pendant leur séjour à Edmonton, MM. Cheadle et Milton avaient bien cherché à recueillir les meilleurs renseignements et à se procurer les choses essentielles pour leur courageux voyage. Mais ils ne pouvaient obtenir sur cette région de la *lone Land* que des notions insuffisantes, et ils ne pouvaient prévoir les accidents qui bouleverseraient leurs calculs.

Dès leur entrée dans les montagnes, deux de leurs chevaux de bagage sont enlevés par une rivière qu'ils essayaient de traverser à la nage. Le brave Louis Battenote réussit par ses efforts à en sauver un. L'autre disparaît dans l'impétueux courant; il portait une précieuse cargaison, le portefeuille des deux amis, leurs lettres de crédit, leurs fourrures, leurs vêtements et leur provision d'allumettes, de sel, de thé, de tabac. Tous ces trésors étaient perdus.

Quelques jours après, ils construisent un radeau pour traverser une autre rivière. La frêle embarcation chavire, et peu s'en est fallu que les deux nobles voyageurs ne fussent, avec leurs guides, engloutis dans les flots.

Puis, voilà que, par une fatale erreur, ils dévient de la direction qu'ils devaient suivre et tournent de côté et d'autre, cherchant la meilleure voie, et de nouveau se trompent, puis s'égarent dans une forêt encombrée de troncs d'arbres où leurs chevaux trébuchent à chaque pas, hérissée de plantes épineuses qui leur déchirent les jambes, et pas un signe d'habitation humaine, pas un secours, pas un conseil.

C'est le désert dans une immense étendue, non pas l'aride désert où l'Arabe fait ses ablutions avec du sable et s'agenouille à l'ombre de son chameau, mais le désert des eaux qui ne fécondent aucun labeur, le désert des bois qui n'alimentent aucun foyer, le désert des fruits que nulle main n'ira recueillir, le désert des fleurs qui éclosent inaperçues et répandent leurs inutiles parfums dans les airs[1], les richesses de la terre sans le roi, le temple de Dieu sans le prêtre, la Thébaïde sans l'homme.

En partant d'Edmonton le 3 juin, lord Milton et M. Cheadle comptaient arriver en cinquante jours au fort Kamloop. Le 31 juillet, ils étaient encore bien loin de leur but, et leurs vivres étaient épuisés, et ils n'avaient plus assez de poudre pour pouvoir chasser.

Après de longues délibérations, ils se décidèrent à immoler un de leurs chevaux : ce qui leur faisai grand'peine. La pauvre bête fut tuée d'un coup de fusil; ils allumèrent du feu, puis s'assirent par terre, et, tandis que la femme de Louis Battenote préparait le repas, ils raccommodaient leurs mocassins et leurs vêtements.

Des biftecks de cheval, après la dure pâtée du pemmican et la longue diète, c'était un prodigieux festin. Pour que rien n'y manquât, ils firent infuser dans de l'eau bouillante des feuilles et des fleurs d'une espèce d'azaléa; ils roulèrent dans leurs pipes de petites feuilles de saule sèches. En savourant ces deux gourmandises,

<hr>

1. Gay, *Elegy in a country church-yard.*

ils croyaient boire du vrai thé de Chine et fumer un pur tabac de la Havane.

Pourquoi? Que ne peut-on faire avec des songes? *La vida es sueño*, dit Calderon. Le roi rêve qu'il est roi, le pauvre rêve qu'il est pauvre. Nous sommes en un monde si singulier, que vivre c'est songer[1].

Nos vaillants voyageurs voudraient cependant bien pouvoir songer qu'ils vont prochainement arriver à la Colombie.

Égarés dans un dédale de rivières, de forêts, de marécages, ils errent à l'aventure, affaiblis par toutes sortes de privations, épuisés de fatigue, très résolus pourtant à accomplir leur projet. On ne peut lire leur récit sans être ému de leurs souffrances, en admirant leur fermeté. L'honnête Battenote, qu'ils ont vu si actif et si laborieux, est tombé dans le découragement et leur annonce l'intention de les quitter pour retourner à Edmonton avec sa femme et son fils. Ils le rassurent, ils le réconfortent et le déterminent à rester encore avec eux.

Ils ont sacrifié un second cheval. Ils en font sécher la chair pour l'emporter comme du pemmican. C'est une coriace nourriture. Ils en trouveront une meilleure à Victoria : en route pour Victoria.

Une découverte accidentelle leur donne une agréable émotion. Ils ont remarqué des troncs d'arbres fendus par une hache, et des arbustes scindés par un couteau :

1.
    ... Estamos
  En mundo tan singular
  Que el vivir sono es sueño. (Jornada II.)

des hommes ont été là et peut-être ne sont pas loin.

Un autre jour, ils distinguent sur le sol l'empreinte d'un pied d'homme. Heureuse découverte! Elle fortifie leur espoir.

Bientôt, en effet, ils arrivent à une cabane d'Indiens, où on leur donne des pommes de terre, qu'ils dévorent avant qu'elles soient cuites; puis, à une autre, où on peut leur servir du lard, des choux, des gâteaux et du thé. Quel luxe!

Tandis qu'ils se délectent en ce merveilleux festin, dans la même cabane arrive le chef du fort de Kamloop, un Canadien français, M. Martin, qui les invite courtoisement à loger au fort. « Nous ne pouvions, disent-ils dans leur livre, nous attendre à une telle hospitalité, avec notre misérable apparence, nos vêtements et nos mocassins en lambeaux, nos cheveux longs, ébouriffés, nos barbes en désordre, nos visages décharnés, et nous n'avions en ce moment nul moyen de prouver notre identité. Mais M. Martin ne douta point de la vérité de notre récit, et nos misères étaient finies. »

Finies en effet les misères de ce long voyage, et MM. Milton et Cheadle ont eu l'une des meilleures satisfactions que l'on puisse avoir en ce monde, la satisfaction d'avoir accompli par le courage et la persévérance une noble tâche.

Dans la Colombie ils ont repris leur existence de gentilshommes. Ils ont été à Victoria, à New-Westminster, à l'île Vancouver, aux mines de Caribou, emmenant avec eux dans les meilleurs hôtels Louis Battenote, sa femme et son fils, magnifiquement vêtus.

Ils sont partis pour San-Francisco; de là pour l'Angleterre. Louis Battenote est retourné dans son pays, et il raconte avec enthousiasme à ses amis les Indiens et les métis les choses incroyables qu'il a vues : les bateaux à vapeur, les voitures attelées de quatre chevaux, les théâtres avec leurs décors, et l'hôtel où un Français lui a fait boire du vin de Champagne, si loin va l'hôtelier français et si loin le vin de Champagne.

Le livre de ses deux nobles patrons, celui du capitaine Butler et quelques autres nous montrent le côté sombre du Nord-Ouest canadien.

Le fait est qu'il y a là une quantité de terres où très probablement on ne verra jamais ni une filature, ni un café chantant, ni une imprimerie, ni une assemblée parlementaire, toutes choses qui indiquent les gloires de la civilisation.

Là le hardi trappeur va encore chercher, au péril de sa vie, les fourrures qu'il livrera au comptoir du marchand pour quelques pauvres provisions.

Là les peuplades d'Indiens achèvent leur destinée. Elles tomberont, délaissées, oubliées dans la solitude des bois. Un jour, en fouillant sous un amas de détritus, on découvrira le squelette d'un Sioux, d'un Iroquois, d'un Huron, et l'ethnographe ou le géologue gagnera une médaille d'or en présentant à quelque académie un rapport sur l'importance de ces exhumations.

Dans une autre zone, voici les houillères que l'on a découvertes au nord de la Saskatchewan, les mines d'argent dans une petite île du lac Supérieur, les pépites d'or dans les rivières qui coulent à l'est des montagnes

Rochcuses; dans celles de l'Ouest, les mines d'or les plus riches peut-être qu'on ait jamais vues[1].

Quand on commença à exploiter ces pactoles, un mineur recueillit en quelques mois 1 500 000 francs; un autre, 100 000 francs en un jour; un autre, dans le même nombre d'heures, la somme fabuleuse de 120 000 dollars (600 000 francs)[2].

La plupart de ces fortunes si promptement conquises ont été, en d'extravagantes fantaisies, aussi rapidement perdues.

Les deux vigoureux pionniers qui avaient découvert les mines de Caribou, un Prussien et un Écossais, ont eu un sort cruel. De la crique où ils avaient amassé leur premier trésor, ils ont été avec une ardente convoitise chercher d'autres *placers*. On a trouvé l'Écossais mort des fièvres dans un bois, et MM. Milton et Cheadle ont vu à Victoria le Prussien, malade, implorant dans les rues la charité des passants[3].

L'auri sacra fames! Qui pourrait dire les misères qu'elle a produites, les passions les plus désordonnées, les vices de toute sorte, les crimes sanglants?

Par bonheur, le Dominion canadien a des richesses meilleures que les mines si fascinantes et si funestes. Il a ses fleuves, près desquels le Rhin et le Danube sembleraient des ruisseaux; ses lacs, vastes et profonds comme des mers; ses prairies, couvertes d'une herbe excellente, qui conserve en hiver sa force nu-

1. *The North-West Passage*, p. 357.
2. *Ibid.*, p. 358.
3. *Ibid.*

tritive; ses forêts inépuisables, ses terrains agricoles.

De la rivière Rouge aux montagnes Rocheuses, l'étendue de la France, on compte 50 millions d'hectares de terres labourables.

> Travaillez, prenez de la peine :
> C'est le fonds qui manque le moins.

Ici le fonds ne manque pas, et en un grand nombre de districts on le cultive aisément. Pas n'est besoin d'y mettre de l'engrais ni d'alterner les semences. On peut chaque année y récolter du blé à pleins boisseaux[1]. Le long de l'Assiniboine, le sol donne des moissons de soixante-dix fois la semence. M. Grant cite un colon qui avait acheté sa propriété pour 50 livres sterling (1250 francs), et qui a pu vendre sa récolte de pommes de terre d'une seule année 450 livres sterling[2].

Cette fortunée région n'est point peuplée. La Compagnie de la baie d'Hudson n'avait nulle envie d'y attirer les habitants et de la défricher. Elle ne pensait qu'à ses chasseurs et à ses trappeurs, et elle aurait voulu que tout son domaine ne fût qu'un parc d'animaux à fourrures[3].

Les États-Unis, au contraire, par tous les moyens possibles, toutes les histoires de journaux, toutes les *barnumeries* imaginables, attiraient de leur côté l'immigration.

Le Canada est resté longtemps ignoré, délaissé. Maintenant, d'année en année, de plus en plus son im-

---

1. *The North-West Passage*, p. 39.
2. *Ocean to Ocean*, p. 77.
3. *The North-West Passage*, p. 39.

portance se révèle, et des colons lui arrivent de tous les États de l'Europe.

En 1870 la ville de Winnipeg, la capitale de la province de Manitoba, n'avait que 1000 habitants : elle en a aujourd'hui 30 000[1].

Dans d'autres provinces l'accroissement de la population n'est pas moins considérable.

Quand on apprend à connaître ce loyal pays, on a foi en lui; quand on le voit, on l'aime; quand on y a vécu quelque temps, on voudrait y rester.

Déjà sur ses bateaux à vapeur et ses chemins de fer, quel mouvement!

Que sera-ce quand cette royale confédération de France et d'Angleterre aura terminé son œuvre gigantesque, quand la veine vitale de son nouveau chemin de fer se déroulera à travers ses prairies, ses forêts, ses montagnes, de Québec à Victoria, de l'Atlantique au Pacifique, *Ocean to Ocean*?

A trois lieues de Montréal, Cavelier de La Salle fonda au dix-septième siècle un village qu'il appela *la Chine*. Il croyait être là sur le chemin de la Chine.

Il avait raison.

Ce chemin de la Chine, du royaume de Cathay, de l'Inde, c'était le rêve de Christophe Colomb. Il pensa qu'il l'avait découvert quand il arriva aux Antilles, et il donna aux indigènes de Saint-Domingue, de Cuba, le nom d'*Indiens*, qui a été appliqué à toutes les peuplades primitives de l'Amérique.

---

1. Hector Fabre, *le Pacifique canadien*.

Plus tard, avec quelle ardeur, avec quelle convoitise matérielle et quelle noble ambition, ce chemin a été cherché par mer au Nord-Ouest? C'est une longue, grave, triste histoire depuis Frobisher jusqu'à Hudson, jusqu'à Franklin, jusqu'aux deux expéditions préparées en 1851 avec une touchante pensée par lady Franklin.

A ces deux expéditions s'était associé un de nos jeunes et brillants officiers de marine, René Bellot, mon ami. De la première il était revenu joyeux, plein d'espoir. Il a péri dans la seconde. Il est mort au milieu des glaces, victime de son courage. Les Anglais ont rendu à sa mémoire un solennel hommage.

Le fameux passage du Nord-Ouest? Il est trouvé. Il est dans le Dominion canadien. C'est le plus direct et le plus court.

J'avoue que je ne comprends pas bien ce besoin de célérité qui nous tourmente, qui est une des maladies de notre temps.

Lorsque George Stephenson, appelé à comparaître devant le comité de la Chambre des communes qui devait examiner son invention, annonça qu'il comptait faire avec sa locomotive 12 milles (4 lieues) à l'heure, la plupart de ses juges le regardèrent avec un sentiment de pitié. Ils ne pouvaient admettre qu'au moyen d'une machine en fer on voyageât si vite, et le pauvre Stephenson leur apparaissait comme un fou[1].

Quatre lieues à l'heure! Nos hommes d'affaires, nos touristes, nos élégantes pousseraient de beaux cris si

1. S. Smiles, *The life of G. Stephenson*, p. 163.

on leur proposait une telle locomotion. Les trains omnibus sont pour eux d'absurdes véhicules à reléguer avec les vieilles malles-poste dans les ombres du passé. Il leur faut l'*express*, le *rapide*, l'*éclair*. Quelquefois l'éclair paraît encore trop lent. Ceux qui ont lu les *Mille et une Nuits* se rappellent que les génies obéissant à la lampe d'Aladin étaient plus agiles.

Pourquoi donc cet effervescent désir de promptitude? Comprend-on mieux le prix du temps? Le temps que l'on gagne à voyager plus vite, en fait-on un meilleur usage?

Non pas, que je sache.

Mais on ne se met plus en route pour voyager, comme autrefois, à pied, à cheval, dans la vénérable carriole de famille, ou la patiente patache. Un modèle de locomotion, c'est ce que j'ai vu jadis en Suède, une diligence attelée de deux chevaux sagaces qui trottinaient tout doucement dans la vallée et grimpaient au petit pas la colline, afin de donner à chaque passager le temps de contempler le paysage, qu'ils se plaisent euxmêmes à voir.

A midi ou une heure, on arrivait dans une ville intéressante et l'on y restait jusqu'au lendemain. On allait ainsi, en une semaine, de Lund à Stockholm. Maintenant, avec le chemin de fer, on fait le même trajet en quinze heures.

Ils ne méritent pas le bonheur de visiter la Suède ceux qui y vont pour la parcourir en chemin de fer.

Maintenant on ne part plus pour voyager : on part pour arriver.

Il y avait, au siècle dernier, en Danemark, un honnête écrivain, Knud Rahbek, qui s'est fait un certain renom par ses écrits sur l'art dramatique. Pour accroître ses connaissances il entreprit d'étudier les principaux théâtres d'Allemagne. Il alla à Berlin, à Vienne, à Weimar, et, de peur d'être troublé dans ses réflexions, entre ces différentes villes, chemin faisant, il fermait les yeux pour ne rien voir.

Ceux qui, de nos jours, voyagent par l'express ou le rapide, n'ont pas besoin de clore les paupières pour ne rien voir. La terre, les eaux, les bois, les villages, les villes, se confondent à leurs yeux en une vague apparition et fuient en arrière comme des ombres fantastiques.

Le voyageur ainsi casé dans son wagon est arrivé à l'état de denrée commerciale, plus commode que celles dont les employés des gares doivent prendre soin. Le président du conseil d'administration d'une de nos grandes lignes de chemins de fer, un homme d'esprit, me disait un jour : « Le voyageur est un colis qui se camionne tout seul ».

Qu'on me pardonne cette digression de vieux rétrograde, et, puisqu'on attache tant d'importance à la vitesse, je dirai qu'au nord-ouest du Dominion est le chemin par lequel on ira plus vite que par tout autre en Chine et au Japon.

« De Paris, dit M. H. Fabre, on ira en neuf jours à Québec, dont trois dans le golfe Saint-Laurent, à l'abri des tempêtes ; de Québec, en quatre-vingt-huit heures, sur les bords du Pacifique[1]. »

1. Conférence du 20 mai 1884.

De là, en deux semaines, à Yokohama.

Il ne faut pas moins de trente jours pour arriver au même point par le même chemin de New-York à San-Francisco.

Par la voie de San-Francisco, sur un espace de plusieurs centaines de lieues, on ne voit que des plateaux desséchés, des rocs arides, çà et là quelques pâles broussailles ou quelques brins d'herbe. Rien de plus[1].

Par le chemin de Québec on traverse des forêts magnifiques, des pâturages excellents, des champs où la terre végétale n'a pas moins de 5 à 6 pieds de profondeur.

Ceux qui ont étudié cette région du Nord-Ouest pensent qu'elle peut faire vivre 50 millions d'habitants. « Si, à ce Nord-Ouest, dit M. de Lamothe, on ajoute les 100 millions d'hectares du haut et bas Canada et des provinces maritimes, les immenses étendues, encore inexplorées pour la plupart, de la terre de Rupert et du Labrador, on arrivera aisément au chiffre de 100 millions d'êtres humains pour la population future de l'Amérique du Nord. Si notre race maintient vis-à-vis de ses rivaux anglo-saxons les proportions numériques d'aujourd'hui, c'est une population néo-française de 40 millions d'âmes qui prospérera un jour au nord des grands lacs et du 49e parallèle[2]. »

Dans le territoire du Dominion, vaste comme l'Europe, combien sont-ils ces Canadiens nos frères, ces

1. *Ocean to Ocean*, p. 350.
2. *Cinq mois chez les Français d'Amérique.* p. 333.

descendants des gentilshommes, des laboureurs, des ouvriers et des soldats qui fondèrent cette glorieuse colonie qu'on appelle *la Nouvelle-France*? Combien sont-ils? Environ 1 500 000[1]. En ce petit nombre, quelle force!

Dans l'histoire des anciennes colonies de la Phénicie, de la Grèce, de Rome et des colonies modernes des Vénitiens, des Génois, des Espagnols et des Portugais, des Anglais et des Hollandais, on ne trouverait pas l'exemple d'une colonie comme celle que Jacques Cartier implanta, il y a trois siècles et demi, sur les rives du Saint-Laurent, si faible numériquement, mais si résolue, si ardente au combat, et si humaine, si facilement conduite aux aventures, et patiemment attachée à son labeur; si fidèle aux traditions de ses pères et si bien informée des idées nouvelles.

Avec sa petite légion d'hommes et ses minimes ressources, à 1000 lieues de la mère patrie, qui devait la soutenir, et qui souvent la délaissait, que de choses elle a faites!

Elle a maintenant, comme une grande nation, ses annales glorieuses, ses héros, ses poètes, ses savants, ses artistes. Elle a des établissements industriels, des bateaux à vapeur, des chemins de fer de premier ordre.

---

1. On en compte de plus environ 500 000 dans la confédération américaine, principalement dans les États voisins du Canada. Ils forment la majeure partie de la population de Fall-River et exercent une notable influence dans d'autres villes importantes. Ce qui fait surtout leur force, c'est leur attachement inébranlable à la langue et à la nationalité françaises et leur admirable esprit d'union. (*Paris-Canada*, 27 septembre 1884.)

Elle a les institutions de charité les plus admirables et les plus beaux collèges; trois universités, des écoles primaires en chaque village[1], et l'an dernier, sous les auspices de son illustre gouverneur, M. le marquis de Lorne, elle a, d'accord avec la colonie de race anglaise, fondé sa société royale : Académie des lettres, Académie des sciences.

Dès son origine, à travers toutes ses luttes et ses calamités, elle a sans cesse grandi. Désormais elle grandira bien autrement.

Selon les calculs des statisticiens, notre colonie canadienne doit, dans cent ans, occuper près de la moitié du Dominion et l'on y comptera 40 millions d'âmes.

J'espère que dans cet accroissement elle conservera ses qualités distinctives et sa nationalité, comme le *gulf-stream* conserve sa couleur et sa chaleur jusque sur les plages de l'Islande, entre les vagues de l'Atlantique.

Les Groenlandais disent que les aurores boréales sont produites par les âmes des morts, qui viennent à la surface du ciel voir les lieux qu'elles ont aimés.

Dans cent ans je voudrais être au milieu des aurores boréales du Nord-Ouest, pour voir dans toute sa prospérité et sa splendeur la noble fille de la France religieuse et monarchique du seizième siècle : la Nouvelle-France.

---

1. Voir l'excellent livre de M. Chauveau, ancien ministre de l'Instruction publique au Canada, 1 vol. in-8°, Québec, 1876.

X

« Pourquoi partez-vous encore? me disait un de mes amis, à qui j'annonçais une nouvelle excursion.

— Pour le plaisir de revenir. »

Et c'est vrai.

Si agréable, si intéressante que soit une contrée étrangère, elle ne peut nous enlever le désir de revoir la terre natale.

« Ah! s'écrie l'infortuné Lorédan Foscari, on compte un grand nombre d'émigrants qui se sont établis dans de nouvelles régions et y ont prospéré. On ne compte pas ceux dont le cœur s'est brisé au moment de leur départ, ou quelque temps après. On ne parle pas de cette maladie où, dans ses accès de fièvre, le pauvre exilé voit apparaître à ses yeux les champs paternels si verts, si attrayants, qu'on ne peut sans peine l'empêcher d'y retourner. On ne parle pas de cette rustique mélodie qui entretient les aspirations et la douleur du montagnard éloigné de ses rocs et de ses cimes nuageuses. Il savoure ces douces, fatales réminiscences, et il en meurt. On dit que c'est une faiblesse. Pour moi, c'est le témoignage d'un noble sentiment. Celui qui n'aime pas sa patrie ne peut rien aimer[1]. »

Les Français aiment leur patrie. De tous côtés elle est si belle notre France, à son heureuse latitude, sous son climat tempéré, dans sa ceinture continentale et sa ceinture maritime! De tous côtés elle est si riante ou si majestueuse, par ses campagnes, ses rivières, ses fleuves, par ses monuments de différents âges, par ses cités et ses ports de mer!

Un jour, en revenant de Londres, je débarque à Calais, une ville de 12 000 âmes, un simple chef-lieu de canton. Son origine ne remonte pas comme celle de Marseille jusqu'aux Phocéens, ni comme celle de Besançon jusqu'aux temps de Brennus.

Mais dans cette petite ville, quelle imposante histoire! quelles curieuses chroniques!

Là est l'un des premiers actes de ce terrible drame qu'on appelle *la guerre de Cent Ans*.

Édouard III, victorieux à Crécy, veut s'emparer de Calais, et tous les Anglais se passionnent pour cette entreprise. Ils abhorrent cette cité qui s'élève audacieusement en face de leur plage, qui leur enlève la libre possession du canal de la Manche, qui sans cesse entrave leur commerce et souvent le dévaste par d'atroces pirateries. *Delenda Carthago.*

Le maudit port de France doit appartenir à l'Angleterre ou être anéanti, et les sagaces Anglais n'iront pas, à sept lieues de distance, engager une lutte décisive,

---

1. Lord Byron, *the Two Foscari*, acte III, scène 1.

comme nous, dans les parages de l'Extrême-Orient, avec quelques milliers d'hommes. Ils savent qu'ils vont attaquer une population qui ne leur semble nullement *négligeable*, qui est décidée à se défendre, et qui est commandée par Jean de Vienne, le noble amiral, le vaillant Franc-Comtois. Ils se cotisent pour équiper une flotte considérable, et à la fin du mois d'août 1546 Édouard traverse le canal avec 738 navires et une armée de 15 000 hommes.

Né du mariage d'Édouard II avec Isabelle, fille de Philippe IV, il prétend être le légitime héritier du trône de France, et en cette qualité il somme Calais de se rendre.

« Rends-toi, Comtois.

— Nenni, ma foi. »

C'est un ancien dicton de la Franche-Comté.

« Nenni », répond Jean de Vienne, le résolu Franc-Comtois. Bientôt la courageuse cité est investie, bloquée par terre et par mer. « Le roi, dit Froissart, l'assiégea par grand manière et de bonne ordonnance, et fit bâtir et ordonner entre la ville et la rivière et le pont de Nienlai hôtels et maisons, ainsi comme s'il dût là demeurer dix ou douze ans, car telle était son intention qu'il ne s'en partirait par hiver ni par été tant qu'il l'eût conquise, quel temps ni quelle peine il y dût mettre. »

Tandis que dans le camp d'Édouard abondent tous les approvisionnements, Calais, cerné de tous côtés, épuise peu à peu ses ressources et de semaine en semaine attend vainement un secours. Enfin, voici

Philippe. Il a réuni une troupe nombreuse, il espère délivrer sa fidèle cité. Mais après quelques tentatives il se retire, n'ayant pu s'ouvrir un passage à travers les lignes ennemies.

Après un implacable siège de onze mois, les pauvres Calaisiens, réduits à la dernière extrémité, demandèrent à capituler[1].

Chacun sait le résultat de cette requête, comment Édouard, furieux de la longue résistance de Calais, ne voulait faire grâce, et comment il se laissa émouvoir par les remontrances de ses principaux chevaliers. Mais je ne puis résister au désir de citer la narration de Froissart :

« Donc dit le roi : « Seigneurs, je ne vueil mie être
« tout seul contre vous tous. Gautier, vous en irez à
« ceux de Calais et direz au capitaine que la plus
« grand'grâce qu'ils pourront trouver ni avoir en moi,
« c'est qu'ils se partent de la ville de Calais six des
« plus notables bourgeois en purs leurs chefs[2] et tous
« déchaux, les hars[3] au col, les clefs de la ville et du
« châtel en leurs mains, et de ceux je ferai ma volonté,
« et le demeurant je prendrai à merci. »

Mauny s'en va avec douleur accomplir sa mission.

Au son de la cloche, « hommes et femmes, si astreints de famine que plus n'en pouvoient porter », se réunissent au marché pour apprendre leur sort

1. Commencé le 3 septembre 1346, ce siège ne finit que le 4 août 1347.
2. Têtes nues.
3. Les cordes.

et écoutent en pleurant et en gémissant la cruelle sentence.

« Une espace après se leva en pied le plus riche bourgeois de la ville, qu'on appeloit sire Eustache de Saint-Pierre, et dit devant tous ainsi : « Seigneurs, grand'
« pitié et grand meschef seroit de laisser mourir un tel
« peuple que ici a, par famine ou autrement, quand
« on y peut trouver aucun moyen, et si seroit grand
« aumône et grand'grâce envers Notre Seigneur qui
« de tel meschef le pourroit garder. Je, en droit moi,
« ai si grand'espérance d'avoir grâce et pardon envers
« Notre Seigneur, si je muir (meurs) pour ce peuple
« sauver, que je veuil être le premier, et me mettrai
« volontiers en pur ma chemise, à nud chef, et la hart
« au col, en la merci du roi d'Angleterre. » Quand sire Eustache de Saint-Pierre eut dit cette parole, chacun l'alla aouser[1] de pitié, et plusieurs hommes et femmes se jetoient à ses pieds pleurants tendrement, et étoit grand'pitié de là être, et eux ouïr et regarder.

« Secondement, un autre très honnête bourgeois et de grand'affaire, et qui avoit deux belles demoiselles à filles, se leva et dit tout ainsi qu'il feroit compagnie à son compère sire Eustache de Saint-Pierre, et appeloit-on cetui sire Jean d'Aire.

« Après se leva le tiers, qui s'appeloit sire Jacques de Wissant, qui étoit riche homme de meuble et d'héritage, et dit qu'il feroit à ses deux cousins compagnie. Ainsi fit sire Pierre de Wissant, son frère ; et puis

1. Adorer.

le cinquième, et puis le sixième. Et se dévêtirent là ces six bourgeois tous nus en leurs braies et leurs chemises en la ville de Calais, et mirent hars en leur col, ainsi que l'ordonnance le portoit, et prirent les clefs de la ville et du châtel, chacun en tenoit une poignée....

« Adonc fut la barrière ouverte : si s'en allèrent les six bourgeois en cet état que je vous dis, avec messire Gautier de Mauny, qui les amena tout bellement devers le roi....

« Sire, dit-il, vecy la représentation de la ville de « Calais à votre ordonnance. » Le roi se tint tout coi et les regarda moult fellement[1], car moult héoit[2] les habitants de Calais pour les grands dommages et contraires que au temps passé sur mer lui avoient faits. Ces six bourgeois se mirent tantôt à genoux par devant le roi, et dirent en joignant leurs mains : « Gentil sire et gentil « roi, véez nous cy six qui avons été d'ancienneté bour- « geois de Calais et grands marchands : si vous appor- « tons les clefs de la ville et du châtel de Calais, et « les vous rendons à votre plaisir, et nous mettons en « tel point que vous nous véez en votre pure volonté « pour sauver le demeurant du peuple de Calais, qui « a souffert moult de grieftés. Si veuillez avoir de nous « pitié et mercy par votre très haute noblesse. »

« Certes il n'y eut adonc en la place seigneur, chevalier, ni vaillant homme qui se pût abstenir de pleurer de droite pitié, ni qui pût de grand'pièce[3]

1. Durement.
2. Haïssait.
3. De longtemps.

parler. Et vraiment ce n'étoit pas merveille, car c'est
grand'pitié de voir hommes de bien cheoir et être en
tel état et danger. Le roi les regarda très ireusement[1],
car il avoit le cœur si dur et si épris de grand courroux
qu'il ne put parler. Et quand il parla, il commanda
qu'on leur coupât tantôt les têtes. Tous les barons et
les chevaliers qui là étoient en pleurant prioient si
acertes[2] que faire pouvoient au roi qu'il en voulût avoir
pitié et mercy; mais il n'y vouloit entendre.

« Adonc parla messire Gautier de Mauny et dit : « Ha,
« gentil sire, veuillez refréner votre courage : vous
« avez le nom et la renommée de souveraine gentillesse
« et noblesse, or ne veuillez donc faire chose par quoi
« elle soit amenrie[3] ni que on puisse parler sur vous en
« nulle vilenie. Si vous n'avez pitié de ces gens, toutes
« autres gens diront que ce sera grand'cruauté si vous
« êtes si dur que vous fassiez mourir ces honnêtes
« bourgeois qui de leur propre volonté se sont mis en
« votre mercy pour les autres sauver. »

« A ce point grigna[4] le roi les dents et dit : « Messire
« Gautier, taisez-vous; il n'en sera autrement, mais on
« fasse venir le coupe-tête. Ceux de Calais ont fait
« mourir tant de mes hommes que il convient ceux-ci
« mourir aussi. »

« Adonc fit la noble reine d'Angleterre grand'humilité, qui étoit durement enceinte et pleuroit si tendre-

1. Très en colère.
2. Sérieusement.
3. Amoindrie.
4. Grinça.

ment de pitié que elle ne se pouvoit soutenir. Si se jeta
à genoux par devant le roi son seigneur et dit ainsi :
« Ha, gentil sire, depuis que je repassai la mer en
« grand péril, si comme vous savez, je ne vous ai rien
« requis ni demandé : or vous prie-je humblement et
« requiers en propre don que, pour le fils Sainte Marie,
« et pour l'amour de moi, veuillez avoir de ces six
« hommes mercy. »

« Le roi attendit un petit à parler et regarda la bonne
dame sa femme qui pleuroit à genoux moult tendrement si lui amollia le cœur, car enuis (avec peine) l'eût
courroucée, au point où elle étoit; si dit : « Ha, dame,
« j'aimasse trop mieux que vous fussiez autre part que
« cy. Vous me priez si acertes que je ne le vous ose
« escondire, et combien que je le fasse enuis; tenez
« je vous les donne, si en faites votre plaisir. »

« La bonne dame dit : « Monseigneur, très grands
« mercis! » Lors se leva la reine et fit lever les six
bourgeois et leur ôter les chevestres[1] d'entour leur cou,
et les emmena avec elle en sa chambre et les fit revêtir
et donner à dîner tout aise, et puis donna à chacun six
nobles et les fit conduire hors de l'ost à sauveté; et
s'en allèrent habiter et demeurer en plusieurs villes de
Picardie[2]. »

« Je tiens les clefs de la France », dit Édouard en

1. Cordes.
2. Froissart, liv. Ier, chap. cccxx et cccxxi. — Cette émouvante histoire, racontée au moyen âge avec une si admirable simplicité, n'a produit, en notre orgueilleux dix-huitième siècle, que deux prétentieuses et
froides compositions : le roman de Mme de Tencin et la tragédie de du
Belloy.

entrant à Calais. Pour mieux les tenir, il expulsa tous les habitants de la ville et les remplaça par des familles anglaises.

Longtemps, longtemps l'Angleterre a possédé ce port, cet arsenal, ce Gibraltar sur la terre de France.

François de Guise nous l'a rendu ; Guise, que les Espagnols ses ennemis appelaient *el gran capitan* ; Guise, l'héroïque défenseur de Metz.

En 1552, cette noble chère cité dont nous ne pouvons plus aujourd'hui prononcer le nom sans un douloureux regret, était assiégée par le duc d'Albe avec une armée formidable.

A ces légions d'Espagnols, d'Allemands, de Bohémiens, Guise ne pouvait opposer qu'une garnison de 5000 à 6000 hommes. Mais il avait autour de lui de vieux officiers expérimentés, de jeunes gentilshommes ardents au combat, et Montpensier, Condé, Nemours, La Roche-sur-Yon, Montmorency, Boucicault, La Rochefoucauld, Biron, le vidame de Chartres, le comte de Lude, toute une élite de princes et de seigneurs accourus à Metz pour prendre part à la nouvelle lutte de la France contre l'Allemagne.

A peine le duc d'Albe commençait-il à organiser son campement, que ses alertes antagonistes s'élançaient sur son avant-garde et la mettaient en déroute. Pendant toute la durée du siège ils réitérèrent constamment ces audacieuses sorties. Guise n'avait pas besoin de les y inviter. Chaque jour, quelque détachement de cavalerie et d'infanterie harcelait les Impériaux, épiait leurs convois, enlevait leurs approvisionnements. La nuit, les

assiégés réparaient les murs ébranlés ou lézardés
par les canons allemands. « Tout le monde alors, dit
Ambroise Paré, était à l'œuvre. Messieurs les princes,
seigneurs et capitaines, lieutenants et enseignes, por-
toient tous la hotte pour donner exemple aux soldats
et citoyens faire le semblable, ce qu'ils faisoient, voire
jusqu'aux dames et demoiselles, et ceux qui n'avoient
des hottes s'aidoient de chaudrons, paniers, sacs, lin-
ceuls, et tout ce qu'ils pouvoient pour porter la terre. »

Charles-Quint apprenait de jour en jour l'incroyable
résistance de Metz. Il était alors à Thionville, condamné
à l'immobilité par la goutte. Il pensa que sa présence
donnerait à ses troupes une impulsion décisive et,
malgré ses souffrances, malgré la neige et le froid, il
se mit en route. Ne pouvant monter à cheval, il se fit
porter en litière au camp du duc d'Albe. Là il déclara
qu'à tout prix il s'emparerait de cette ville si orgueil-
leuse et si obstinée. « Il déclara, dit Ambroise Paré,
qu'il la prendroit quand il devroit perdre toute son
armée, à cause du grand nombre de princes qui y
estoient enfermés, avec la plus grande part de la
noblesse de France, desquels il espéroit qu'ils payeroient
en quadruple sa despense, et iroit encore une fois à
Paris pour visiter les Parisiens et se faire roy de tout
le royaume de France. »

Dès son arrivée au camp, Charles-Quint prescrivit
divers changements dans les combinaisons stratégiques
de ses généraux, dans la position des troupes, dans le pla-
cement des batteries et, par la puissance de sa volonté,
tout le monde se remit vigoureusement à l'œuvre.

De nouvelles mines, de nouvelles tranchées furent ouvertes, et les canons tonnant sans cesse démolirent sur plusieurs points les murailles.

Le 15 décembre, l'empereur crut que l'heure décisive était venue et ordonna l'assaut.

En apprenant cette détermination, Guise enjoignit à tous les nobles volontaires soumis à son commandement, à tous les officiers, à tous les soldats, de se rendre aux différents postes qui leur étaient assignés sur les remparts.

Les Impériaux poursuivaient depuis deux mois leur malheureuse entreprise. Ils y avaient perdu un grand nombre d'hommes par les combats de chaque jour, par les rigueurs de l'hiver, par diverses maladies. Ils allaient alors, par l'ordre de leur souverain, faire encore un suprême effort. Quand ils virent, après ces deux mois de luttes, cette armée française rangée en si bon ordre, dans une attitude si résolue, et derrière elle une multitude d'hommes, de femmes, d'enfants travaillant avec ardeur à reconstruire les fortifications démolies, ils se sentirent saisis d'un tel découragement qu'ils refusèrent d'avancer. Ni les exhortations, ni les promesses, ni les menaces de leurs chefs, ne purent les déterminer à tenter l'escalade, qui les épouvantait. « Ah ! s'écria Charles-Quint en frémissant de colère, ces soldats ne méritent pas le nom d'*hommes*. » Il était obligé de s'éloigner de la ville qu'il comptait si bien subjuguer, et il disait : « La fortune est une femme. Comme toutes les femmes, elle dédaigne les vieillards et sourit à la jeunesse. »

Virgile disait : « *Audentes fortuna juvat* ».

En 1558 l'audacieux Guise justifiait de nouveau cette sentence. En plein hiver il entreprit de reprendre Calais.

Un poète du pays, un *vates*, le voyant venir, composa ces vers :

> Le vent est nord.
> Talbot est mort.
> Calais est aux Anglois.
> Il sera aux François
> Avant qu'il soit les Rois.

A deux jours près, la prophétie était rigoureusement accomplie. Le 1ᵉʳ janvier, la ville était investie. Le 8, elle se rendait.

« Ainsi fut reconquise, dit Bussy-Rabutin, toute la forteresse de la ville de Calais que l'on estimoit pour le présent comme imprenable, devant laquelle, ainsi que le témoignent les chroniques de France, l'armée angloise tint le siège l'espace d'un an entier, finalement les assiégés étoient réduits à telle famine que de manger les cuirs de bœuf, étant dedans capitaine et chef un vaillant chevalier nommé messire Jean de Vienne ; et de laquelle ville iceux Anglois ont joui depuis le terme de deux cent dix ans[1]. »

L'Angleterre apprit avec fureur l'incroyable victoire de Guise. La reine Marie en fut si affectée qu'elle s'écria : « Si, à ma mort, on ouvrait ma poitrine, on verrait gravé sur mon cœur le nom de *Calais*[2] ».

---

1. *Commentaires des guerres entre Henri II et Charles-Quint.*
2. Humes, *History of England*, vol. IV, ch. xiii; Lingard, vol. VII.

En notre heureux temps d'exaltation et de progrès, chaque jour un nouveau bronze atteste nos vertus civiques et notre gratitude. Nous érigeons des statues à toutes sortes de grandeurs spontanées : à un journaliste dont la fière âme s'est révoltée contre un gouvernement qui lui refusait une préfecture; à un député qui a eu la gloire d'être ministre pendant quelques mois; à un tribun qui, à l'heure du péril, loin des champs de bataille, dans un bon refuge, proclame d'un ton formidable son dévouement à la patrie.

Au temps passé, on n'était point si généreux. On n'a point consacré de monuments à la mémoire de François de Guise, qui nous conservait Metz et reconquérait Calais.

Les Calaisiens ont seulement donné son nom à un de leurs édifices, une vaste construction du quatorzième siècle, qui fut à la fois un marché, un bazar et un palais. Là était l'entrepôt des draps de la Flandre, des laines d'Angleterre, et la demeure des rois et des princes qui passaient par Calais.

Là Henri VIII a reçu la visite de François Ier. Là est venue toute jeune Anne Boleyn, accompagnant Marie, fille de Henri VII, qui allait épouser Louis XII. Là elle est revenue dans tout l'éclat de sa beauté, quand elle retournait en Angleterre où, par la passion du frénétique apostat, de l'horrible Barbebleue Henri VIII, elle devait être reine et, peu de temps après, condamnée à mort, exécutée.

Sterne a illustré le nom de Calais par les premières pages de son *Voyage sentimental*. L'hôtel Dessein, où il logeait en 1762, existe encore, et l'on ne peut le voir sans se rappeler la rencontre du célèbre auteur de *Tristram Shandy* avec l'humble et doux franciscain, son mouvement de mauvaise humeur, puis son repentir, et la bonne grâce avec laquelle il répare son injustice.

Les voyageurs ne sont plus obligés de s'arrêter a Calais, comme Sterne, pour acheter ou louer une voiture et prendre des chevaux de poste.

Là, d'un côté, est le chemin de fer; de l'autre, le bateau à vapeur. En ce temps de *rapides*, d'*express*, d'*éclairs*, on ne s'arrête plus. Partout on est pressé d'arriver et de partir.

Mais, pour les Anglais maltraités par la fortune, ou inquiets de quelque malheureuse affaire, Calais et Boulogne sont deux bons asiles. De Douvres ou de Folkestone, en un instant ils franchissent le détroit, et sur la terre de France ils échappent aux recherches de leurs créanciers ou à quelque fâcheuse poursuite.

A Calais viennent se réfugier les enfants prodigues, les excentriques, les fastueux, les lions affaiblis par leurs passions et harcelés par les renards de l'usure.

A Calais, dans un triste dénûment débarque le squire de Halston, qui, à vingt ans, déclarait que la vie pour lui ne vaudrait pas un brin de paille, s'il n'avait pour vivre que cent cinquante mille livres de rente.

A Calais, dans une petite chambre où il fait lui-même sa cuisine, lord Donner, qui, ayant rapidement gaspillé sa fortune patrimoniale, reçoit tout à coup un riche héritage et meurt quelques années après, laissant un million de dettes.

A Calais, la fameuse duchesse de Kingston, accusée de bigamie.

A Calais, le beau Brummel, dans la chute de sa splendeur, et lady Hamilton, dans son délaissement. Deux curieuses migrations, deux singulières histoires racontées en détail dans quatre volumes[1]. Je veux essayer d'en reproduire les traits essentiels :

Where is Napoleon the Great? s'écrie Byron dans une de ses humoristiques fantaisies; *where is Brummel?* Où est Napoléon le Grand? où est Brummel?

Le génie souverain de Napoléon a été attaqué par toute l'Europe, et souvent cruellement outragé. Le génie de Brummel n'a jamais été contesté.

Le beau Brummel a été roi pendant plusieurs années, non pas un roi électif comme les Polonais, dont la nomination se faisait par le sabre ou par l'argent; ni un roi de convention, comme ceux qu'on a vus quelque temps en Danemark et en Suède, dominés par une hautaine oligarchie; ni un roi constitutionnel, qui règne et ne gouverne pas.

Le beau Brummel a été, dans la fière Angleterre, un roi absolu, un roi unique : le roi de la mode et de l'élégance.

Quand on étudie la vie des hommes célèbres, généralement on reconnaît dans les penchants et les apti-

---

1. *The life of George Brummel*, by captain Jessie, 2 vol. in-8°, Londres, 1844 ; *Mémoires de lady Hamilton*, traduits en français par Mme Lebrun, 2 vol. in-8°, Paris, 1846.

tudes de leur première jeunesse l'indice de leur vocation, et peut-être de leur grandeur future.

Ainsi pour Brummel.

A l'école d'Eton, à Oxford, on ne le compte point au
nombre des studieux *scholars* : mais il se fait remarquer par la rectitude de son maintien et le choix de
ses vêtements. A la fin de ses études, il ne conquit
point de grades universitaires : mais il eut l'honneur
d'inventer une nouvelle boucle de souliers. A dix-sept
ans, il entre en qualité de cornette dans un galant et
luxueux régiment de cavalerie, dont le colonel était le
prince de Galles, l'homme le plus galant et le plus
luxueux de la Grande-Bretagne.

Grâce à la protection de cet héritier du trône, à qui
il plaisait par ses belles manières, il obtint bientôt le
commandement d'une compagnie, et il pouvait espérer
un prompt avancement.

Telle n'était pas son ambition. Le service militaire
ne lui plaisait point. Les hasards auxquels l'exposaient
ses devoirs d'officier ne lui souriaient nullement. Il
n'avait pas la moindre envie d'aller guerroyer sur
le continent, et d'être cité par le *Times* comme un
vaillant soldat, en laissant un œil ou une jambe sur
le champ de bataille. Un grave changement lui donna
une nouvelle répulsion. Son régiment, qui par un privilège spécial ne quittait Londres que pour aller à
Brighton, devait, disait-on, être envoyé à Manchester.
Le délicat Brummel ne pouvait se résigner à l'idée de
demeurer dans une ville de manufactures, de parader
devant des femmes et des filles de marchands. Il quitta

l'armée, et retourna à Londres, sa vraie résidence, son vrai théâtre, sa capitale.

De l'héritage de son père, secrétaire de lord North, il avait reçu environ sept cent mille francs. Il fit de cette somme un bel usage. Il loua dans le quartier aristocratique un joli appartement, acheta des chevaux, des voitures, et prit à son service un cuisinier de premier ordre.

Le moment était venu où il allait vivre selon ses goûts, réaliser ses conceptions.

En peu de temps il apparut aux yeux du monde du *high life* dans tout l'éclat de ses ingénieuses opérations. Ce n'était point un de ces pompeux ou un de ces capricieux *dandies*, comme on en pouvait voir chaque jour à Hyde-Park, dans les clubs, au théâtre. C'était un chercheur et un inventeur. Il inventa des pantalons d'une forme charmante, des cols de chemise superbes, des nœuds de cravate prodigieux. Il avait le culte du corps. Pour embellir et parer cette idole, il inventa des procédés d'ablutions, des raffinements de toilette auxquels on n'avait jamais songé. Il enseigna à ses adeptes que l'on ne pouvait être un homme comme il faut si l'on ne changeait de linge trois fois par jour, de gants quatre fois, et si l'on n'avait à sa disposition trois coiffeurs, un pour le devant, un autre pour le derrière de la tête, et le troisième pour les tempes.

Il devint ainsi le propagateur des vraies doctrines de la fashion. Il avait une figure agréable, de l'esprit, l'art de conter finement les anecdotes, la repartie vive et quelquefois hardie.

Il fut recherché et choyé dans la haute société. Les plus grandes dames se plaisaient à le voir dans leurs salons.

Devant sa gloire s'effaçait la renommée du beau Nash, qui, au commencement du dix-huitième siècle, régnait à Bath, celle du beau Fielding, pour lequel la duchesse de Castlemaine éprouva, à l'âge de soixante-cinq ans, une telle passion qu'elle voulut l'épouser. Le galant homme ne crut pouvoir refuser cette honorable proposition, bien qu'il fût tout récemment et très régulièrement marié.

Parmi ses contemporains, l'élégant Brummel n'avait aucun rival. Le prince de Galles, que l'on citait comme un modèle d'élégance, reconnaissait lui-même la supériorité de celui à qui il avait conféré un grade dans son régiment. Il l'invitait souvent à dîner et le traitait familièrement, trop familièrement, car un jour l'ex-cornette de hussards, assis à la table de Carltonhouse, s'oublia au point d'adresser au royal châtelain ces paroles : *George, my boy, ring the bell* (George, mon garçon, sonnez).

George tira la sonnette et dit au domestique qui arrivait à cet appel : « Faites avancer la voiture de M. Brummel ».

Le malheureux n'essaya pas de s'excuser, il se retira, le front baissé, sans prononcer un mot, et dès ce moment l'habitation du régent lui fut à jamais fermée. De cette triste sortie il garda un amer ressentiment, et un jour il en vint à se venger de son exil par une impertinence. Un jour, en cheminant dans les rues de

Londres avec son ami Jack Lee, tout à coup il rencontra
le régent, qui lui avait témoigné tant de bienveillance
et qui maintenant ne voulait plus le voir. L'ami s'in-
clina respectueusement devant Son Altesse : « Jean,
lui dit Brummel assez haut pour que le prince l'en-
tendît, quel est donc ce gros homme que vous saluez? »

Quelques années plus tard, le régent étant devenu roi,
Brummel invoqua, par un intermédiaire, son souvenir.
Il disait qu'il lui avait autrefois cédé une belle taba-
tière, et n'avait point reçu celle qui lui était promise
en échange. George IV paya la dette du prince royal.
Il donna à son ancien convive une heureuse émotion
en lui envoyant cent louis.

Hélas! il était bien déchu, ce favori des grandes
maisons, ce régulateur de la mode. Sa fortune patrimoniale ne pouvait suffire à ses vanités mondaines, et
il fréquentait les clubs où l'on jouait gros jeu. Il joua,
il perdit, il contracta des dettes qu'il ne pouvait payer.
Un soir, après une ruineuse séance au club Westier, où
le célèbre Fox avait englouti des millions, il ordonna
à l'un des gens de la maison d'aller lui chercher un
pistolet. « Monsieur, lui dit un de ses voisins en tirant
de ses poches deux pistolets, ce n'est pas la peine de
déranger un domestique. Si vous avez envie de mettre
fin à votre existence, voici deux belles armes parfaitement chargées. Je les mets avec plaisir à votre service. »

Cette singulière proposition, faite avec un grand
flegme, apaisa l'effervescence de Brummel. Il ne se tua
pas. Mais il ne diminua pas ses habitudes de dépenses,

et l'heure vint où il fut obligé de fuir ses créanciers.
Un soir, en sortant de l'Opéra, il monta dans une voiture préparée d'avance et partit avec quatre chevaux de
poste pour Douvres. De là un paquebot le transporta
rapidement à Calais.

Quelques jours après son départ, tout ce qu'il avait
laissé à Londres était, par ordre du shérif, mis aux en-
chères. La vente produisit 30 000 francs.

Tandis que les tailleurs, les bijoutiers, les fournisseurs
de toute sorte se partageaient cette chétive somme,
gémissant de la confiance qu'ils avaient eue en leur
somptueux client, le fugitif débiteur se reconstituait à
Calais un bel appartement. Il n'était point de ceux
qu'un revers terrasse ou dont la mauvaise fortune
corrige les erreurs, éclaire la raison : rien ne pouvait
amoindrir ses besoins de vanité ni ses désirs de syba-
ritisme. Il avait été magnifiquement logé à Londres : il
voulait l'être de même dans sa nouvelle résidence. Il
achetait à grands frais des meubles de Boule, des tentures, des tapis, des porcelaines de Sèvres, quelques
livres, des tableaux et des tabatières.

Il avait conservé une somme d'argent qu'il aurait dû
donner à ses créanciers, et il avait en Angleterre des
amis riches qui, le croyant sans ressources, se faisaient
un pieux devoir de l'assister dans sa misère. L'un d'eux
lui envoya 20 000 francs; d'autres lui assuraient une
rente annuelle.

Au temps de sa splendeur il fréquentait assidûment
le salon de la duchesse d'York, la fille aînée du roi de
Prusse, la belle-sœur du régent. Jusqu'à la fin de sa

vie, cette noble femme manifesta pour lui une généreuse sollicitude. Chaque année elle lui envoyait une bourse tricotée de ses propres mains et remplie de *banknotes*.

Ainsi Brummel, qui ne devait jamais retourner en Angleterre, avait dans son exil la satisfaction d'être bien logé, bien nourri, bien vêtu, de boire comme autrefois chaque jour sa bouteille de vin de Bordeaux à son dîner et d'être considéré par les Calaisiens comme un seigneur.

Mais peu à peu il vit ses revenus diminuer. Quelques-uns de ses bienfaiteurs l'oublièrent ou se lassèrent de le gratifier de leurs dons. Le plus dévoué d'entre eux devint fou et fut interdit ; d'autres moururent.

Il continuait cependant à vivre de son agréable vie de rentier. Il avait pris la résolution d'apprendre le français, et chaque matin il consacrait quelques heures à cette étude. Mais il était encore plus occupé de la confection de ses vêtements, de sa toilette et de ses repas.

De temps à autre il sonnait la cloche d'alarme ; il expédiait en Angleterre des lettres plaintives pour exciter la commisération de ceux qui jadis lui avaient témoigné quelque affection ou quelque intérêt. En réalité, il mendiait, et souvent dans ses efforts il échouait.

Enfin, il sombra de nouveau dans l'abîme de la dette par l'emprunt onéreux, par les dépenses faites à crédit. D'année en année ses embarras s'accrurent, et il était dans une gêne extrême lorsque, par la protection d'un ami, il fut nommé consul d'Angleterre à Caen.

En 1850 il partit pour prendre possession de son poste, mais d'abord il s'accorda l'agrément d'aller passer une semaine à Paris, pour se raviver un peu, disait-il, après sa longue résidence dans *la petite ville de pêche (little fishing town)*. C'est ainsi qu'il désignait l'hospitalière cité où il avait vécu quatorze ans.

A Paris il fut invité à dîner chez lord Stuart, ambassadeur d'Angleterre, chez M. de Talleyrand et d'autres importants personnages; il aurait bien voulu rester là pour se raviver tout à fait, mais le séjour de Paris coûtait cher et ses finances étaient si petites! Depuis longtemps la bonne duchesse d'York était morte, et nulle autre femme charitable ne s'était avisée de préparer pour lui, à chaque fête de Noël, une jolie bourse garnie de billets de banque.

Pour pouvoir quitter Calais, pour apaiser son tailleur, son chapelier, sa blanchisseuse et d'autres créanciers féroces, il avait été obligé de vendre son précieux mobilier. Pour régler entièrement son compte et obtenir en outre une avance de quelques milliers de francs, il avait dû, par un acte formel, abandonner à un agent d'affaires les deux tiers de son traitement de consul, jusqu'à complète extinction de sa dette.

Il n'en fit pas moins une entrée solennelle à Caen, dans une belle voiture de louage, avec un domestique sur le siège et deux postillons.

Quelques jours après, il écrivait à son collègue de Calais : « Me voilà arrivé à ma destination, et j'ai subi toutes les horreurs d'un des plus affreux hôtels qu'il y ait en Europe, et qui est, dit-on, le meilleur de la ville.

Dans ce misérable charnier j'ai rongé des os sur des nappes sales. Enfin j'ai trouvé un bon gîte dans la maison de Mme Guernon de Ranville[1], une agréable maison avec un vaste jardin, deux angoras et un perroquet que j'ai déjà mis dans un état d'apoplexie en le bourrant de sucre.

« J'apportais ici des lettres de recommandation de M. Molé, de M. Sébastiani, pour le préfet et le général. Grâce à ces puissantes lettres on me regarde ici comme un grand homme, bien que je n'aie pas douze sols dans ma poche, et l'on m'a fait l'honneur de me nommer, sans ballottage, membre d'un club où l'on reçoit une quantité de publications périodiques, où l'on joue au whist, à l'écarté, au billard jusqu'à onze heures du soir. Je n'ai trouvé là que des gens bien élevés, de bonne condition et de bonnes manières. Les Anglais qui demeurent ici sont très hospitaliers; il en est deux, entre autres, qui m'ont fait un charmant accueil. Ils sont riches et ont un train de maison que je ne crains pas de comparer à celui de l'ambassadeur de Paris. A cinq heures et demie, un excellent dîner, et le soir toutes les portes ouvertes. Je désire qu'on soit content de moi. Je m'associe aux peines des uns, à la joie des autres. Je vais d'ici, de là, tendant la main aux pères et aux mères, causant avec eux, caressant leurs enfants et disant qu'ils sont superbes, bien qu'ils soient parfois peu débarbouillés. Que puis-je faire de plus avec mes faibles moyens? »

1. La tante du ministre de Charles X.

Faibles moyens! Non point par l'esprit ni par le maintien, car, dans tous ses désastres, Brummel conserve encore la verve, l'élégance qui ont fait son succès dans les salons de Londres.

Mais l'argent, ce cher et terrible argent que l'on convoite, que l'on maudit; l'argent, cette idole, ce maléfice, cette force vitale, ce pouvoir dangereux; l'argent dont tant de riches font un si lamentable usage, et qui serait pour tant de pauvres un instrument béni! le beau Brummel en a besoin. En vertu de son engagement avec le banquier de Calais, il ne pourra plus recevoir que le quart de son traitement, environ 2000 francs. Comment faire pour vivre avec un si chétif revenu dans une grande ville comme Caen, selon sa dignité de consul? Le voilà forcé de recourir à de nouveaux expédients.

Il a une profonde répulsion pour tout ce qui n'est pas essentiellement aristocratique. Un homme pour lequel il devait avoir des égards l'invite un jour à dîner à trois heures :

« Merci, répond le fier dandy, je ne dîne pas à l'heure des bourgeois. »

Les difficultés de sa situation maîtrisent ses dédains. Il y avait à Caen un Anglais nommé Armstrong, qui joignait à un commerce d'épiceries diverses opérations financières. Brummel va le voir et en obtient un prêt d'argent, puis un second, puis un troisième, cette fois en lui donnant en gage sa montre avec sa chaîne.

Dans ses perpétuels embarras il conçoit l'espoir d'obtenir un emploi plus lucratif que celui dont on l'a gratifié. Pour y parvenir il emploie un malheureux moyen : il adresse au ministre des Affaires étrangères un rapport dans lequel il démontre l'absolue inutilité du consulat de Caen. Lord Palmerston le remercia de son honnête découverte, supprima la place en lui en promettant une autre et ne lui donna rien.

Par cette suppression de son consulat, Brummel était complètement ruiné. A ceux qui auraient pu lui prêter quelque argent, il n'offrait plus aucune garantie, et ceux dont il était déjà le débiteur devenaient impitoyables. A la requête de son créancier de Calais, il fut arrêté, conduit en prison par des gendarmes et, pour comble d'humiliation, incarcéré dans la même salle que les vagabonds et les malfaiteurs de toute sorte; il y passa trois jours, dont le souvenir, longtemps après, le faisait trembler. Grâce à l'intervention d'un magistrat, il fut délivré de cette horrible cohabitation et partagea la chambre d'un journaliste détenu pour délit politique. De là il adressait lettre sur lettre à toutes les personnes de qui il pouvait espérer quelques secours. Enfin, ses amis d'Angleterre se cotisèrent pour l'affranchir de sa dette et pour lui constituer une rente annuelle de 120 livres sterling (5000 francs). Par une sage précaution, la moitié seulement de cette somme était mise à sa disposition pour sa toilette et ses menues dépenses; l'autre moitié devait servir à payer régulièrement son logis et sa nourriture à l'hôtel d'*Angleterre*.

Dès le lendemain de sa libération il retourna dans plusieurs des maisons qu'il fréquentait habituellement, et affecta de s'y montrer gai et confiant.

Mais il faisait un difficile effort. La prison avait produit sur lui un effet terrible. Quand on lui en parlait, il portait la main à sa tête et disait :

« J'ai reçu là un coup dont je ne me relèverai jamais. »

Rapidement il déclina. Sa figure vieillit. Son intelligence et sa mémoire s'amoindrirent. Il en vint à oublier les choses auxquelles naguère encore il attachait le plus grand prix. Lui qui avait toujours été si soigneux de sa personne, si coquettement paré, lui qui n'aurait pas supporté le moindre faux pli à sa cravate blanche, la plus petite tache à ses bottes vernies, on le voyait sortir avec du linge en désordre et des habits en loques. Les enfants le suivaient dans les rues en se moquant de lui. Son tailleur, un magnanime tailleur, disait :

« J'ai honte de voir dans un état si malheureux un homme si distingué qui aura une belle place dans l'histoire. Je ne puis lui donner de nouveaux vêtements, mais je voudrais qu'il me confiât ceux qu'il porte délabrés, et je les réparerais à mes frais. »

De plus en plus les facultés physiques et morales de Brummel diminuèrent. Il n'allait plus voir les familles anglaises qui lui restaient attachées et, dans toutes ses peines, lui avaient donné des marques sérieuses d'affection. Après dîner, il allait s'asseoir dans un petit café obscur, ou restait au logis inerte, abattu.

Dans ce morbide état, un souvenir, une scène fictive lui donnait parfois une nouvelle animation.

A certains jours, dit son biographe, M. Jessie, il songe qu'il doit organiser chez lui une soirée pour les personnes distinguées qu'il a connues autrefois. Il ordonne alors à son domestique de ranger son appartement, d'y placer une table de jeu, d'allumer des bougies. Il cherche dans son armoire la cravate la plus propre, le gilet le mieux conservé et s'habille avec un soin minutieux, comme en son beau temps. Tous les préparatifs étant achevés, le domestique, debout près de la porte, annonce à haute voix d'un ton solennel :

« Madame la duchesse de Devonshire ! »

Aussitôt Brummel se précipite vers la grande dame, et, lui faisant le plus gracieux salut :

« Ah ! chère duchesse, dit-il, quel honneur pour moi et que je suis heureux de vous voir ! Asseyez-vous, je vous prie, dans ce fauteuil. C'est un présent de la duchesse d'York, si bonne, si généreuse. Et vous savez qu'elle est morte. »

En prononçant ces mots, il a les larmes aux yeux.

Le domestique annonce la princesse Bagration, lord Worcester, lord Alvanley et plusieurs autres. Nouveaux saluts, nouveaux compliments du maître de maison, puis les questions courtoises et les aristocratiques entretiens.

A dix heures, le valet, qui a bien appris sa leçon, dit que les voitures sont avancées. La soirée est finie, les visions disparaissent et Brummel retombe dans sa torpeur.

Bientôt son cerveau est plus gravement atteint. D'un commun accord, les personnes qui s'intéressent à lui décident qu'il faut le transporter à l'hospice du Bon-Sauveur, un admirable établissement fondé en 1730 par Anne Le Roy, la fille d'un marchand de Caen, et administré par des religieuses. On ne parvient pas sans peine à opérer cette translation. Le pauvre malade s'imagine qu'on veut le conduire en prison et proteste violemment.

« Je ne dois plus rien! s'écrie-t-il, mes amis ont payé toutes mes dettes. »

On le met de force en voiture; mais à peine a-t-il franchi le seuil de la religieuse maison, à peine a-t-il vu la bienveillante physionomie de la supérieure, qu'il remercie ceux qui l'ont amené là et leur demande pardon de sa colère.

On l'installe dans une jolie chambre, que Bourienne, l'ancien condisciple, l'ancien secrétaire de Napoléon, avait habitée après les diverses vicissitudes de son existence, et où il était mort. Brummel y a vécu plusieurs mois, bénissant chaque jour les soins assidus, les attentions délicates, l'inaltérable mansuétude des sœurs auxquelles il était confié.

Le 29 mars 1840, il s'éteignit doucement. Il avait soixante-deux ans, et depuis vingt-quatre ans il vivait de la charité de ses amis.

Ainsi finit l'existence d'un homme qui, sans avoir fait une œuvre d'art ou de littérature, ni accompli un acte de dévouement, ni remporté une victoire ou donné un exemple de vertu, avait été admiré, célébré et, qui plus est, aimé. Pourquoi? Parce qu'il avait une figure agréable, des formes élégantes, une hardiesse qui allait parfois jusqu'à l'impertinence et une façon particulière de s'habiller.

O gloire humaine!

Alfred de Musset, qui fut aussi un beau, mais un beau de génie, a dit :

« Ce que j'ai de meilleur au monde, c'est d'avoir quelquefois pleuré. »

Ce que très probablement Brummel a eu de meilleur dans les péripéties de sa destinée, c'est le repos qu'il a trouvé dans la religieuse communauté de Caen, sous le toit de l'hospice du Bon-Sauveur.

Dans les hautes régions de la société anglaise, l'histoire du beau dandy Brummel apparaît comme une lueur fantastique, comme une étoile filante ou plutôt comme un de ces feux follets des contes populaires qui fascinent les regards du passant, puis s'éloignent, pâlissent et s'éteignent dans l'obscur vallon.

Le vrai peut quelquefois n'être pas vraisemblable.

Je me rappelle ce vers proverbial en lisant l'histoire de lady Hamilton, qui, de même que Brummel, alla, dans sa détresse, chercher un refuge à Calais. Étrange histoire, entachée de tristes incidents. Si rigoureux qu'on soit pourtant, on ne peut la lire sans un sentiment de commisération pour la frêle créature dont elle nous retrace la rapide existence, pour cette pauvre fille sans guide et sans appui, soumise dès son enfance à tant de rudes épreuves, exposée à tant de séductions.

Emma Lyon était née dans une cabane de paysans. Son père mourut lorsqu'elle était encore en bas âge. Sa mère n'avait pour vivre que son travail. Elle ne pouvait l'envoyer à l'école; elle ne pouvait pas même lui faire apprendre un métier. La pauvre petite devait gagner son pain par la servitude. Elle fut bonne d'enfants dans un village, et à Londres servante dans une boutique et dans une auberge, puis exhibée comme un phénomène par un rhéteur qui faisait en public des dissertations sur la plastique et l'esthétique.

C'était en effet un phénomène, cette fille de paysans longtemps ignorée dans son état de domesticité, un phénomène de beauté, de grâce et d'intelligence naturelles. Elle avait une aptitude particulière pour les beaux-arts.

Sous le patronage de deux artistes distingués, qui avaient fait son buste et son portrait, elle en vint à dessiner avec un vrai talent.

Elle était avide d'instruction. Grâce aux libéralités d'un riche gentilhomme, elle eut des maîtres tant qu'elle en voulait. Elle apprit à bien parler et à bien écrire. Elle apprit la musique, et elle avait une voix ravissante. Elle apprit à monter à cheval, et, quand elle suivait une chasse à courre, on ne pouvait la voir sans l'admirer.

Lord Hamilton la vit, l'aima et l'épousa. Il avait soixante ans, elle en avait vingt-sept. Il était ambassadeur à Naples. Elle allait l'accompagner dans sa mission; elle allait entrer dans les demeures des souverains et recevoir dans la sienne les personnages les plus éminents.

Dans sa haute existence elle n'oublia point son humble mère. Elle voulut l'associer à sa nouvelle existence et l'emmener en Italie.

A la cour de Naples elle eut un succès complet. Elle devint la favorite du roi, la confidente, l'amie de la reine, et, en plus d'une importante occasion, les ministres reconnurent son influence.

Lord Hamilton ne regrettait pas de lui avoir donné son nom. Un an après son mariage, il lui écrivait d'un village d'Italie où il chassait avec le roi :

« Vous êtes une excellente femme d'intérieur : mais, jeune et belle, vous devez naturellement éprouver quelque satisfaction à vous montrer dans le monde. Avec votre sagacité, vous avez très bien vu la ligne que vous deviez suivre, et vous ne vous en êtes pas un instant écartée. Je veux faire tout ce qui est en mon pouvoir pour vous être agréable, et je suis sûr que vous agirez de même à mon égard. »

Dans une autre lettre il lui écrit :

« Pour rien au monde je ne voudrais avoir épousé une autre femme que vous[1]. »

Deux ans après son mariage, un jour il lui dit :

« Vous verrez ce soir un petit homme de chétive apparence, qui, si je ne me trompe, fera du bruit dans le monde. Je n'ai jamais reçu d'officiers chez moi. Pour celui-ci, je fais une exception. Il aura sous notre toit son appartement. »

Ce petit homme, c'était Nelson, le terrible Nelson. Il commandait alors l'*Agamemnon* dans la flotte de l'amiral Hood qui s'empara de Toulon.

L'amiral l'avait envoyé à Naples pour réclamer les

1. *Letters to lady Hamilton*, 2 vol. in-8°, Londres, 1814.

secours promis par le roi. Grâce à sa persuasive éloquence et aux instances de lord Hamilton, il réussit pleinement dans sa mission. Dix mille hommes furent détachés de l'armée napolitaine pour renforcer la garnison anglaise à ce fameux siège de Toulon où apparut pour la première fois le génie militaire de ce jeune officier qui s'appelait Bonaparte.

Nelson, qui, dès l'âge de douze ans, avait presque constamment vécu de la rude vie de marin, fut séduit par les gracieusetés de la cour de Naples et captivé par les charmes de l'ambassadrice. Il était très tendrement attaché à sa femme, qu'il avait épousée par amour dans une de ses expéditions maritimes aux Antilles. Mais la physionomie, la grâce, la voix de lady Hamilton lui donnaient des émotions qu'il n'avait jamais ressenties, et, par l'éclair de son regard, par la vigueur de sa parole, il produisait sur elle la même impression.

Tous deux s'aimèrent sans se l'avouer, et, quand ils se quittèrent, ils étaient en réalité étroitement liés l'un à l'autre.

Cinq années s'écoulent. Nelson revient à Naples. Dans ces cinq années il a perdu un œil au siège de Calvi, un bras à Ténériffe. Il a été, dans le combat d'Aboukir, gravement blessé à la tête. Ses cheveux ont blanchi; ses forces sont épuisées.

Et son nom retentit dans le monde entier. Les souverains ennemis de la France applaudissent à cette bataille du Nil où il a détruit la flotte française. L'Angleterre lui décerne les plus éclatantes récompenses.

Lady Hamilton le reçoit avec une profonde émotion.

C'est un héros. C'est un triomphateur. La gloire du triomphe l'exalte; les souffrances du blessé l'attendrissent. Il est installé à l'ambassade. Elle peut le voir à tout instant, et sans cesse elle est auprès de lui.

L'ambassadeur lui témoigne une affection paternelle.

Après un assez long séjour en Italie, Nelson s'en va accomplir d'autres missions, et, des divers parages où il navigue, il écrit régulièrement à lady Hamilton. Ses lettres expriment un vif sentiment d'admiration et de tendresse, mais on n'y trouve pas un mot qui indique une pensée sensuelle. Il parle quelquefois en termes délicats de sa beauté, plus souvent de ses qualités d'esprit et de cœur. Il lui dit : « C'est une joie de voir comme vous êtes si bienveillante, si bonne pour chacun, vieux ou jeune, riche ou pauvre », et ailleurs : « Ce sont les femmes qui excitent en nous une noble ambition; ce sont les femmes qui nous récompensent d'une œuvre courageuse; ce sont les femmes qui honorent notre mémoire, et vous, chère amie, vous êtes la première, la meilleure des femmes. J'ai parcouru toutes les régions du globe, et nulle part je n'ai rencontré une femme qu'on puisse considérer comme votre égale, pas même une qu'on puisse vous comparer. »

Une autre fois, le valeureux amiral ne se contente pas d'écrire à son amie en simple prose, il compose pour elle des vers, il lui dit : « Mon cœur est divisé en deux parts : l'une appartient à mon devoir, à mon pays; la seconde, la meilleure, est à vous. »

La belle Emma a près d'elle une jolie petite fille qu'elle appelle *Horatia Thompson*. Sa naissance est un mystère; il n'est pas permis, dit-on, de révéler sa parenté. Mais cette parenté semble assez indiquée par les soins que la noble ambassadrice prodigue à cette enfant et par les tendres sollicitudes de l'amiral. A tout instant, dans ses lettres, il s'informe de sa chère Horatia : « Mon cœur, mon âme, dit-il à lady Hamilton, sont avec vous et avec la douce petite ». Parfois même, si petite qu'elle soit, il lui écrit en lui envoyant des images et il la dote de 100 000 francs.

Lord Hamilton, après avoir été mis à la retraite, meurt en Angleterre en tenant à sa dernière heure la main de sa femme et en prodiguant à Nelson les plus expressifs témoignages d'affection. Il lui lègue son portrait et le déclare l'homme le plus vertueux, le plus loyal, le plus brave qu'il ait jamais connu[1].

Deux ans après, Nelson meurt dans sa bataille, dans sa victoire de Trafalgar. Lorsqu'il eut transmis toutes ses instructions, donné tous ses ordres aux trente-trois vaisseaux soumis à son commandement, il descendit dans sa cabine, écrivit une religieuse prière, puis un mémoire dans lequel il rappelait les services que lady Hamilton avait rendus à l'Angleterre. Par elle le gouvernement anglais avait été averti des projets hostiles du roi d'Espagne. Par son influence Nelson avait obtenu l'autorisation de ravitailler sa flotte en Sicile, et sans ce ravitaillement il n'aurait pu atteindre la flotte française à Aboukir.

Par ces raisons il croyait pouvoir léguer lady Emma

____

1. E. Forgues, *Histoire de Nelson*, p. 278.

Hamilton à l'Angleterre, et il lui léguait aussi celle qu'il appelait sa fille adoptive, *Horatia Thompson*.

Il signa ce mémoire, le fit signer par deux témoins, puis monta sur le pont, vêtu de son uniforme d'amiral, avec quatre décorations sur sa poitrine.

Aussitôt après pleuvaient autour de lui les projectiles du vaisseau-amiral français le *Bucentaure*, commandé par Villeneuve. Un instant après, comme il causait avec son second, le capitaine Hardy, une balle l'atteignit à l'épaule, et il tomba la face contre terre. Hardy le releva en lui adressant quelques paroles rassurantes : « Merci, répliqua Nelson, mais il n'y a rien à espérer. Les Français, enfin, seront délivrés de moi. La balle m'a traversé le dos. »

Il vécut encore assez longtemps pour apprendre la dévastation des flottes espagnole et française. Il se tourna vers le chapelain et lui dit : « Rappelez-vous que je lègue à l'Angleterre lady Hamilton et ma fille adoptive Horatia ». Puis il dit à Hardy : « Prenez soin de la pauvre lady Hamilton[1] ».

Les derniers vœux du héros mourant ne furent point exaucés. La pauvre lady resta complètement abandonnée.

Nelson lui écrivait un jour : « Vous êtes trop généreuse : votre bourse sera constamment vide[2] ».

Son changement de situation ne la rendit pas plus économe. Le peu qu'elle possédait fut bientôt dissipé. Puis elle s'endetta, et, comme elle était poursuivie par

1. « Take care of poor lady Hamilton. »
2. *Letters of lord Nelson.*

ses créanciers, elle se retira à Calais. Là elle vécut quelques années péniblement et mourut dans la misère.

Horatia fut recueillie par la famille de Nelson et fit un honorable mariage.

Ainsi, en revenant d'Angleterre en France, je m'arrêtais aux légendes de notre vieille cité maritime.

Mais partout, de quelque côté que l'on rentre en France, au midi, au nord, à l'ouest, à l'est, n'est-on pas saisi par de riants et solennels tableaux, par de grandes pages d'histoire?

Hélas! autrefois, quand on revenait d'Allemagne, quel bonheur de revoir Metz, l'attrayante et belliqueuse cité! Quel bonheur de distinguer au loin la flèche de la cathédrale de Strasbourg et d'entendre, au bout du pont de Kehl, résonner le clairon de nos fantassins!

O Dieu! ô Dieu! ne les reprendrons-nous pas ces deux citadelles de Lorraine et d'Alsace? Ne nous seront-elles pas rendues ces deux provinces tant aimées?

XI

Ils sont heureux ceux qui voyagent pour observer en diverses régions la beauté, la grandeur, les phénomènes de la nature.

De toutes les études, celle de l'histoire naturelle n'est-elle pas la plus vaste et la plus utile, la plus poétique et la plus sûre, la plus vivace et la plus ancienne?

Nous en trouvons les premières notions dans l'Écriture sainte.

La Genèse raconte l'origine du monde. L'Exode nous fait connaître plusieurs productions du désert.

Le Psalmiste et les prophètes, à tout instant, empruntent de saisissantes images aux scènes de la nature.

Ézéchiel nous représente en ces termes superbes le cèdre du Liban :

« Les eaux l'ont nourri, l'abîme a renfermé ses racines. Les fleuves coulaient autour d'elles, et des ruisseaux les baignaient sur toute leur étendue.

« Et sa tige s'est élevée au-dessus de tous les arbres de la contrée, et ses rameaux se sont accrus, et ses branches se sont multipliées.

« Sur ses rameaux tous les oiseaux du ciel bâtirent leurs nids : sous son feuillage tous les animaux des champs déposèrent leurs petits, et sous son ombre habitaient des peuples nombreux[1]. »

Salomon, dit le livre des Rois, a parlé de tous les arbres, depuis le cèdre qui est sur le Liban, jusqu'à l'hysope qui sort de la muraille. Il a parlé des animaux de la terre, des oiseaux, des reptiles et des poissons[2].

La dernière partie du livre de Job est un merveilleux poème d'histoire naturelle, et ce livre, dit un de ses commentateurs, étonne par son antiquité les amis de la littérature orientale. C'est le plus vieux de tous les livres qui sont venus jusqu'à nous. Il est antérieur au siècle de Moïse[3].

Il fut un temps où l'homme ne connaissait pas encore le bonheur de discuter chaque jour une question politique, et de s'armer fréquemment pour abolir avec fureur les lois qu'il avait quelque temps auparavant proclamées avec enthousiasme.

Alors il examinait patiemment, sagement, tout ce qui luisait, bruissait, palpitait et croissait autour de lui : le mouvement des astres, le cours des fleuves, la vie des animaux et des plantes de son sol natal. De ce temps des Chaldéens, des Hindous, des Aryens, des tribus nomades de l'Arabie, des peuplades primitives du continent américain, de cet âge partriarcal datent pour

1. Chapitre xxxi.
2. Livre III, chapitre iv.
3. L. Bridel, professeur de langues orientales, p. xvii et xxxvii.

nous dans les sciences naturelles d'importantes découvertes.

Heureux l'investigateur, l'*inquisitive traveller*, dit Sterne, qui peut aller au loin constater le caractère réel de ces découvertes, et y en ajouter de nouvelles.

M. Alfred Wallon est un de ces heureux. Il a eu le bonheur d'explorer l'Amazone et le rio Negro, ces deux magnifiques fleuves de l'Amérique du Sud, et pendant huit années successives il a parcouru, étudié l'archipel Indien si vaste, si peu connu, si curieux par sa botanique, par sa zoologie, et en premier lieu par sa formation.

Pour opérer quelque modification à la surface de notre planète, pour transpercer une montagne, pour réunir deux mers par un canal, il faut que l'homme fasse de longs et rudes efforts. Des sommes incalculables seront employées à ce travail, et des milliers de manœuvres y périront. Mais un mouvement du Titan enseveli dans les cavités de notre globe, une éruption volcanique, un tremblement de terre transforment en un instant mers et montagnes. Des îles nouvelles apparaissent tout à coup sur les vagues de l'Océan : des Atlantides disparaissent dans ses profondeurs, des dunes s'écroulent, des continents se déchirent.

Ainsi ont été faites les découpures de l'archipel Indien. Jadis une partie de ces îles étaient liées au continent asiatique, l'autre à l'Australie.

« Maintenant, dit M. Jurien de la Gravière, notre savant marin, la surface de cet archipel est quatre fois aussi grande que celle de la France.

« L'Espagne et la Hollande se sont partagé ce magnifique domaine. Leurs prétentions ont à peu près réussi à en exclure les autres puissances. Au delà de la Ligne, du détroit de Singapour à la Nouvelle-Guinée, se développent sur un double rang et sur un espace de six cents lieues de l'est à l'ouest les colonies néerlandaises. Au nord de l'Équateur, du 7e au 20e degré de latitude, le groupe des Philippines reconnaît la domination espagnole. Il n'existe entre les possessions européennes qu'une zone peu considérable dont les rivalités de la Hollande et de l'Espagne, mieux encore que la résistance des indigènes, avaient jusqu'ici protégé l'indépendance et que l'Angleterre s'est empressée de choisir pour le théâtre de ses envahissements[1]. »

Les Anglais, qui se sont établis au nord de Bornéo, à Savarak, en faisant une terrible guerre aux pirates malais, aspirent naturellement à agrandir leurs possessions dans cette contrée sans pareille : l'image des jardins d'Armide, dit un voyageur ; le paradis terrestre, dit un autre[2], et M. de Beauvoir, en entrant dans la capitale de Java, s'écrie avec enthousiasme : « A vrai dire, à Batavia il n'y a pas de rues : il n'y a que de majestueuses allées ombragées par les arbres les plus beaux et les plus touffus qui encadrent de longs et vastes berceaux comme nous n'en voyons en Europe que dans les décors d'opéra. Les rayons ardents d'un soleil impitoyable ne pénètrent que par intervalles dans

1. Voyage dans les mers de Chine, t. II, p. 2.
2. L. de Backer, *l'Archipel Indien*, p. 5.

cette ombre, tandis qu'ils dorent de reflets merveilleux tout ce qui la forme : ce sont les panaches multiples des cocotiers, les branches élancées des flamboyants, qui sont tout fleurs et fleurs écarlates, les bananiers aux feuilles vertes de grandeur humaine, les arbres à coton chargés de flocons blancs comme neige ; les palmiers du voyageur, éventails colossaux d'une élégance inouïe dont on fait jaillir un filet d'eau laiteuse dès qu'on enfonce sa canne dans leur tronc ; enfin, les banyans immenses dont il tombe des milliers de lianes verticales qui touchent terre, prennent racines, puis remontent jusqu'au sommet de l'arbre pour s'y marier en guirlandes noueuses et retomber encore. Un seul de ces arbres forme comme un bois tout entier entouré d'un rideau, d'un filet de feuilles et de fleurs entrelacées, au travers duquel, en écartant des mains cent lianes balancées par le vent, des enfants, en costume d'archanges, regardent glisser sur l'eau du canal les pirogues et les nageurs[1]. »

M. Wallon a été de Singapour à Java, à Sumatra, dans les Célèbes, aux Moluques, à la Nouvelle-Guinée, dans les petites îles disséminées de côté et d'autre, au sud et au nord de l'Équateur, partout enfin, partout poursuivant avec ardeur ses recherches, augmentant ses collections de naturaliste, et çà et là trouvant des animaux qui n'existent point en une autre région : l'orang-outang, l'oiseau de paradis, le grand ornithoptère aux ailes vertes, le roi des papillons.

1. *Voyage autour du monde*, t. II, p. 4.

Buffon, après avoir compulsé les relations de voyages qui parlaient de l'orang-outang et relaté l'autopsie d'un de ces quadrumanes faite par un médecin anglais, en vient à formuler ainsi ses conclusions :

« Si l'imitation, qui semble copier de si près la pensée, en était le vrai signe, l'orang-outang se trouverait à une plus grande distance des animaux et plus voisin de l'homme. Mais l'intervalle qui l'en sépare n'en est pas moins immense, et la ressemblance de la forme, la conformité de l'organisation, les mouvements qui paraissent résulter de ces similitudes, ni ne le rapprochent de la nature de l'homme, ni même ne l'élèvent au-dessus de celle des animaux. »

Cependant le nom d'orang-outang signifie homme sauvage. Cette définition encourage nos nouveaux ethnographes dans l'ingénieuse idée que l'homme descend de cet animal.

L'île de Bornéo est le pays de l'orang-outang. Les indigènes, les Dyaks, ces féroces pirates, lui donnent un petit nom insignifiant : *mias*, et, quoiqu'ils parlent avec admiration de sa force, ils ne s'imaginent pas du tout qu'il est de la race de leurs ancêtres. Leur ignorance ne leur permet pas de s'élever à cette haute conception.

Dans les forêts de Bornéo M. Wallon a été à la chasse au mias. Il en a pris un tout jeune, qu'il a essayé d'élever, mais qui est mort au bout de quelques mois. Il en a tué plusieurs et les a mesurés. Les femelles arrivées à leur pleine croissance ont trois pieds six pouces de hauteur ; leurs bras, six pieds et demi de longueur. La taille des mâles, du sommet de la tête jusqu'au talon, est de quatre pieds deux pouces, leurs bras sont longs de plus de sept pieds.

Le mias est rare à Sumatra, totalement inconnu dans les autres îles; mais on en voit un grand nombre sur les côtes de Bornéo. Il recherche principalement les terres marécageuses et les forêts inexplorées.

« Là de cime en cime, sans descendre à terre, il voyage, dit M. Wallon, avec la même facilité que l'Indien dans les prairies de l'Amérique, et l'Arabe dans le désert.

« C'est chose curieuse de le voir cheminer sur les rameaux des arbres, dans l'attitude inclinée qui lui est imposée par ses courtes jambes et ses longs bras. Il saisit avec ses deux mains une branche comme pour en reconnaître la consistance, puis s'y pose tout entier et en atteint une autre. Il ne s'avance ni par sauts ni par bonds, et ne paraît nullement pressé, mais poursuit tranquillement sa marche dans l'espace aérien, comme le bûcheron dans le sentier de la forêt. Ses longs et forts bras lui sont très utiles pour grimper au sommet des arbres les plus élevés, pour cueillir les fruits des branches sur lesquelles il ne peut se poser, pour ramasser les feuilles et les ramilles avec lesquelles il fait chaque soir son lit à trente ou quarante pieds au-dessus du sol. A cette hauteur il est moins exposé à l'action du vent, et l'atmosphère est plus tempérée. Si, par hasard, elle est humide, il se façonnera une couverture avec des fougères. Tout étant ainsi bien arrangé, il se couche sur son flexible sommier et y reste indolemment jusqu'à ce

que le soleil ait séché la rosée de la nuit. Par cette mol-
lesse il ressemble à beaucoup d'hommes, mais il n'a
point les soucis financiers du ménage. Près de lui, dans
cette féconde contrée, chaque jour la table est mise et
le déjeuner servi. Près de lui, chaque jour, sont les
feuilles naissantes, les bourgeons, sa nourriture habituelle ; plus loin, dans les plantations, les fruits dont il
se délecte et qu'il gaspille affreusement dans sa sauvagerie d'orang-outang. Le dourian, que surtout il convoite, le dourian avec son épaisse et rude écorce recou-
verte d'épines aiguës comme le cactus, effraye sa gourmandise. Il parvient cependant à briser cette cruelle
enveloppe et à savourer le noyau.

« Le mias ne descend à terre que dans les temps de
sécheresse, lorsque les feuilles des arbres ne contien-
nent plus assez d'eau pour le désaltérer. Mais, sur terre
et dans les bois, les animaux se retirent devant lui. Le
crocodile et le python seuls osent l'attaquer. De ses
mains de fer il saisit les mâchoires du crocodile et les
déchire ; il prend le python par le milieu du corps, et
lui casse la tête contre un arbre ou sur un rocher. »

M. Low cite un autre curieux exemple de cette force
étonnante. Un Dyak dont l'enclos était sans cesse ravagé vint la nuit faire le guet, résolu de se délivrer par
un bon coup de lance de son imprudent voisin. Bientôt
le mias arrive et s'installe au milieu d'une plantation
de cannes à sucre. A la faveur de l'obscurité, le Dyak
s'approche et lui enfonce son fer dans le corps. Au
même instant il aperçoit à quelques pas de distance
un ours, et devant ce nouvel ennemi se retire. Le singe

blessé se retourne, voit aussi l'ours, lui attribue sans doute le coup qu'il a reçu et se précipite sur lui avec fureur. Le lendemain, le Dyak avait la satisfaction de trouver dans son champ l'ours étranglé par le singe, et le singe mort de sa blessure[1].

Au nord de la Nouvelle-Guinée, dans les petites îles d'Aru, sont les paradisiers, ces patriciens, ces magnifiques seigneurs du monde des oiseaux. Longtemps ils ont été dépeints de la façon la plus fantaisiste.

Ils arrivaient en Europe empaillés, mutilés, quelquefois à l'état de squelettes. On crut qu'ils n'avaient point de pattes et point d'intestins, qu'ils se tenaient toujours en l'air et ne vivaient que de lumière et de rosée. On apprit par quelques navigateurs que ces singuliers oiseaux disparaissaient au temps de l'incubation, et l'on dit qu'ils allaient nicher dans le paradis terrestre : de là leur nom d'*Avis paradisiaca*.

Le chevalier Pigafetta, qui en 1519 partait avec Magellan pour faire le tour du monde, raconte que le souverain d'une des Moluques lui donna pour le roi d'Espagne deux paradisiers morts, mais intacts. Il les décrit tels qu'il les a vus, et il ajoute : « On prétend que cet oiseau vient du paradis terrestre, et on l'appelle *bolondinata* », c'est-à-dire oiseau de Dieu[2].

Mais, soixante ans après la publication de ce récit de voyage, le célèbre naturaliste Aldovrando dit dans son traité d'ornithologie que Pigafetta s'est trompé, tout

1. *Savarak, its habitants and productions.*
2. *Premier voyage autour du monde*, p. 187.

le monde sachant que les paradisiers n'ont point de pattes[1].

M. Wallon peut parler de ces attrayants oiseaux à coup sûr. Il a été les chercher dans leur pays. Il les a observés pendant de longues semaines ; il les a vus petits et grands, morts et vivants, dans toute leur splendeur. Il se plaît à décrire la grâce de leurs formes, l'éclat de leur vêtement, et je crois que toute leur corporation poserait volontiers devant un tel dessinateur. *Omnia vanitas.* Jusqu'où va la vanité? Qui pourrait le dire? A certaines heures, des douzaines de paradisiers se réunissent dans une clairière et sautillent et tournoient en battant des ailes et en agitant leurs deux longues plumes semblables à deux rayons de soleil. Ils savent qu'ils sont beaux et ils se plaisent à admirer leur beauté.

Hélas ! *dono infelice di bellezza*, a dit Filicaia. C'est pour la magnificence de leurs plumes qu'ils sont si recherchés. Les montagnards des Moluques les tuent avec des flèches dont la pointe est garnie d'une sorte de bourrelet, non pas pour leur épargner une blessure sanglante, mais pour ne pas les défigurer. Puis ils les portent sur la côte aux chefs des villages, qui les achètent au plus bas prix pour les revendre avec un notable bénéfice aux marchands des villes, qui en tirent encore un meilleur lucre en les revendant aux capitaines de navires européens, lesquels les font payer cher à nos modistes.

1. *De avibus*, t. I, p. 807.

C'est ainsi que, pour satisfaire à nos gourmandises ou à nos fantaisies de luxe, de toute part on détruit les plus délicates, les plus douces, les plus charmantes créatures, les musiciens du bon Dieu.

Dans l'une des Célèbes, M. Wallon a vu un autre oiseau très brillant qu'on appelle *maleo* et qui a de singulières façons de faire sa nichée. Il habite les bois qui s'élèvent à l'intérieur de l'île, et pendant la plus grande partie de l'année on ne le voit point sur la plage. Au mois d'août, quand le temps est sec, mâles et femelles y viennent deux à deux. Chaque couple creuse d'ici de là un trou. La femelle y dépose un œuf, le recouvre de sable chaud, puis retourne avec son compagnon dans la forêt. Une dizaine de jours après, elle revient au même endroit déposer un second œuf, puis successivement quatre autres à des intervalles réguliers; ensuite sa tâche est achevée, elle n'en a plus aucun souci, elle disparaît.

Les petits éclosent d'eux-mêmes, passent à travers le sable qui les recouvre, et s'en vont vers les bois.

Mais les insulaires aiment beaucoup les œufs du maleo et en enlèvent une quantité avant l'éclosion.

Au temps de notre grande sensiblerie, quand chacun devait avoir le cœur sensible, au milieu de la société sensible, en face de la nature sensible, l'un des maîtres de la sensiblerie, J.-J. Rousseau, de concert avec sa grosse Thérèse, abandonnait successivement ses cinq enfants à la charité publique.

Les oiseaux n'ont point cette philosophie.

Leur dévouement à leur nichée est admirable. On

en pourrait citer des milliers d'exemples. Je me souviens de celui qui plaisait à La Fontaine :

> Quand la perdrix
> Voit ses petits
> En danger et n'ayant qu'une plume nouvelle
> Qui ne peut fuir encor par les airs le trépas,
> Elle fait la blessée et va traînant de l'aile,
> Attirant le chasseur et le chien sur ses pas,
> Détourne le danger, sauve ainsi sa famille.

Si l'on racontait à nos ménages de cigognes, d'alouettes, de rouges-gorges, jusqu'aux roitelets, la conduite du maleo, ils ne pourraient y croire, et vous, mes amis, F. Lescuyer, J. Le Moine, qu'en diriez-vous, vous qui avez si bien étudié et si bien décrit les vertus des oiseaux de France et du Canada?

M. Wallon essaye d'expliquer cette étrange conduite, voici comment : la femelle du maleo fait de gros œufs. Il lui faut douze jours pour en pondre un. De douze jours en douze jours elle emploie à sa ponte près de trois mois. Elle ne pourrait couver pendant un si long espace de temps, et, si elle se mettait à couver lorsqu'elle a pondu son dernier œuf, les premiers ne seraient-ils pas déjà gâtés, ou détruits? Étonnante est la zoologie de cet archipel; plus étonnante encore sa botanique.

Sur une montagne volcanique de Java, à neuf mille pieds au-dessus du niveau de la mer, fleurissent le chèvrefeuille, la renoncule, l'herbe de la Saint-Jean. Là s'élève à trois pieds de hauteur, avec de larges feuilles, la *Primavera imperialis*, qu'on ne trouve en aucun autre lieu. De quel germe inconnu est-elle issue? Comment est-elle née à la cime de cette montagne? N'y a-t-il pas un petit Puck des *Songes d'une nuit d'été*, qui jette çà et là quelque étrange chose, pour attirer les savants vers un nouveau problème et s'amuser de leurs discussions?

Au-dessous de cette zone escarpée sont les cèdres larges et majestueux comme ceux du Liban, les fougères arborescentes avec leurs rameaux ondoyant au moindre souffle comme des flots de dentelles, et les quinquinas ou cinchonias[1].

Plus bas est la végétation, la plus vigoureuse, la plus variée, la plus éblouissante, la végétation des grandes forêts que nul hiver ne dépouille de leur verdure, des fleurs qui toute l'année répandent dans les airs leurs parfums, des gigantesques *Rafflexa*[2], des nénufars bénis par le voyageur qui dans leur calice rose trouve une eau rafraîchissante[3]; végétation des palmiers semblables à des colonnes de marbre, des pamplemousses, poétiquement décrits par Bernardin de Saint-Pierre; végétation des bois de construction, des bois oléagineux, des bois odorants, des camphriers qui s'élèvent jusqu'à cent vingt pieds de hauteur, des canneliers, des girofliers, des tiges résineuses dont on tire

1. En mémoire de la femme d'un vice-roi du Pérou, la comtesse Cinchon, qui au commencement du dix-septième siècle révéla à l'Europe la vertu hygiénique de cette plante.

2. Cette fleur n'a pas moins de trois mètres de circonférence. Son nom lui a été donné par le botaniste Arnold en mémoire de sir Raffles, qui de 1811 à 1816 fut gouverneur de Java.

3. Saint-John, *Life in the forest of the Far East*, t. 1er, p. 143.

le benjoin et la gutta-percha; végétation de la canne à sucre, du bambou, du sagoutier et du caféier, les principales richesses de la contrée[1].

« On ne peut rien voir de plus pittoresque, dit M. Pfyffer, qu'une caféière à l'époque de la floraison, ou au temps de la récolte quand les fruits sont rouges comme des cerises mûres[2]. Le fertile arbuste grandit sous les rameaux des érhythrines que l'on plante exprès pour l'ombrager. A quatre ans il donne déjà quelques grains. A cinq ans il est constamment couvert de fleurs et de fruits : mais une dizaine d'années après il ne produit plus rien : le sol qui l'a nourri est épuisé[3]. »

Le riz est l'aliment ordinaire des habitants de l'archipel. Un grand nombre d'entre eux pendant une partie de l'année ont, grâce à la propagation du sagoutier, une autre nourriture qui ne coûte pas cher. Le sagoutier est depuis longtemps connu en Europe. Dampier, dans un de ses Voyages aux Moluques, en a fait une exacte description.

C'est une espèce de palmier qui en quinze ans arrive à sa maturité. Alors il est abattu et fendu par le milieu dans toute sa longueur. On en tire la moelle, et, quand elle est lavée, épurée, pulvérisée, on en fait de très bonnes galettes. Toute cette élaboration n'est pas difficile et la récolte est abondante. Il n'est pas rare de tirer d'un de ces arbres cinq à six cents livres de sagou[4].

1. John Crawfurd, *History of the Indian Archipelago*, t. Ier.
2. Esquisse de Java.
3. F. Jagor, *Sengapore. Malaura, Java*, p. 155.
4. Crawfurd, *History of the Indian Archipelago*, t. I, p. 593.

A sa cime le sagoutier porte un faisceau de bourgeons, que l'on mange comme le chou palmiste. De sa sève on fait une liqueur vineuse; de ses feuilles on fait des toitures.

Mais l'un des bois les plus utiles dans ce vaste archipel est le bambou. Avec le bambou on construit les habitations, depuis la base jusqu'au faîte. Avec le bambou on façonne les lits, les tables, les armoires, tous les ustensiles de cuisine, les meubles de salon, la légère petite cage dans laquelle l'oiseau chantera et la forte palissade dans laquelle on sera préservé du tigre. Le voyageur emporte ses provisions dans un panier de bambou, fait cuire son riz dans un tuyau de bambou, sur un feu de bambou. Le chasseur lance par sa sarbacane de bambou ses traits empoisonnés, et le soldat marche au combat avec une lance de bambou. Ce n'est pas tout. Longtemps avant notre habile ingénieur M. Séguin, les Malais avaient inventé le pont suspendu : au-dessus d'un précipice, d'un ravin, d'une rivière, ils étendent des tiges de bambou, et de côté et d'autre les lient fortement avec des rotins à des rameaux d'arbres.

Parmi les salutaires productions des différentes îles, nous ne devons pas omettre plusieurs fruits nutritifs ou rafraîchissants : la banane, le dourian, le nanku, le jumbubol qui a le parfum de la rose, le savoureux mangoustan, et le jintavan agréablement acide.

Avec ses richesses, ce magique archipel a aussi ses fléaux : les volcans et les tremblements de terre, les saisons de pluies torrentielles, et les chaleurs accablantes, les ouragans qui dévastent, et les animaux qui dévorent.

Dans les terrains marécageux pullule le serpent vert ou jaune, dont la moindre piqûre est mortelle; dans les forêts campe le boa monstrueux. Sa couleur se confond avec celle des arbres où il se met en embuscade. Quelquefois il se tient la tête en avant, la queue enroulée autour d'un solide rameau. De loin il voit venir sa proie, il s'élance sur elle, la disloque, la broie en la serrant dans ses anneaux et l'engloutit. On a vu un boa se jeter ainsi sur un cavalier, l'enlacer dans ses replis, l'enlever de sa selle, et le briser. A sa ruse et à sa force une quantité d'animaux ne peuvent résister. Il y en a qu'il avale avec une douce gourmandise comme de légers biscuits. Il y en a qui combattent, notamment le sanglier, difficile à saisir, vigoureux et furieux. Dans cette lutte acharnée, ordinairement c'est le sanglier qui succombe. Quelquefois le redoutable reptile, poussé par la faim ou par quelque capricieux désire d'exploration, s'aventure dans les villages. Un matin, M. Wallon en voit un enroulé et endormi sur une poutrelle de sa cabane. Il sort en toute hâte; il appelle des paysans, qui tuent la vilaine bête. C'était un petit boa : il n'avait que dix pieds de longueur. Dans l'île de Bornéo, M. Saint-John en a mesuré un qui n'avait pas moins de vingt-six pieds, et on lui a dit qu'il y en avait d'autres encore plus grands[1].

Dans les rivières, le long des côtes, est le crocodile,

---

1. *Life in the forest of the Far East*, t. II, p. 256.

avec sa formidable mâchoire et sa carapace, sur laquelle glissent le fer de la lance et la balle du fusil. C'est l'un des animaux les plus voraces et les plus dangereux. Les Dyaks l'appellent le mangeur d'hommes.

Quand les chasseurs de Finlande ont tué un ours, ils lui demandent pardon de sa mort; ils lui adressent de tendres paroles, puis ils le prient de vouloir bien se laisser transporter dans leur demeure, où il sera reçu comme un hôte vénéré.

A une autre extrémité du monde, il existe un usage semblable, produit par un même sentiment de respect pour la force brutale. Quand les Dyaks, en attachant à un solide crochet de fer un chien ou un singe, sont parvenus à prendre un crocodile, ils lui parlent d'un ton soumis, en adoucissant la voix. Ils l'invitent humblement à entrer dans leur bateau. En lui liant les pattes, ils lui font toutes sortes de compliments. En le traînant sur le sable de la plage, ils lui demandent pardon. Mais, lorsqu'ils sont arrivés dans leur habitation, ils le livrent à la main du bourreau, qui lui ouvre le ventre pour faire voir les crimes commis par l'horrible bête. Peut-être aussi qu'en scindant ce long corps qui, comme celui du requin, engloutit tant de choses, on espère y trouver des bijoux et des dollars. « J'ai assisté, dit un voyageur, à deux de ces exécutions. De la première on a tiré des boutons d'une robe de femme; de la seconde, la longue queue d'un Chinois[1]. »

Dans les jungles est le tigre, qui, volontiers aussi, se

1. Saint-John, t. II, p. 254.

nourrit de chair humaine. On lui tend des pièges. On le chasse avec la lance et la carabine. Le gouvernement paye une prime considérable à quiconque lui livre un tigre mort ou vivant. Les terribles carnassiers n'en continuent pas moins leurs égorgements. Dans la petite île de Singapour ils enlèvent chaque année de trois à quatre cents hommes[1].

Parmi les fléaux de l'archipel il faut compter aussi les armées de termites ou fourmis blanches. « C'est, dit notre savant naturaliste M. Émile Blanchard, une des plus intéressantes familles non seulement de l'ordre des Névroptères, mais encore de la classe des Insectes tout entière. Les termites forment des sociétés nombreuses, où il y a des mâles et des femelles, des individus de plusieurs sortes, des larves et des nymphes actives. Ils édifient de gigantesques demeures avec des multitudes de chambres et de galeries et travaillent toujours dans l'ombre. Ont-ils besoin de se porter d'un point à un autre, admirables ingénieurs, ils construisent de véritables tunnels[2]. »

Par ces galeries souterraines ils pénètrent la nuit dans les habitations et y font des ravages incroyables. Les métaux, le bois de campêche et le tek résistent seuls à leur morsure. Tout le reste est dévasté. Ils entrent dans les poutres d'une maison, et, sans qu'on en voie rien au dehors, les rongent de telle sorte, qu'à la moindre pression elles s'écroulent[3].

1. Jagor, p. 56.
2. *Métamorphoses, mœurs et instinct des insectes.* Paris, 1868.
3. Jagor, p. 58.

Mais tous ces fléaux de l'archipel existent dans les régions tropicales, et rien n'est plus beau que cet archipel.

En y arrivant, les Européens y ont trouvé deux populations d'origines très différentes : dans la Nouvelle-Guinée[1] les Papouans, dans les autres îles les Malais.

Ceux-là proviennent des races polynésiennes, ceux-ci des races asiatiques.

Parmi les diverses peuplades de Malais il en est plusieurs, comme les Dyaks de Bornéo, les Battaks de Sumatra, qui sont encore à l'état sauvage. Les autres sont assouplies par les Européens.

Dans les Philippines, la plupart des indigènes ont appris à parler espagnol et ont été, par les Espagnols, convertis au catholicisme.

C'est le meilleur élément de civilisation.

Dans d'autres régions de l'archipel qui professent encore la religion musulmane, le catholicisme pénètre par la vertu de nos missionnaires.

« En visitant, dit M. Jagor, une plantation de poivre près de Bukit-Timr, j'ai été reçu chez un prêtre français qui a eu la bonté de m'accompagner dans mon exploration et de me servir d'interprète. C'était un de ces missionnaires comme j'en ai rencontré plusieurs, qui sacrifient tout pour se consacrer à leur vocation. Celui-ci, ayant hérité d'un petit bien, l'avait employé à

---

1. En 1511, des marins portugais, envoyés par Albuquerque, le conquérant de Malacca, à la recherche des terres où l'on pouvait récolter des épices, découvrirent cette grande île, dont on ne connaît pas encore l'intérieur, et, comme elle leur rappelait par sa configuration la côte de Guinée d'Afrique, ils lui donnèrent le nom de Nouvelle-Guinée.

construire une église. Pour ses propres besoins il n'avait rien gardé. Quoiqu'il fût vieux et maladif, il vivait du traitement accordé à ces courageux prédicateurs : 10 dollars (50 fr.) par mois. »

M. Wallon a rencontré à la Nouvelle-Guinée des missionnaires protestants d'Allemagne, dont il se plaît à louer l'instruction et le zèle. Mais ils ont, dit-il, peu de prosélytes. Le malheur est que, pour augmenter le minime salaire qui leur vient d'Europe, ils font le commerce, ils achètent des denrées à bas prix, ils les revendent plus cher. Comme toutes les peuplades sauvages, les Papouans n'ont nul souci de l'avenir. Quand ils ont fait leur récolte de riz, ils en apportent une grande partie aux missionnaires et l'échangent pour du tabac, pour des colliers et divers autres objets de fantaisie. Plus tard, quand leur provision est épuisée, ils rachètent leur riz avec des écailles de tortue et des noix de muscade. Dans ces deux opérations, les missionnaires ont naturellement un bénéfice, parfois peu considérable, et en tout cas légitime. Mais, quoi qu'il en soit, cela suffit pour que leur enseignement ne paraisse pas désintéressé, et que le Papouan les regarde avec une certaine méfiance.

« Tout autre, ajoute M. Wallon, est la situation des Jésuites français. En Cochinchine, au Tonkin, en Chine, là où ils sont constamment exposés à la persécution, à l'expulsion, à la mort, ils ont des maisons où sans cesse arrivent de nouveaux aspirants, qui apprennent la langue des pays de l'Extrême-Orient où ils iront prêcher l'Évangile, et partent bravement.

« Le revenu annuel de chacun d'eux ne s'élève pas à plus de 600 francs. L'indigène, les voyant vivre humblement, pauvrement, ne peut leur attribuer aucun calcul intéressé et doit croire à leur sincérité, à leur dévouement. De là les nombreuses conversions : plus d'un demi-million au Tonkin et en Cochinchine, un million en Chine.

« Les pauvres gens du peuple ne doivent-ils pas regarder avec un religieux respect cet homme qui vient à eux avec une douce et affectueuse parole, qui s'associe à leurs inquiétudes, les console dans leurs afflictions, les assiste dans leurs besoins, les visite dans leurs maladies, et brave la mort pour accomplir près d'eux sa charitable mission?

« J'ai connu à Singapour, dans le quartier chinois, un de ces Jésuites français qui était vraiment le père de ses convertis. Chaque dimanche, il leur faisait un sermon en chinois; chaque soir, il avait avec ceux qui lui en témoignaient le désir des conférences religieuses et il donnait dans son école des leçons à leurs enfants. Jour et nuit sa maison était ouverte à quiconque avait besoin de lui. L'un venait lui dire : « Je n'ai plus de riz « pour nourrir ma famille. — Voilà tout ce qui me reste, « disait le missionnaire, partageons. » A un autre qui sollicitait un peu d'argent, il remettait son dernier dollar. Puis, quand il n'avait absolument plus rien, il allait, à son tour, invoquer la bienfaisance des riches de sa communauté. Et toute cette communauté l'aime, le vénère, a pleine confiance en lui. »

Ainsi vont en de lointaines contrées, au péril de leur

vie, avec la fermeté de leur foi et l'ardeur de leur dévouement, les Jésuites de France, enseignant et étu-
diant. Les pauvres, les opprimés, les barbares, auxquels ils portent la consolation et la lumière de
l'Évangile, les bénissent. Les voyageurs qui les ont vus
à l'œuvre leur rendent un cordial hommage. Nos
écoles de philologie, d'histoire naturelle, de géographie leur doivent les plus curieuses notions. Nos
savants les admirent. Plus d'un gouvernement envie
leur coopération : le gouvernement républicain de la
France les proscrit.

XII

UN VILLAGE D'AUTREFOIS

Nous vivons en un temps de progrès. C'est sûr. Nos journaux souvent le disent, et la plupart de nos députés l'affirment à haute voix.

Ce progrès de notre chère France a été, pendant une longue suite de siècles, très lent, très faible, parfois à peine visible. Il y avait, en nos pauvres temps de monarchie, des rois fort éclairés, et, sous le règne de ces rois, des hommes de génie dont on admirait les œuvres dans le monde entier.

Mais ce n'était pas le progrès.

Il est éclos, il s'est épanoui au souffle de la Révolution en 1789, ce salutaire progrès par lequel l'humanité doit être régénérée.

Alors les hommes, si longtemps esclaves, ont pris possession de leurs droits, et par un miraculeux rapprochement sont tous devenus égaux l'un de l'autre, tous frères.

Dans ce touchant accord on a beaucoup pillé, saccagé, brûlé, noyé, fusillé et guillotiné. Mais tout cela seulement pour mieux faire voir la générosité patriotique et constituer plus fortement l'universelle fraternité.

Ensuite le progrès, qui était en si bonne voie, a été brutalement comprimé par le conquérant de l'Europe qui dans l'éclat de sa gloire n'avait pas, le malheureux, le moindre respect pour la liberté de la presse, cette incroyable invention des peuples modernes.

Le progrès s'est alangui sous le poids des idées rétrogrades de la Restauration. En 1830 il a été quelque peu ravivé par le soleil de juillet. En 1848 il a pris un nouvel essor, puis un autre en 1870.

Voltaire, au déclin de sa vie, s'écriait avec l'enthousiasme du prophète : « Oh! mes amis, nos neveux seront heureux. Ils verront de belles choses! »

Oui, bon Voltaire, nous devons nous estimer heureux : nous avons vu vraiment de belles choses, et, si nous continuons à nous bien conduire, nous en verrons d'autres peut-être encore plus belles.

Le vieillard cependant ne fixe guère ses regards sur l'avenir, et, si agréable que soit le présent, il n'y est point entièrement attaché. Il se complaît dans ses réminiscences et retourne volontiers vers le passé.

C'est ainsi que je retourne vers le temps de ma jeunesse, dans les montagnes de Franche-Comté, à Pontarlier, ma ville natale, la plus jolie, sans aucun doute, la plus attrayante petite ville de France.

Près de là est un village nommé Prébois, auquel je suis attaché par le souvenir de mes vacances d'écolier.

L'affection que je lui garde ne m'engagera point à en faire une image poétique, une imitation des églogues de Théocrite ou de Virgile, des bergeries de Racan, des idylles sentimentales de Florian ou de Gesner.

Je ne puis essayer non plus de retracer un tableau de la vie rurale, comme MM. de Ribbe et Babeau l'ont fait récemment dans leurs excellents livres[1].

Je voudrais seulement décrire Prébois tel que je l'ai connu avant nos nouveaux progrès, avant nos quatre dernières révolutions.

Un gros village, dans une vaste plaine sillonnée par un ruisseau, dominée par une des cimes du Jura.

Il possède une forêt, dont on fait des coupes régulières pour solder les dépenses de la commune, et dont chaque année l'affouage est réparti entre tous les ménages. Il possède des communaux où chaque habitant peut faire paître gratuitement son bétail. De côté et d'autre, sur un assez long espace, s'étendent ses cultures.

M. Mistral, l'illustre auteur de *Mireille*, a fait une charmante description d'un village agricole de la Provence[2].

Le village de Prébois est essentiellement agricole, et, à voir l'extension de son domaine, on pourrait le croire riche. Mais ses champs ne sont point vivifiés par le soleil du Midi; sa couche de terre végétale n'a point soixante pieds de profondeur, comme celle de la vallée du Mississipi.

Elle est dure à cultiver, cette terre des montagnes, et peu féconde. Pour en tirer quelques gerbes d'orge ou

---

1. Ch. de Ribbe, *la Vie domestique*, 2 vol. in-12; *la Famille*, 2 vol. in-12.

Alfred Babeau, *le Village sous l'ancien régime*, 1 vol.; *l'École de village*, 1 vol.; *la Vie rurale*, 1 vol.

2. *Les Iles d'or*.

d'avoine, quelques sacs de pommes de terre, quelques brassées de lin ou de chanvre, ah! comme il faut la bourer, fumer, herser, sarcler!

En travaillant ainsi chaque jour, le paysan met son argent, ses peines, son temps à la loterie, la plus humble, la plus honnête et la plus accidentelle des loteries. Nul lingot d'or en perspective, nul amas de billets de banque comme au tirage des sociétés financières, et, par les gelées subites, les vents orageux, les pluies, par quelque propagation d'horribles insectes, toutes les récoltes peuvent être délabrées, toutes les plus légitimes espérances anéanties!

Non, il n'est pas riche, le laboureur de Prébois. Mais si simples sont ses habitudes, si modérés ses besoins, si loin de lui les dangereuses tentations!

Voulez-vous visiter une maison de ce village d'autrefois, une des plus importantes? La voici. Pas un agent officiel n'en a réglé l'alignement, pas un habile architecte n'en a dessiné la façade. Elle est construite dans la forme la plus agreste, selon les vieilles coutumes, la base en maçonnerie, le reste en planches; la toiture en épais bardeaux taillés avec la hache dans des tiges de sapins. D'un côté, la grange et les écuries; de l'autre, l'habitation, une cuisine dont la cheminée occupe, comme dans les chalets suisses, à peu près toute l'étendue, quelques chambres blanchies à la chaux, et le *poêle*, qui est la pièce principale, la salle d'honneur.

Dans cette maison, aucun objet de luxe; mais un solide ameublement, la vaisselle en faïence épaisse, les chaises, les tables, les armoires en bois massif, un rideau

de coton à chaque fenêtre, de grands rideaux de serge
verte à l'alcôve où est le lit du père et de la mère.

Dans cette maison, les aliments ne sont ni recherchés
ni variés : des pommes de terre, du petit-lait, de grosses
soupes de légumes, du pain dur comme le biscuit de
mer ou le *knackbrœd* de Suède.

Ainsi que la nourriture et le mobilier, simples sont les
vêtements. Nulle exhibition de fins draps, ni de dentelles, ni de mousseline : mais de fortes étoffes en laine
ou en fil, tissées et teintes dans le village même.

Dans cette maison, maîtres et valets, tout le jour,
chacun a sa besogne, qui dans les champs ou dans les
bois, qui à l'étable ou au grenier. Le soir, quand les
garçons ont remisé dans le hangar la charrue ou le
tombereau, abreuvé les bestiaux, garni les râteliers, ils
se réunissent dans la cuisine autour de la cheminée, et
là parfois travaillent encore à façonner ou à réparer
quelque instrument agricole.

Les femmes, assises dans le même cercle, travaillent
aussi. Les unes tricotent ; les autres teillent le chanvre,
ou filent. Il en est qui connaissent la chanson des que-
nouilles, dont M. Max Buchon, le poète franc-comtois, a
publié une jolie version, et elles la chantent d'une voix
timide avec un doux accent.

> A ta quenouille au ruban blanc,
> File, file, pour ton galant,
> La chemise à plis qu'il mettra
> Bientôt quand il t'épousera.
>
> A ta quenouille au ruban bleu,

File, en priant bien le bon Dieu,
L'aube du vieux prêtre béni
Qui vous dira : Je vous unis.

A ta quenouille au ruban vert,
File la nappe à cent couverts
Sur laquelle de si bon cœur
Nous boirons à votre bonheur.

A ta quenouille au ruban gris,
File, file les draps de lit,
Pour la chambrette dont vous seuls,
Lui et toi, passerez le seuil.

A ta quenouille au ruban d'or,
File toujours et file encor
Les béguins, langes et maillot,
Pour ton gros premier poupenot.

A ta quenouille au ruban roux,
File un mouchoir de chanvre doux,
Qui servira pour essuyer
Tes yeux quand ils voudront pleurer.

A ta quenouille au ruban noir,
File, sans trop le laisser voir,
Le linceul dont, quand tu mourras,
L'un de nous t'enveloppera.

Quelquefois une voisine, une bonne vieille femme, vient s'asseoir devant le feu de sapins pétillant, et raconte les traditions qu'elle a apprises dans son enfance, les légendes de saints qui les premiers ont pénétré dans ces forêts remplies d'animaux terribles, puis les histoires de sorcellerie et de féerie dont personne ne peut mettre en doute la parfaite authenticité.

Quelquefois apparaît le colporteur : c'est un événement. Il détache de ses épaules sa caisse ambulante, la pose sur une table et en étale les richesses aux regards éblouis. On y voit des objets d'un usage journalier : boîtes d'aiguilles et d'épingles, ciseaux et couteaux, diverses choses de fantaisie, des fichus en soie et des bagues qui font rêver, des livres d'instruction élémentaire et de piété, puis des recueils de contes populaires publiés par les frères Dekker, de Montbéliard, ces bienfaiteurs de l'enfance. A l'une de ces admirables exhibitions du colporteur, avec mes finances d'écolier j'ai acheté pour quelques sols l'histoire du Petit Poucet, que je n'avais pas encore lue, une brochure imprimée sur un gros papier gris, avec une gravure à gros traits représentant l'ogre formidable endormi sur un roc et le vaillant petit qui lui tire ses bottes de sept lieues.

Pour quelques sols quelle émotion, quel trésor!

Dans ma longue vie de bibliophile ai-je jamais fait une meilleure emplète?

A ces mêmes soirées quelquefois aussi arrive un mendiant. Il n'a pas eu besoin de frapper à la porte, elle est ouverte comme celles de nos salutaires hospitalités de nuit. « Salut à celui qui donne, dit le *Havamal* d'Odin, le dieu scandinave. Il a besoin de feu, celui qui entre les genoux gelés. Il a besoin de nourriture et de vêtements, celui qui a traversé les montagnes. »

Dans le village de Prébois le mendiant a sa place au coin du feu. Une des femmes de la maison lui servira une bonne *écuellée* de soupe. Une autre réparera ses vêtements, si on ne peut lui en donner de meilleurs. Il couchera dans la grange sur un chaud amas de foin et ne partira pas sans qu'on lui mette quelque chose dans sa besace.

Grâce à leurs habitudes de travail, d'ordre et de sobriété, les gens de mon village d'autrefois ont l'heureuse aisance par laquelle on est affranchi du souci matériel. Ils n'auront point l'honneur d'être comptés au nombre des capitalistes; mais ils n'auront point de dettes. Ils ignorent les inquiétudes du billet à ordre, les angoisses du protêt. Jamais ils n'ont vu la main de l'huissier armée d'une assignation.

Si pour ces travailleurs le régime de la semaine est parfois un peu dur, ils ont les joies du dimanche et des autres fêtes de l'année.

Le dimanche, ils peuvent entonner l'hymne catholique des paysans de la Carniole :

> Quand l'aurore renaît avec sa robe blanche,
> La cloche dans les airs chante son chant pieux;
> Sonnez, cloches du temple, annoncez le dimanche,
> Sonnez pour le vieillard et pour l'enfant joyeux.

Dès le matin, dans le village, tout le monde est en grande toilette, les hommes avec leurs habits de droguet et leurs guêtres en cuir, les femmes avec leur robe de toile ou de serge, leur tablier surmonté de sa *bavette*, au col un ruban auquel est suspendue une croix, et sur la tête le *touquet*, c'est-à-dire une espèce de calotte en velours noir, traversée par une épingle d'argent.

Au premier son de la cloche on se dirige vers l'église.

Au retour de la messe on se met à table, le père et

la mère au milieu et, de chaque côté, les enfants, qu'on appelle dans le patois du pays les *railoles*, les petites souris qui grignotent, puis les domestiques, qui justifient le vieux proverbe franc-comtois : *Lou bon maitrot fa lou bon valot*.

Quelle table! quel festin! Un bouillon dont l'arome parfume toute la salle, une énorme pièce de bœuf, du lard, des choux et deux belles bouteilles de vin.

Les Grimod de la Reynière, les Berchoux, les Brillat-Savarin, les plus illustres gourmands, n'ont jamais rien savouré de pareil.

Après ce repas somptueux, on retourne à l'église pour entendre les vêpres; puis, loisir complet. Les jeunes filles se promènent dans les jardins; les garçons jouent aux quilles; les vieillards, assis sur un banc, s'entretiennent des apparences de la récolte ou des affaires de la commune. Ils ne lisent point de journaux, et ne se croient point appelés à diriger les événements politiques de l'Europe.

A Noël, trois jeunes gens représentant les rois mages vont le soir, avec une étoile en papier doré et une lanterne, chanter de maison en maison les vieux *noei* composés en patois de la montagne par un modeste poète qui n'y a pas mis son nom. Puis les cloches sonnent, et, malgré la neige et le froid, toutes les familles se rendent dévotement à la messe de minuit.

En rentrant au logis, avant de s'asseoir à la table du *réveillon*, chacun se dirige vers la cheminée où est l'énorme tronche de Noël. L'Enfant Jésus a mis ses présents sous cette tige de sapin. Alors les bonnes surprises et les heureuses exclamations à la vue des belles choses que successivement on découvre : des mouchoirs et des cravates si finement ourlés, des bas auxquels nulle maille ne manque, des bonnets que les modistes de la ville ne pourraient si bien confectionner, des ta bliers qui feraient honneur à des princesses, et des noix, des pommes, des galettes de pur froment pour les petits L'Enfant Jésus connaît tous les gens de la maison et n'oublie personne.

A la Fête-Dieu, la façade de chaque habitation près de laquelle passera la procession est revêtue de tentures blanches, et le sentier parsemé de ramilles de sapin. Les jeunes filles travaillent avec ardeur à élever des reposoirs. Heureuse celle qui pour orner le sien trouve les plus belles fleurs et les plus brillantes étoffes!

Mais c'est à la fête patronale que l'on voit des prodiges. Alors tout ce qu'il y a de fine farine, de beurre et d'œufs dans les ménages est employé à pétrir des brioches et des gâteaux. De toutes les cheminées sortent des tourbillons de fumée, tous les fours sont chauffés, tous les tournebroches en mouvement.

La veille du bienheureux jour, tout le village est en émoi. A chaque instant, de nouveaux cris de joie et de nouveaux événements. Ce sont des cohortes de parents et d'amis qui viennent de plusieurs lieues de distance s'associer aux joies de cette fête. C'est le boucher du chef-lieu de canton qui s'avance d'un air grave, conduisant des veaux et des moutons qu'il va immoler. C'est la musique attendue avec impatience, une clarinette, un violon et un cornet à piston qui toute l'année pour un minime salaire vont de village en village jouer des valses et des contredanses.

Dans l'enceinte où résonne cette mélodieuse musique, il y a de douces causeries et de vigoureux serrements de main. Bientôt l'autorité des parents sanctionnera les vœux des amoureux et l'on célébrera un beau mariage. Le jeune couple sera conduit à la mairie et à l'église par de nombreux amis qui feront retentir l'air de leurs coups de pistolet et de leurs acclamations. De tout côté on se rassemblera pour voir passer la dot de la mariée, un grand char attelé de deux bœufs; sur ce char : une gerbe de blé, indice du travail agricole, une quenouille, indice du travail domestique, un beau buffet en noyer rempli d'une quadruple rangée de linge qui doit rappeler de doux souvenirs à celle qui l'emporte dans sa nouvelle demeure. Ce linge superbe a été fait avec le chanvre et le lin récoltés dans le domaine paternel et filés au logis en de nombreuses veillées. Il a été blanchi par la rosée, et séché au soleil dans l'enclos de la maison.

D'événement en événement les années s'écoulent, et nul habitant de Prébois ne songe, comme l'aventurier de La Fontaine, à s'en aller courir après la fortune. Le jeune homme enlevé par la conscription, conduit dans quelque grande ville, n'a pas la moindre idée de rester là après son temps de service : il n'aspire qu'à retourner à son foyer natal. Toutes les familles de Prébois sont si unies, qu'à la mort du père et de la mère on ne songe point à partager leur succession. Les enfants continuent à vivre sous le même toit et à cultiver ensemble leur domaine.

A ces sentiments de famille se joint le sentiment religieux, très intense, très sincère, sans le plus léger doute, la foi naïve du charbonnier.

« Que crois-tu? — Je crois ce que croit l'Église. — Et qu'est-ce que croit l'Église? — Ce que je crois. »

A une telle déclaration il n'y a rien à répliquer.

Un soir, à Florence, une foule nombreuse était réunie sur la grande place. On entend tinter l'*Ave Maria*. Aussitôt tous les entretiens sont interrompus, et dans un pieux silence tous les fronts s'inclinent. Deux hommes seulement restent debout, le chapeau sur la tête. C'étaient deux Français, qui se reconnaissaient et depuis plusieurs jours se cherchaient. Les braves gens de Prébois ne pourraient se rencontrer dans cette attitude de libres penseurs.

Dès leur enfance ils ont appris à aimer les pratiques religieuses. Les fêtes qu'ils célèbrent dans le cours de l'année sont des fêtes religieuses, et leur vie journalière est réglée par la cloche de l'église. A l'angélus du matin, le réveil; à l'angélus de midi, le dîner; à l'angélus du soir, le repos.

Le curé est, à leurs yeux, un grand personnage, bien au-dessus du maire et du notaire de la commune, voire des premiers fonctionnaires de l'arrondissement.

Il est non seulement le directeur des âmes, mais le sage conseiller que l'on invoque dans les affaires temporelles. Il est appelé à résoudre des questions litigieuses. Il apaise paternellement les colères, il empêche par sa douce intervention beaucoup de procès.

Le maître d'école est un de ses fidèles auxiliaires. A

la tâche assidue qu'il accomplit près de ses élèves il joint l'office de chantre à l'église et de sacristain. On dit aujourd'hui que ces deux emplois sont indignes d'un instituteur. Celui que j'ai connu, il y a soixante ans, à Prébois, n'avait point du tout cette idée. Au contraire, il se glorifiait même de sonner les cloches mieux que personne. Il avait la candide satisfaction d'un ancien sacristain de Rouen devant lequel on parlait avec enthousiasme d'un sermon de Bourdaloue. — « Ce sermon-là, s'écria fièrement le brave homme, c'est moi, monsieur, qui l'ai sonné. » Les enfants de Prébois aimaient ce maître d'école, et les parents se plaisaient à lui témoigner leur estime. Son humble enseignement n'a pas produit des hommes qui gouvernent les empires, mais beaucoup de braves gens qui maintiennent le bon ordre dans leurs maisons, et, si l'ordre était dans chaque maison, a dit un philosophe, l'ordre serait dans l'État.

Les pieuses populations des montagnes de Franche-Comté furent bien affligées quand le régime de la Terreur ferma les églises et proscrivit les prêtres. La plupart de ces innocents persécutés se retirèrent en Suisse, principalement dans le canton catholique de Fribourg. Ils vivaient là pauvrement. Un grand nombre n'avaient d'autre moyen d'existence que le produit d'un travail manuel. Mais là ils n'étaient pas très éloignés de leur paroisse, et, à l'appel d'un malade ou d'un affligé, ils y retournaient.

J'ai encore vu à Prébois, dans plusieurs granges, la cachette du généreux curé qui venait au péril de sa vie accomplir un des devoirs de son sacerdoce. Le paysan qui en le recevant sous son toit s'exposait au même péril s'en allait d'un air indifférent à travers le village. A chaque personne qu'il rencontrait et dont il connaissait les dispositions il disait un mot, il faisait un signe. C'était compris.

Le lendemain, avant l'aube, de la plupart des maisons sortaient en silence des hommes et des femmes qui se dispersaient de côté et d'autre, cheminaient isolément et se rejoignaient au fond des bois.

Là était le prêtre, qui leur tendait la main, parlait aux uns de leurs espérances, aux autres de leurs anxiétés, consolait, conseillait, encourageait. Puis tous tombaient à genoux. Il priait avec eux ; il leur donnait sa bénédiction et reprenait le chemin de l'exil.

S'il y avait alors un surcroît de danger, quelques vigoureux garçons demandaient à accompagner le vénéré proscrit. Ils connaissaient les chemins périlleux, s'arrêtaient le jour dans quelque chalet isolé, se glissaient la nuit comme des contrebandiers dans les défilés des montagnes, et, après avoir passé la frontière, revenaient au village annoncer que le cher voyageur était en lieu de sûreté.

J'ai revu, il y a quelques années, ce village dont je garde depuis un demi-siècle un fidèle souvenir. Quel changement !

Prébois a maintenant un chemin de fer, une gare et tout ce qui s'ensuit. Prébois, commune agricole, est devenue commune commerciale et, de plus, politique. On y voit une fabrique d'horlogerie et des scieries, deux boutiques flamboyantes, deux grandes auberges avec des salles de bal, des brasseries et des estaminets avec des billards et des journaux, toutes choses jadis complètement ignorées sur cet humble coin de terre. C'est le progrès.

En face du presbytère, maintenant un peu délabré, s'élève un large et haut édifice pour lequel la commune s'est gravement endettée : c'est la maison d'école. Autre signe de progrès.

La plupart des anciennes habitations en bois sont reconstruites en pierre sur un nouveau modèle et couvertes en tuiles ou en ardoises.

Évidemment les habitants actuels de Prébois sont mieux logés que leurs devanciers, ils sont aussi mieux nourris et se flattent d'être beaucoup mieux habillés.

Mais contentement passe richesse. Ont-ils ce contentement? Je ne le pense pas. Des besoins plus nombreux leur créent de plus aigus soucis d'argent. L'attrait du travail industriel les détache du labeur agricole, le viril, le salubre, le religieux labeur en plein air, en pleine lumière. Les habitudes d'atelier les éloignent du foyer de famille. La politique et les journaux suscitent entre eux des dissentiments qui peuvent produire des haines violentes. Enfin, ils sont à tout instant en proie à une fièvre plus funeste que la fièvre jaune ou la fièvre typhoïde : ils sont livrés à la fièvre électorale enfantée par les microbes du suffrage universel.

On dit que le vieillard se plaît à louer le passé : *Laudator temporis acti*. Je suis vieux, je regarde le Prébois actuel, et je me plais à songer à celui que j'ai connu il y a soixante ans.

TABLE DES MATIÈRES

13019. — Imprimerie générale A. Lahure, rue de Fleurus, 9, à Paris.